Goldstadt-Ferienreiseführer
Gardasee
Jost Eisenhardt

W0233668

Goldstadt-Reiseführer
Band 2012

Gardasee

**Ausflüge zu den
Oberitalienischen Seen
Dolomitenrundfahrt
Stadt- u. Ortsbeschreibungen**

Jost Eisenhardt

22 Bilder
2 Übersichten
2 Kartenskizzen
5 Stadtpläne

GOLDSTADTVERLAG PFORZHEIM

Titelbild:
Eines der vielen Strandbäder am Gardasee
Hier: Maderno
(Foto: Jost Eisenhardt)

Die Fotos stellten zur Verfügung:
Ente Provinciale per il Turismo, Brescia (12)
Staatliches Italienisches Fremdenverkehrsamt, Frankfurt (6)
Städtisches Verkehrsamt Bozen, Dr. Frass (2)
Jost Eisenhardt (2)

Die Kartenausschnitte wurden mit freundlicher Genehmigung des
Reise- und Verkehrsverlags, Stuttgart, der 8-farbigen Tourenkarte
RV 88 1 : 800 000, entnommen.

ISBN 3-87269-012-4

© 1973 by Goldstadtverlag Pforzheim
3. überarbeitete Auflage 1979
Nachdruck, auch auszugsweise, nur mit Genehmigung des Verlages.
Herstellung : Karl A. Schäfer, Buch- und Offsetdruckerei, Pforzheim
Vertrieb : Geo Center, Internat. Landkartenhaus, Stuttgart-München

INHALTSVERZEICHNIS

C. Stadt- und Ortsbeschreibungen

D. Der Tourist am Gardasee

Anhang

Ferienziel Gardasee

Es ist eine Binsenweisheit: die Grenze nach Italien überschreitet man am Brenner. Das aber, was man sich unter Italien vorstellt, beginnt erst am Gardasee.

Wir sind über viele Straßen gefahren. Aber unsere erste Fahrt vor vielen Jahren von Rovereto nach Riva an den Gardasee werden wir nicht vergessen. Die Spannung, die sich beim ersten Aufblitzen der Seefläche zwischen den scharf geschnittenen Silhouetten der Berge löste und in die glückhafte Gewißheit überging, daß alles so war, wie man es erträumt hatte, dieser erste Eindruck war schon der richtige.

Wie viele Male sind wir seither wieder dort gewesen! Wie oft sind wir an seinen Ufern entlang gefahren! Natürlich, die Intensität der ersten Begegnung wiederholte sich nicht mehr. Aber wir sind nie enttäuscht worden. Nur entdeckten wir immer wieder etwas Neues. Mit jedem Besuch wurde er uns vertrauter, und beim Verlassen des Gardasees freuten wir uns schon wieder auf den nächsten Besuch, wie auf den Besuch bei einem alten, lieben Freund.

Zwischen schroffen und steilen Bergen im Norden eingeklemmt, sich stetig verbreiternd und weit ausladend und weitläufig im Süden, kann der Gardasee jedem etwas bieten. Nicht zuletzt auch als Standquartier für abwechslungsreiche Ausflugsfahrten. Viele bezeichnen ihn wohl auch deshalb als den schönsten oberitalienischen See.

Vielleicht fühlt man sich aber auch deshalb am Gardasee so wohl, weil man hier Italien, dem Süden, in einer romantischen, noch verklärten Art begegnen kann. Es ist der Süden, wie man ihn sich vorgestellt hat.

Kaum etwas von krassen Gegensätzen, kaum etwas von bestürzenden Kontrasten. Alles ist gemildert und gedämpft. So scheint es wenigstens. Nicht einmal die Sonne brennt. Sie leuchtet und wärmt nur, Sie ermüdet und verzehrt noch nicht.

Die Erholung beginnt hier am Gardasee. Sie beginnt hier, wo die Ufer zu Spaziergängen, die Berge zu Wanderungen und die Landschaft zu Ausflügen verlocken.

A
ZUR EINFÜHRUNG

1. Das Landschaftsbild

Das Gebiet um den Gardasee ist ein Gebiet des Übergangs. Man kann den See weder als Alpensee noch als Voralpensee bezeichnen. Einerseits dringt er in die Gebirgswelt ein, andererseits schiebt er sich im Süden weit in die Ebene vor. Man kann auch kaum, wie auf unserer Alpenseite, von einem Alpenvorland sprechen. Der Abfall der Alpen im Süden ist wesentlich steiler und abrupter.

Geologisch gesehen ist der im Norden fast fjordähnliche See der Überrest eines Beckens, das eiszeitliche Gletscher hier zurückgelassen haben. Ein großartiges Zeugnis hierfür sind die gewaltigen Gletschermühlen, die man sich von der von Nago nach Torbole führenden Straße aus ansehen kann. Enge steile Schluchten, Kare und Trogtäler im nördlichen Seegebiet weisen ebenfalls auf diese Entstehung hin. Außerdem erinnert die Moränenlandschaft im Süden an die Eiszeit. Angenommen werden kann übrigens, daß der Gardasee in der mittleren Tertiärzeit nichts anderes gewesen ist als ein Ausläufer eines ehemals die ganze Po-Ebene ausfüllenden Meerbusens.

Die Gletscher und Flüsse der Eiszeit haben ungeheure Mengen von Schwemmstoffen aus dem Gebirge in die Po-Ebene geschafft und die größte Tiefebene Italiens gebildet. Mit diesem Gebiet, das natürlich noch viele andere Gletscher mit geformt haben, besitzt Italien einen Landstrich von fast unerschöpflicher Fruchtbarkeit. Nichts liegt näher, als daß sich hier schneller als im übrigen Italien ein gewisser Reichtum entwickeln konnte. Doch nicht in der gefährlichen Mitte der Po-Ebene — die Unberechenbarkeit des großen Flusses zeigt sich auch in unserer Zeit in fast regelmäßig wiederkehrender Folge —, sondern eher dem Rand zu haben sich die großen Zentren entwickelt.

Die Kirche Madonna di Monte Castello di Tignale hoch oberhalb der Westuferstraße zwischen Campione und Gargnano.

Auch die Alpengebiete, die wir auf der Anreise durch-
fahren, sind schon immer gut besiedelt gewesen. Sie waren,
obwohl als Felsbastion immer Wasserscheide und Grenze
zwischen den einzelnen Ländern, eigentlich nie eine unüber-
windliche Mauer. Immer führten durch Täler und über leichter begehbare Bergrücken die Paßstraßen, die Nord und
Süd nicht trennten, sondern verbanden.

Geographisch gesehen nimmt der Gardasee, der größte
italienische See überhaupt, eine Fläche von 370 qkm ein. Er
ist 52 km lang und im Norden an seiner engsten Stelle 4 km,
im Süden an seiner weitesten 17 km breit. Bei Campione erreicht er eine Tiefe von 346 m. Er liegt rund 65 m über dem
Meer. Zwischen der Lombardei und Venetien gelegen, gehört
sein Westufer zur Provinz Brescia, sein Ostufer zur Provinz
Verona. Ein kleiner nördlicher Teil zählt zur Provinz Trento.

Eingezwängt zwischen die Brescianer oder die Judikari-
schen Alpen im Westen — mit der Rocchetta (1529 m) bei
Riva, dem Monte Zenone (1425 m) zwischen Limone und
Campione und dem Monte Pizzocolo (1582 m) oberhalb Maderno — und das im Osten sich erhebende gewaltige Massiv
des Monte Baldo, das, beginnend mit dem Monte Altissimo
di Nago 2078 m, mit der Cima Valdritta sogar eine Höhe von
2218 m erreicht, wird der See von Norden nach Süden nur
langsam breiter. Erst auf der Höhe zwischen Salò und San
Vigilio, treten die Felsen zurück. Der See bildet ein weites
Becken, das von lieblichem Hügelland umgeben ist. Dieses
Becken wird durch die von Süden sich schmal in einer Länge
von dreieinhalb Kilometern vorschiebende Landzunge von
Sirmione in zwei Buchten aufgeteilt.

Im ganzen See gibt es nur fünf kleine **Inseln** und einige
wenige Klippen. Es sind dies die Isola dell'Olivo südlich von
Malcesine, die Isola di Sogno vor dem Val di Sogno, ebenfalls bei Malcesine, die früher einmal befestigte Isola Trime-
lone zwischen Cassone und Assenza, die Isola di Garda, bei
Portese, übrigens mit 1100 m Länge und 60 m Breite die
größte aller Gardasee-Inseln, und die winzige Isola San Biagio bei Manerba. Südlich der Isola di Garda ragen noch einige Klippen aus dem See, die Scogli dell'Altare.

Der See hat für seine Größe und Ausdehnung nur wenige
und dazu noch kleine **Zuflüsse.** Insgesamt dürften es etwa

25 sein. Trotzdem ist aber der Wasserstand des Gardasees beachtlich hoch. Sein Hauptzufluß ist im Norden die bei Torbole mündende Sarca. Sie kommt aus dem Adamellogebirge, bringt aber auch Gletscherwasser aus der Presanellagruppe mit. An der Ostseite nimmt der See nur kleinere Bäche auf. An der Westseite sind die größeren die Albola und der Varone, der Ponale, der aus dem Ledrosee kommt, und der Campione und Toscolano, die beide bei den gleichnamigen Orten münden.

Auch einige Quellen auf dem Seegrund hat der Gardasee aufzuweisen. Vor allem sind dies schwefelhaltige Quellen, von denen eine, die Boiola mit ca. 70° Celsius, bei Sirmione gefaßt ist. Der einzige Abfluß des Sees ist der Mincio, der bei Peschiera den See verläßt und südlich Mantua in den Po mündet.

Täglich **regelmäßige Winde,** der Sover vom Gebirge, die Ora vom Süden, jeweils vor- und nachmittags einsetzend, lassen es am See auch in den Sommermonaten nie zu heiß werden. Allerdings treten ab und zu auch überraschend Stürme auf. (S. auch 5. Klima und Reisezeit).

Das **Wasser** des Sees hat eine wundervolle Färbung. Je nach Beleuchtung und Wind, immer wieder wird man die Fülle der Farbstimmungen vom tiefsten Grün bis zum herrlichsten Azurblau bewundern. Dabei ist die Oberfläche meist etwas bewegt. Nur selten ist der Seespiegel ganz glatt. Die Klarheit und Durchsichtigkeit des Wassers reicht im Mittel bis 15 m und wird kaum von einem anderen See erreicht.

Der See ist **äußerst fischreich.** Karpfen und Forellen — es gibt davon zwei Arten, die See- und die Lachsforelle mit ihrem rosafarbenen Fleisch — erreichen oft eine außergewöhnliche Größe. Bis zu 15 kg schwere Karpfen und Forellen sollen schon gefangen worden sein. Außer den wohlschmeckenden Saiblingen, den Hechten, Aalen und Schleien, Barschen und Barben ist auch noch die Sardine zu erwähnen. Sie hat sich hier — obwohl ja im allgemeinen gerade kein Süßwasserfisch — im Gardasee akklimatisiert. Ein weiterer Hinweis wohl, daß der See in der Tertiärzeit zur Adria gehört hat.

Auf Grund der klimatisch günstigen Bedingungen präsentiert sich im Gebiet des Gardasees eine besonders reichhaltige

Pflanzenwelt. Zunächst wächst im allgemeinen noch dasselbe wie in unserem Land. Dann aber findet man Palmen, Zypressen, Zedern, Lorbeer, Oleander und Magnolien, Eukalyptus und Agaven, Oliven, Orangen, Zitronen, Mandarinen und Bergamotten, Maulbeerbaum, Edelkastanie und Akazie. Agrumen werden in Plantagen gezogen, und Olivenhaine ziehen sich an den Hängen bis zu 300 m Höhe hinauf. Die Vegetation unserer, der alpinen und der mediterranen Zone trifft hier aufeinander. Gerade am Monte Baldo kann man manches Interessante entdecken, während die subtropische Vegetation an der brescianischen Riviera geradezu Orgien feiert.

In diesem Zusammenhang darf aber auch der Weinanbau nicht vergessen werden. Allgemein bekannt ist der sehr gute Bardolino-Wein. Empfehlenswert ist auch der weiße Lugana aus der Gegend zwischen Peschiera und Desenzano und endlich die Weine aus dem Valténesi, die zwischen Desenzano und Salò angebaut werden.

2. Die Bevölkerung

Das in diesem Reiseführer beschriebene Gebiet des Gardasees und die gleichzeitig mit aufgeführten Ausflugsziele gehören zu **3 Regionen.** Im Norden ist es die autonome Region Trentino — Alto Adige (Trentino = Tiroler Etschland). Sie besteht aus den Provinzen Trento (Trient) und Bolzano (Bozen), dabei wird die Provinz Bozen im deutschen Sprachgebrauch auch als Südtirol bezeichnet. Die ganze Region umfaßt ungefähr 13 600 qkm und hat rund 860 000 Einwohner. Mit der Provinz Trento berührt sie gerade noch das Nordufer des Gardasees. Das östliche Gardaseeufer bis zur Höhe von Malcesine gehört zur Region Veneto (Venezia). Hierzu zählen die Provinzen Belluno, Gorizia (Görz), Padova (Padua), Rovigo, Treviso, Udine, Venezia (Venedig), Verona und Vicenza. Diese Region umfaßt ungefähr 18 400 qkm und hat rund 4 300 000 Einwohner. Genau unterteilt gehört also das östliche Gardaseeufer zur Provinz Verona. Zur Region Lombardia (Lombardei) gehört das Westufer des Sees. Hier ist es die Provinz Brescia — ein Teil des Westufers wird bekanntlich auch als brescianische Riviera bezeichnet —, die unmittelbar an den See angrenzt. Im übrigen besteht die

Region Lombardia aus den weiteren Provinzen Bergamo, Como, Cremona, Mantova (Mantua), Milano (Mailand), Pavia, Sondrio und Varese. Die insgesamt 9 Provinzen bedecken ein Gebiet von ca. 23 800 qkm und haben ungefähr 8 800 000 Einwohner.

Schon die Aufzählung der 20 Provinzen oder der 3 Regionen läßt, wenn auch zunächst nur verwaltungsmäßig gesehen, erkennen, wie vielschichtig die Zusammensetzung der Bevölkerung in diesem Gebiet sein muß. Allein die Nennung der Regionen bzw. die Hauptstädte der Provinzen läßt vor dem inneren Auge jeweils ein ganz bestimmtes und auch ein ganz anderes Bild entstehen. Alle Regionen sind mehr oder weniger gewachsene historische oder auch traditionelle Gebietseinheiten. So vielgestaltig wie die italienische Landschaft, so vielseitig ist auch der italienische Volkscharakter.

Es ist ohnehin nicht einfach, den **Charakter** eines Volkes zu beschreiben. Ganz allgemein bekannt ist, daß die im Norden ansässigen Italiener gegenüber ihren Vettern im Süden sehr aktiv sind. Dem Norditaliener, oft größer gewachsen, manchmal sogar blond, steht der kleinere, dunkelhaarige Süditaliener gegenüber. Schon in der **Lebensauffassung** der beiden besteht ein Unterschied, der sicher größer ist als der Unterschied zum Beispiel zwischen einem Norddeutschen und einem Süddeutschen.

Vergleichen wir nur einmal die Einstellung zur Arbeit. Sie ist zwar in ganz Italien nicht Selbstzweck, sondern nur Mittel zum Zweck. Dies wirkt sich nun allerdings nicht so aus, daß in Süditalien, wie oft behauptet, überhaupt nicht mehr gearbeitet wird. Dieses Vorurteil ist durch den Aufschwung, den das Land Italien in den letzten 15 oder 20 Jahren genommen hat, sicherlich ad absurdum geführt worden. Auch viele Gastarbeiter aus dem südlichen Nachbarland — oder sollten wir nicht vielleicht besser sagen Mitarbeiter —, ließen viele Deutsche ihr vorgefaßtes Urteil revidieren. Was aber feststeht ist, daß in Norditalien weit mehr und intensiver gearbeitet wird als in Süditalien, und daß die Norditaliener ihrer Mentalität nach gut zu Mitteleuropa gerechnet werden können. Sie sind viel eher verwandt mit Österreichern, Deutschen und Franzosen, wobei ein gewisser griechischer und slawischer Einfluß nicht abgestritten werden kann.

Selbstverständlich gibt es aber trotz aller Verschiedenheiten eine typisch **italienische Volksart.** Obwohl man wie überall gewisse Parallelen zu unserer Lebensweise finden kann, darf man doch nicht übersehen, daß in unserem Feriengebiet durchaus „richtige" Italiener wohnen. Die Lebensauffassung und die Einstellung, sei es nun gegenüber der Arbeit, der Familie, der Religion, ist anders als bei uns. Sie ist italienisch. Trotzdem sind die Berührungspunkte Oberitaliens mit Mitteleuropa vielschichtiger Art, und so kommt es auch unwillkürlich, daß man sich im oberitalienischen Gebiet rascher heimisch fühlt als in vielleicht manch anderer Ferienlandschaft.

Zur Beliebtheit des Reiselands Italien tragen aber vielleicht auch einige Züge bei, die im italienischen Volkscharakter zu suchen sind. Man könnte sagen, der Italiener nimmt das Leben und die Dinge nicht so wichtig, er nimmt das Leben nicht so schwer. Es konzentriert sich auf **die Familie.** Mittelpunkt ist die nonna, die Großmutter. Man könnte fast meinen, alle Entscheidungen gingen von ihr aus. Hieraus resultiert sicher auch die große Kinderliebe der Italiener. Fast jeder hat schon gesehen, wie die Kleinen geradezu vergöttert werden. Dies läßt erkennen, daß die Kinder auf jeden Fall in das Leben der Erwachsenen mit einbezogen werden, und daß Kinder nicht wie bei uns leider oft nur Dressurobjekte sind.

Auch das **Verhältnis zur Kirche** ist ganz anders als bei uns. Man lebt nicht neben ihr, sondern mit ihr. Die Kirche ist der zweite Mittelpunkt, die zweite Heimat des Italieners. Sie ist für ihn in allen Lebenslagen eine Zufluchtsstätte. Man begibt sich in die Kirche, wenn es einem zu heiß ist und man sich dort etwas abkühlen möchte. Genauso kann man sich bei Regen in die Kirche flüchten. Daß Säuglinge dort gestillt werden kann durchaus vorkommen. Selbstverständlich dürfen sich auch Tiere in der Kirche aufhalten. Eine kleine Begebenheit, gerade in unserem Feriengebiet, werden wir nicht vergessen. Wir besichtigten eine kleine einsame, etwas abgelegene Dorfkirche. Vorne in der ersten Bank saß ein Priester. Neben ihm lag — im Halbdunkel hatten wir es zuerst gar nicht bemerkt — sein Schäferhund.

Ein dritter Punkt ist die sprichwörtliche **Liebenswürdigkeit** des Italieners. Man kann, wenn man auch nur ein wenig dazu bereit ist, in Italien sehr schnell in ein Gespräch hineingezogen werden. Dieses Gespräch nimmt dann verhältnismäßig rasch eine persönliche Färbung an. Der Italiener möchte etwas von Ihrer Familie, Ihrem Beruf, Ihren Lebensverhältnissen und Ihren Ansichten erfahren. Andererseits wartet er darauf, daß Sie sich nach solchen persönlichen Dingen auf seiner Seite erkundigen. Oft kann man auch Debatten und Diskussionen der Italiener untereinander beobachten. Sie arten manchmal geradezu zu einem Streitgespräch aus. Die Argumente werden dabei durch auffallende und dramatische Bewegungen und Gesten noch unterstrichen. Das alles braucht man aber gar nicht so ernst zu nehmen. Es zeigt lediglich, wie lebhaft die Italiener sind, und wie rasch, spontan und impulsiv sie reagieren.

Um die vielgerühmte, oft zitierte, manchmal belächelte „amore" — die **Liebe** — dürfen wir uns in diesem Zusammenhang aber auch nicht herummogeln. Des öfteren wird ja behauptet, daß gerade die Ausländerinnen, die nach Italien in Urlaub fahren, dafür nicht ganz unempfänglich seien. Die Bewunderung und die Komplimente der Italiener für alles Weibliche dürfte hinlänglich bekannt sein. Genauso sollte man aber auch wissen, daß sie eben gerne mit ausländischen Frauen flirten, weil diese weit eher emanzipiert sind als die Italienerinnen selbst, daß sie aber die wahre Liebe doch meist in Italien finden.

Auf den ersten Blick könnte man also annehmen, daß der Italiener ein Romantiker ist. Viel eher aber scheint uns sein Verhalten zu beweisen, daß er ein Realist ist. Was man mitnehmen kann, nimmt man eben mit.

Zweifellos ist es der Realismus, in dem der Italiener lebt, der uns die Italiener ganz allgemein irgendwie sympathisch erscheinen läßt. Trotz der oben aufgeführten Hinweise und Punkte verlangt es aber die Realität, darauf hinzuweisen, daß sich auch der italienische Volkscharakter in unserer schnellebigen Zeit in gewissem Sinn verändert und sich einer allgemeinen Richtung anpaßt. Nicht nur die im letzten Abschnitt erwähnte „amore" artet manchmal etwas aus. Die vielzitierten „papagallis" brauchen wir dabei gar nicht mehr besonders zu erwähnen. Man wird hier eben einmal mehr mit dem Phänomen Fremdenverkehr konfrontiert.

Einen gewissen Realismus kann man auch in der **italienischen Bauweise** erkennen. Die Häuser stehen oft dicht gedrängt, ziehen sich terrassenförmig an Berghängen empor oder thronen gar auf Hügeln oder Kuppen. Zwar ist dies teilweise ein Hinweis auf die Geschichte, auf die Rivalität, die unter den Dörfern oder den einzelnen Städten in früheren Jahrhunderten geherrscht hat, doch ist ein weiterer Grund für diese Bauweise die allgegenwärtige Sonne. Man sehnt sich nach Schatten. Deshalb die dichtgedrängten Häuser und die Vorliebe für offene Bogenhallen oder gedeckte Passagen, wo man promenieren kann. In größeren Siedlungen oder Städten findet man aber nahe bei dem in unseren Augen recht malerischen und mittelalterlichen Stadtteil dann wieder ganz moderne Viertel. Manchmal wirkt es auf uns wie ein Schock, wenn neben einem Kunstdenkmal ein nüchterner Zweckbau steht. Und manchmal nimmt man sogar den Eindruck mit nach Hause, als würden die Italiener auf ihrer großen Vergangenheit geradezu herumtrampeln.

Im Gebiet des Gardasees lebt die Bevölkerung größtenteils von der Landwirtschaft, vom Fischfang und besonders, neuerdings immer mehr, vom Fremdenverkehr. Hier, wie auch im südlichen Dolomitengebiet, ist die italienische **Sprache** vorherrschend. Die Sprachgrenze verläuft ungefähr auf der Höhe der Salurner Klause. Nördlich davon, wohin uns auch einige Ausflüge führen werden, sprechen die Bewohner vorwiegend deutsch. Zu diesem Sprachgebiet gehören das Eisacktal, das Etschtal und das Pustertal. Hier braucht man also kein Italienisch zu können. Doch auch im Aufenthaltsgebiet selbst, am Gardasee, kommt man mit Deutsch allein gut durch. Der allgegenwärtige Fremdenverkehr hat es zuwege gebracht, daß sich Hoteliers, Bedienstete aber auch Händler etwas mit der deutschen Sprache befaßt haben. Anders ist es allerdings, wenn man in die Seitentäler Ausflüge unternimmt. Hier dürfte es ganz gut sein, wenn man wenigstens ein paar Brocken italienisch kann. Doch hilft auch bekanntlich die Zeichensprache in Italien sehr rasch weiter.

Noch eine Besonderheit der Bevölkerung und der Sprache haben wir zu erwähnen. Bei Ausflügen in das Innere des Dolomitengebiets, insbesondere in das Grödnertal (Val Gardena), das Fassatal und das Abtei- oder Gadertal (Val Badia oder Gadera) stoßen wir auf die Ladiner. Es ist dies ein Volksstamm, der von rätischen Ureinwohnern abstammt. Dieser Volksstamm ist mit den Rätoromanen in Graubünden in der Schweiz verwandt.

3. Ein wenig Geschichte

Da der vorliegende Reiseführer mit den Vorschlägen für Ausflugsfahrten in das erweiterte Feriengebiet weit mehr als die Uferlandschaft des Gardasees beschreibt, versuchen wir, im folgenden das Geschehen im ganzen oberitalienischen Gebiet kurz zu skizzieren. Ein kleiner Nachtrag nimmt dann noch einmal Bezug auf die Geschichte der Uferorte.

Man weiß nicht allzu viel über die **Frühgeschichte** in Oberitalien. Man weiß, daß in den Alpentälern die Räter saßen, oder weiter westlich die Ligurer und im Osten die indogermanischen Veneter, man weiß auch, daß die Etrusker aus dem Süden, der Toskana, in die Po-Ebene vorgedrungen waren, und man weiß definitiv, daß um das Jahr 587 v. Chr. die Kelten über die Alpen nach Oberitalien eingedrungen sind. Bis zum Beginn desselben Jahrhunderts hatten sie das Land den Etruskern bereits entrissen. Um 400 taucht dann das Keltenvolk der Bojer in Oberitalien auf. Die Stadt Bologna hat von diesem Stamm ihren Namen.

Im Jahr 225 v. Chr. beginnen **die Römer,** in die oberitalienischen Gebiete vorzustoßen. Bereits 222 erobern sie die Stadt Mediolanum (Mailand). Mit dem Sieg über die Bojer im Jahr 191 ist die Eroberung des Gebiets **Gallia Cisalpina** (Gallien diesseits der Alpen) — wie es die Römer nannten — abgeschlossen.

Das ganze Gebiet wurde jetzt romanisiert. Ab 88 v. Chr. erhalten die Gemeinden römisches Bürgerrecht. Zu den Städten, die schon zu jener Zeit einige Bedeutung hatten, gehörten u. a. Mediolanum (Mailand), Brixia (Brescia), Bergomum (Bergamo), Comum (Como) und Mantua. Eine Reihe bedeutender Männer stammt ebenfalls aus dem Gallia Cisalpina, so der Dichter Catullus aus Verona (87—54 v. Chr), die beiden Schriftsteller Plinius aus Como (Plinius der Ältere 23—79 n. Chr., Plinius der Jüngere 61—113 n. Chr.), der Epiker Vergil aus Andes, dem heutigen Virgilio bei Mantua (70—19 v. Chr.).

Übrigens wird ab 58 v. Chr. Cäsar vorübergehend Statthalter dieser Provinz. Er überschreitet im Jahr 49 mit seinem Heer den Rubikon, was zum Bürgerkrieg und zum Ende der republikanischen Staatsform Roms führt.

Die Entwicklung zu einem blühenden Gebiet wude ab und zu durch Einfälle fremder Völker und durch Aufstände unterbrochen. Hierzu zählt vor allem die Zeit der **Punischen Kriege,** als Hannibal in Oberitalien erscheint, und der Einfall der Cimbern und Teutonen im Jahr 102 v. Chr. Trotzdem teilte das Gebiet lange die Geschicke Roms.

Kurz vor der **Zeitenwende** erobern die Römer unter Kaiser Augustus die Ostalpen. Das untere Etschtal kommt zur Provinz Cisalpina, das obere und das Eisacktal zur Provinz Raetia. Militärlager wie Tridentum (Trient), Pons Drusi (Bozen), Maia (Meran), Vipitenum (Sterzing) entstehen. Im 3. und 4. Jahrhundert n. Chr. ist Mailand oft kaiserliche Residenz. Im Jahr 313 wird von Kaiser Konstantin das Edikt von Mailand zum Schutz der Christen erlassen. Im Jahr 375 wird Ambrosius Bischof von Mailand. Er kann die Stellung Mailands als wichtigstes Bistum im Reich ausbauen. Doch auch nach seinem Tod (397) kann Mailand seinen Ruf als eine der bedeutendsten Städte der damaligen Zeit bewahren.

Die Zeit der **Völkerwanderung** bringt Anfang des 5. Jahrhunderts die ersten Germaneneinfälle. Zwar werden die Westgoten unter Alarich zunächst im Jahr 401 von Stilicho, einem Vandalen, besiegt, können aber nach dessen Tod dann sogar bis Süditalien vordringen.

Langsam zerfällt das Weströmische Reich, und Odoaker, ein Führer germanischer Söldnertruppen, beherrscht schließlich ab 476 unter oströmischer Oberhoheit ganz Italien von Ravenna aus. Bereits 489 wird er aber von Theoderich in oströmischem Auftrag besiegt. Nach kurzer gemeinsamer Regierungszeit wird Odoaker im Jahr 493 von Theoderich ermordet. Das nun von Theoderich (Dietrich von Bern — Verona) begründete **Ostgotenreich** — er regiert von Verona,

Pavia und Ravenna aus und stirbt 526 — wird 535 von Ostrom angegriffen und schließlich 553 vollständig unterworfen.

Im 6. Jahrhundert dringen die **Bajuwaren** in das Eisackund obere Etschtal ein. Bei Salurn stoßen sie auf die Langobarden. Diese wiederum sind ab 568 in Italien eingedrungen und gründen unter König Alboin das **Langobardenreich** in Nord- und Mittelitalien. Pavia wird die Hauptstadt. In diese Zeit fallen übrigens die Anfänge Venedigs, denn die dortige Bevölkerung flüchtet vor den germanischen Langobarden in die Lagunen.

Das Langobardenreich kann sich immerhin bis 774 halten, bis Karl der Große den Papst gegen Desiderius unterstützt und sich selbst mit der eisernen Krone der Langobarden zum König von Italien krönen läßt. Das oberitalienische Gebiet wird von da ab von **fränkischen Gaugrafen** verwaltet. Während sich nun in der folgenden Zeit einheimische Fürsten und die Karolinger um die Macht streiten, fallen Ausgang des 9. Jahrhunderts die **Ungarn** in Oberitalien ein. Vorher, im Jahr 754, hatte schon der Papst den Frankenkönig Pippin um Hilfe gegen die Langobarden gebeten. Schon in diese Zeit fallen also die Anfänge des Kirchenstaates.

Die **Kirche** wird zu einem wesentlichen Machtfaktor. Langsam erringen die Bischöfe weltliche Gewalt. Dies zeigt sich besonders, nachdem im Jahr 962 Otto der Große vom Papst zum Kaiser gekrönt wird. Es ist der Beginn des **Heiligen Römischen Reiches Deutscher Nation.** Um aber bei Oberitalien zu bleiben, bereits 951 waren die Länder Venedig und Friaul zum Herzogtum Bayern geschlagen worden.

Bereits im Jahr 1004 muß Heinrich II. Oberitalien aufs Neue unterwerfen. Dort entwickeln sich in der Zwischenzeit die ersten **Stadtstaaten,** die aber ständig gegeneinander im Kampf liegen. Dem Bischof von Trient wird die Gewalt über Trient, Bozen und den Vintschgau übertragen. Im Jahr 1027 überträgt dann Konrad II. die Grafschaften des Inn- und Eisacktals dem Bischof von Brixen. Die von den Bischöfen eingesetzten Vögte reißen die Verwaltung an sich. Bereits 1141 bezeichnen sich die Grafen des Vintschgaus als **Grafen von Tirol** und errichten das Schloß Tirol bei Meran. Ungefähr zur gleichen Zeit entwickelt sich Verona zur unabhängigen Stadtrepublik.

Mantua, Modena, Ferrara und Reggio werden ab 1056 von der Markgräfin von Tucsien beherrscht, die diese Gebiete von ihrem Vater geerbt hatte. Sie unterstützt den Papst. Nach ihrem Tod im Jahr 1115 fallen ihre oberitalienischen Besitztümer durch Schenkung an die Kirche. Heinrich V. erkennt dies nicht an. Erst 100 Jahre später, im Jahr 1213 bestätigt Friedrich II. das Besitzrecht.

Im Jahr 1091 konstituiert sich der **Lombardische Bund,** der mit Unterstützung des Papstes sich den kaiserlichen Machtansprüchen widersetzt. Mailand führt diesen Bund, zu dem Cremona, Lodi und Piacenza gehören. Kaiser Friedrich I., Barbarossa, kann zwar 1158 Mailand unterwerfen, im Jahr 1162 die Stadt sogar zerstören, 1176 besiegen aber die lombardischen Städte den Kaiser bei Legnano. Schließlich muß Barbarossa 1183 im Frieden von Konstanz die Selbstverwaltung der lombardischen Städte anerkennen.

In den Städten geht die innere Auseinandersetzung zwischen Adel und Bürgerschaft weiter. Deshalb kann zunächst Friedrich II. den Lombardischen Städtebund 1237 schlagen. In der Auseinandersetzung der **Ghibellinen und Guelfen** wird der Guelfe Pagano della Torre Herrscher von Mailand. (Ghibellinen abgeleitet von Waiblingen = Anhänger des Kaisers, Guelfen = Gegner des Staufer-Kaisertums und Anhänger des Papstes und der Städtefreiheit) In Verona kann das **Geschlecht der Scala** im Jahr 1260 seine Herrschaft begründen. 1277 gelingt es **Ottone Visconti,** das Geschlecht der della Torre, das seine Herrschaft weit über Mailand hinaus ausgedehnt hatte, zu schlagen und dadurch zum Herrscher der ganzen Lombardei zu werden. In Mantua beginnt ab 1328 die Herrschaft der **Gonzaga,** deren Hauptlinie sich bis 1627 in Mantua halten kann. Im Mantuanischen Erbfolgekrieg 1628—1631 kann sich aber Karl I., Herzog von Nevers, aus einer Nebenlinie der Gonzaga, behaupten. So bleibt Mantua eigentlich bis 1708 in den Händen dieses Geschlechts.

Die Macht des Hauses Scala in Verona wird bereits 1387 von Gian Galeazzo Visconti beseitigt. Damit ist Ausgang des 14. Jahrhunderts Mailand unter den Visconti die größte Macht Oberitaliens. Allerdings kommt Verona schon 1406 zu **Venedig.** 1428 verliert Mailand auch die Städte Bergamo und Brescia an Venedig. Die Herrschaft der Visconti geht 1450 an den Condottiere Francesco Sforza, der mit der Tochter des letzten Visconti verheiratet ist. Ausgang des 15. Jahrhunderts erobert **Frankreich** unter Ludwig XII. das Herzogtum Mailand, verliert es 1512, kann es aber schon 1515 unter Franz I. wieder zurückerobern. Doch bereits 1525 kann Kaiser Karl V. mit seinem Sieg bei Pavia seine Ansprüche um die Erbfolge geltend machen. Er verleiht seinem Sohn, Philip II., das Herzogtum Mailand. Danach kommt nach drei weiteren Kriegen die Lombardei bis 1700 an Spanien.

Unter die mehr als 150 Jahre während **Herrschaft der Spanier** fällt zwar die Zeit des hl. Carlo Borromeo (1538—1584), doch bedeutet diese Zeit mehr oder weniger eine Zeit der Stagnation.

Im **Südtiroler Gebiet** vereinigt indessen **Albert III. von** Tirol um die Mitte des 13. Jahrhunderts die Grafschaften Inn, Eisack, Rienz und Etsch. Das Pustertal jedoch fällt 1271 an die Grafen von Görz. Im Jahr 1363 überträgt die Gräfin Margarete Maultasch die **Grafschaft Tirol** an Herzog Rudolf IV. von Österreich. 1460 wird der Regierungssitz von Meran nach Innsbruck verlegt. Durch Erbvertrag kommt 1500 das Pustertal ebenfalls zu Tirol und 1516 durch Kaiser Maximilian I. auch das Ampezzo-Gebiet. Nachdem im Jahr 1665 die Tiroler Linie der Habsburger ausstirbt, wird von dieser Zeit an Tirol und das Trentiner Gebiet von Wien aus regiert.

Im **Spanischen Erbfolgekrieg** 1701—1713, der mit dem Utrechter Frieden beendet wird, gehen Mailand und die Lombardei an **Österreich.** Die Macht Venedigs beginnt zu erlöschen. Unter Maria Theresia tritt im oberitalienischen Gebiet eine Zeit der Ruhe ein. Gegen Ende des Jahrhunderts macht sich die Französische Revolution bemerkbar. Bereits 1796 dringt **Bonaparte** in Italien ein. Verona wird eine Zeit lang zur österreichischen Festung, doch die Lombardei kommt im Frieden von Campoformio zu Frankreich.

1797 wird die **Cisalpinische Republik** ausgerufen, 1800 schlägt Napoleon die Österreicher bei Marengo entscheidend, und 1802 wird die italienische Republik mit dem Präsidenten Napoleon gegründet. Ein Jahr nach seiner Kaiserkrönung wird Napoleon 1805 zum König von Italien gekrönt. Südtirol und das Trentino gehen an Bayern. Im Jahr 1809 beginnt dann unter Andreas Hofer aus dem Passeiertal der Freiheitskampf der Tiroler gegen Frankreich und Bayern. Nach Napoleons Sturz müssen die Franzosen Italien im Jahr 1814 wieder räumen, und mit dem **Wiener Kongreß** kommen die Lombardei, Südtirol und das Trentino wieder zu Österreich.

Aber die Ideen der Französischen Revolution wirken weiter. Es beginnt das **Risorgimento,** die Freiheitsbewegung. Immer wieder brechen in Italien Unruhen aus.

1832 gründet Giuseppe Mazzini den republikanischen Geheimbund „Junges Italien". Allerdings setzt sich mehr der monarchisch-liberale Gedanke des Grafen Camillo Cavour durch. 1848 kommt es in Mailand zu den Cinque Giornate (5 Tagen), und in Brescia zu den Dieci Giornate (10 Tagen), Aufständen, in denen die Österreicher kurzfristig vertrieben werden können.

Im selben Jahr gibt Carlo Alberto seinem Land (Sardinien und Piemont) eine Verfassung und erklärt 1849 den Krieg an Österreich. Er wird noch einmal von Radetzky geschlagen und muß zugunsten seines Sohnes, Vittorio Emmanuele II., abdanken. Der neue Ministerpräsident ist Graf Cavour. Er verbündet sich mit Frankreich, und 1859 muß Österreich nach den **Schlachten von Magenta und Solferino** die Lombardei an Italien abtreten. Unter der führenden Rolle **Giuseppe Garibaldis** wird bis 1861 der größte Teil Italiens befreit, und Viktor Emanuel II. wird König von Italien. 1866 kann Italien Venedig gewinnen, 1871 wird Rom nach dem Abzug der Franzosen die Hauptstadt des neuen, geeinten Italien.

Südtirol und das Trentino bleiben aber nach wie vor ein Zankapfel. 1915 wird Italien für seinen Kriegseintritt gegen Österreich und Deutschland die Brennergrenze zugesichert. Bis 1918 wird das Südtiroler Gebiet, angefangen vom Ortler bis zum Isonzo von den Kaiserjägern und den Standschützen verteidigt. Nach dem Friedensvertrag von Saint Germain kommt aber dann Südtirol zu Italien.

1939 vereinbaren Hitler und Mussolini, daß die deutschsprachige Bevölkerung in das Reichsgebiet umgesiedelt werden soll. Nach Ende des 2. Weltkriegs wird im Jahr 1946 zwischen Österreich und Italien vereinbart, daß den Südtirolern Autonomie gewährt wird. Die Verhandlungen ziehen sich aber bis zum Jahr 1969 hin. Dann erst wird der Provinz Bozen ein größeres Selbstbestimmungsrecht in der Kultur, der Verwaltung, der Arbeit und der Wirtschaft zugestanden. Bozen verbleibt aber trotzdem in der Region Südtirol-Trentino.

Das **Geschehen** unmittelbar **am Gardasee** verlief in den gleichen Bahnen wie oben in groben Zügen aufgezeichnet wurde. Die Ureinwohner, Etrusker und dann Kelten, dürften um das Jahr 225 v. Chr. von den Römern unterworfen worden sein. Gegen Ende des 4. Jahrhunderts wurde das Gebiet christianisiert.

Mit dem langsamen Verfall des römischen Reiches beherrschten zuerst die Ostgoten, dann die Langobarden unter Albuin seit 568 den Gardasee. 774 übernimmt Karl der Große die Herrschaft. Zu dieser Zeit erhält der See auch seinen Namen (Garda = Burg). Die Herrschaft kommt anschließend an Friaul, doch Berengar II. muß sie dann Mitte des 12. Jahrhunderts wieder an Otto den Großen abgeben.

Im 13. Jahrhundert untersteht das Ostufer den Skaligern. Verschiedene Burgen erinnern an diese Zeit. Das Westufer ist im Besitz von Mailand, das vorübergehend unter Gian Galeazzo Visconti die Macht über das ganze Seegebiet erringen kann.

Unter Karl V. wird das nördliche Gebiet dem Fürstbischof von Trient übergeben. Das übrige Gebiet gehört von 1454 bis 1797 zur Republik Venedig. In diesem Jahr kommt es durch Napoleon zur Cisalpinischen Republik, 1802 zur italienischen Republik. 1814 übernimmt Österreich die Herrschaft. Doch schon 1859 kommt das westliche Ufer zur Provinz Brescia und 1866 das östliche Ufer zur Provinz Verona, also zum italienischen Reich. Der nördliche Teil mit den Städten Riva und Torbole kommt mit dem Trentino erst nach dem 1. Weltkrieg im Jahr 1918 zu Italien.

4. Kleine Kunstbetrachtung

Am Gardasee findet man nicht allzu viel an Kunst- und Kultur-
denkmälern. Ohnehin weisen wir bei den einzelnen Ortsbeschreibungen auf die jeweiligen Sehenswürdigkeiten hin. Betrachtet man aber
das gesamte Feriengebiet, das auf Tagesausflügen leicht zu durchstreifen ist, dann findet man, wie übrigens im ganzen oberitalienischen Gebiet, sehr viel Interessantes.

Neuere archäologische Entdeckungen scheinen darauf hinzuweisen, daß die Ufer des Gardasees schon zur **Bronzezeit**
bewohnt waren. Es handelt sich dabei um primitive Einrit-
zungen auf Stein, die Personen und Tiere darstellen. Die
Funde wurden hauptsächlich am Ostufer zwischen Castelletto
di Brenzone und Garda gemacht. Wer sich für die Frühgeschichte besonders interessiert, kann im Museo dell'Alto Adige
in Bozen, vor allem aber im Museo Archeologico in Mailand
Hausrat aus Pfahlbauten sowie Waffen und Schmuck besichtigen.

Aus der **Römerzeit** findet man am Gardasee vor allem
bei Sirmione am Ende der Halbinsel riesige Ruinen einer
Villa oder Thermenanlage, die allgemein, allerdings nicht
richtig, als Grotten des Catull bezeichnet werden. Auch in
Desenzano kann man die Mauerreste eines römischen Hauses
aus dem 4. Jahrhundert mit teilweise noch recht gut erhaltenen Mosaiken besichtigen. Zu den am besten erhaltenen
römischen Baudenkmälern ganz Italiens zählt das Amphitheater in Verona, das im Jahr 290 unter Diokletian erbaut
worden ist. Noch heute wird dieses Theater jedes Jahr, meistens im August, zu Aufführungen benutzt. Auch die Porta
di Borsari, ein im 1. Jahrhundert nach Chr. erbautes Stadttor,
ebenfalls in Verona, ist erwähnenswert. In Brescia sieht man,
teilweise freigelegt, die Reste des Kapitols eines dem Jupiter,
der Juno und der Minerva geweihten Tempels, der 72 n. Chr.
unter Vespasian erbaut worden war. Auch die dortige im
16. Jahrhundert nach einem Brand erneuerte Basilika San
Lorenzo darf nicht vergessen werden. Ihr unterer Teil und
Säulen der Eingangshalle stammen aus dem 4. Jahrhundert.

Skulpturen aus jener Zeit findet man in der Antikensammlung im Palazzo Ducale in Mantua und im römischen
Museum in Brescia, das allein wegen der berühmten geflü-

Sirmione: die Grotten des Catull, Überreste einer römischen Villen- oder Thermenanlage

gelten Victoria einen Besuch lohnt. Außerdem werden in den Museen von Mailand und Mantua und in der Antikensammlung von San Marco in Venedig weitere schöne Skulpturen gezeigt.

Frühmittelalterliche Baudenkmäler gibt es nicht allzu viele. Ein schönes Beispiel, auch für Malerei oder Fresken, findet man in der kleinen St. Prokulus-Kirche bei Naturns in der Nähe von Meran. Ebenfalls aus der karolingischen Zeit stammen die Fresken der St. Benedikts-Kirche in Mals unterhalb des Reschenpasses.

Ein **byzantinischer Einfluß,** der sich vor allem an der Adriaküste ausbreitete, ist im oberitalienischen Raum kaum zu finden. Es sei denn, man besucht auf einem Ausflug Venedig und besichtigt dort die pracht- und prunkvolle Markuskirche. Auch die Basilika San Lorenzo Maggiore in Mailand mit ihren Wandmosaiken muß in diesem Zusammenhang erwähnt werden. Allgemein begann eine Art Übergangszeit, die ungefähr bis zum 10. Jahrhundert dauerte. Immerhin dürfte aber in dieser noch als vorromanisch zu bezeichnenden Zeit bei den Kirchenbauten der frei stehende Glockenturm, der Campanile, aufgekommen sein.

Die Weiterentwicklung **des romanischen Stils** führte bei den Kirchenbauten zur großen Basilika. In der Form dem lateinischen Kreuz nachempfunden, wurden dabei die Seitenschiffe verhältnismäßig niedrig gehalten. Weil das Gewicht von den Gewölben allein nicht mehr getragen werden konnte, wurde der Strebepfeiler entwickelt. Auch wurde die Fassade nachgerade zu einem Kunstwerk. Der ursprünglich normal große Eingang wurde stufenförmig mit Säulen verziert und dadurch vergrößert.

So gilt z. B. die Kirche San Zeno Maggiore (12. Jahrh.) in Verona als einer der schönsten romanischen Bauten. Weiter stammen aus dieser Zeit die Kirche San Ambrogio in Mailand und die Dome in Piacenza, Cremona, Parma und Modena. Nördlich des Gardasees sind der Dom von Trient, die Pfarrkirche von Bozen, der Dom von Brixen und die Stiftskirche von Innichen als Beispiele romanischer Baukunst besonders erwähnenswert.

Sehenswert sind auch viele profane Bauten aus jener Zeit. Vor allem im Norden findet man eine Vielzahl von

Burgen, die darauf zurückzuführen ist, daß die Bischöfe sich eigene Residenzen erbauen ließen, daß aber auch die von ihnen eingesetzten Gaugrafen ebenfalls Burgen erstellten. Hierzu zählen, um nur einige zu nennen: die Zenoburg, das Schloß Tirol, Schloß Labers und die Fragsburg bei Meran, Braunsberg bei Lana, Mayenburg bei Völlan, die Ruine Sigmundskron, das Schloß Maretsch, die Burg Runkelstein bei Bozen, die Burg Säben bei Klausen und Hocheppan nördlich von Missian bei Eppan. Auch die malerischen Skaligerburgen am Gardasee stammen aus dieser Zeit. Außerdem dürfen in diesem Zusammenhang die Rathäuser von Brescia, Bergamo, Cremona und Mantua nicht übersehen werden.

Beginnend mit dem 7. Jahrhundert, über die Zeit der Romanik und Gotik bis in die Barockzeit hinein, spielten übrigens Baumeister und Steinmetze aus der Gegend von Como, die sogenannten Comasken, aber auch die Campionesen aus der Gegend von Campione am Luganer See eine bedeutende Rolle. Ihre Leistungen stehen denen der lombardischen Meister nicht nach.

An sehenswerten **Skulpturen** aus der romanischen Zeit sind zu erwähnen: die Fassade von San Michele in Pavia, die Arbeiten von Benedetto Atelami an Dom und Baptisterium in Parma, die Domfassade von Modena, das Domportal von Verona und die Reliefdarstellungen am Hauptportal der Kirche San Zeno, ebenfalls in Verona. Auch findet man in den Schatzkammern der oberitalienischen Dome immer wieder sehr sehenswerte Elfenbein- und Goldschmiedearbeiten.

Die Gotik präsentiert sich in Italien nicht in der himmelstürmenden Art wie wir es bei uns gewohnt sind. Sie wird eher zum schmückenden Beiwerk, das aber bei der überreichen Verwendung die nicht gotische oder sogar romanische Grundform verdeckt. Dabei verliert auch der Strebepfeiler seine ursprüngliche Funktion. Das Gewicht muß nicht mehr aufgenommen werden. Der Pfeiler dient eher zur Ausschmückung.

Der Mailänder Dom, fünfschiffig, und mit durch das gleichseitige Dreieck festgelegten Proportionen, ist ein Beispiel dieser italienischen Gotik. Auch die Kirche Santa Maria delle Grazie in der gleichen Stadt kann dazu gerechnet werden. Die Kartause von Pavia, der Dom von Como, aber auch die Schlösser der Gonzaga in Mantua und die prunkvollen Skaligergräber in Verona sind ebenfalls gotisch.

Im Südtiroler Gebiet fand die Gotik recht weite Verbreitung. Über den nahen Brenner war diese Stilform ja mit nach Italien eingedrungen. Die Kirchen von Mals, Meran und Terlan, von Klausen, Sterzing und Bozen mit ihren spitzen Türmen und den vielen geschnitzten und bemalten Altären sind nur einige Beispiele. An Profanbauten — in vielen Burgen und Bauten fanden natürlich Schnitzereien, Malereien und Skulpturen Eingang — sind das Rathaus von Sterzing und das Bozener Tor in Meran zu erwähnen.

Einige großartige Werke bekannter Künstler aus diesem 15./16. Jahrhundert sind: der Altar der Pfarrkirche in Sterzing von Hans Multscher aus Ulm, das Holzkruzifix in der Pfarrkirche in Bruneck von Michael Pacher, vom selben Künstler der Altar in der alten Pfarrkirche von Bozen (Gries), der 14 m hohe Flügelaltar der Pfarrkirche in Lana von Hans Schnatterpeck. Äußerst sehenswert sind auch die Fresken im Kreuzgang des Doms von Brixen, in der Pfarrkirche am Waltherplatz in Bozen, in der Burg Runkelstein bei Bozen und die Totentanzfresken an der Kirche San Vigilio bei Pinzolo.

Die **Renaissance,** ausgehend von Florenz und sich dann ziemlich rasch über ganz Italien ausbreitend, die Kunstperiode, die für dieses Land so bedeutend wurde, macht sich im Gebiet nördlich des Gardasees nicht allzu stark bemerkbar. Selbstverständlich findet sie Eingang in die Schlösser und Burgen und die reichen Bürgerhäuser. Es entwickelt sich auch der sogenannte Überetscher Stil unter dessen Einfluß reizvolle kleine Herrensitze, sogenannte Ansitze, entstehen.

Je weiter man aber nach Süden kommt, desto zahlreicher werden die Kunstwerke der Renaissancezeit. So stammen u. a. die fürstbischöfliche Hofburg in Brixen, viele Paläste in Trient und Verona oder auch Kirchen in den Orten am Gardasee aus dieser Zeit. Großartige Werke findet man aber dann z. B. in Mailand mit der Capella Portinari bei San Eustorgio von Michelozzo, der Kirche Sant'Andrea von Alberti oder in den Kirchen Sant'Anastasia und San Fermo in

Verona Wandbilder von Pisanello, das Altarbild in der Kirche San Zeno in Verona von Mantegna und vom gleichen Maler Werke in der Camera degli Sposi im Palazzo Ducale von Mantua.

Ferner seien erwähnt: das Ospedale Maggiore in Mailand, die Kirche und der Kreuzgang der Kartause bei Pavia, die Kirche Madonna di Miracoli und der Palazzo della Loggia (Rathaus) in Brescia, die Capella Colleoni in Bergamo und die Loggia del Consiglio in Verona. Selbstverständlich stehen vor allem in Venedig noch viele andere Bauten aus der Zeit der Renaissance. Es würde aber den Rahmen dieses Bändchens sprengen, wenn wir weiter in Details gehen würden. Trotzdem möchten wir aber noch aufführen, daß z. B. einer der berühmtesten Künstler der Renaissance, nämlich Tizian, der vor allem in Venedig tätig war, aus dem Piaveital stammt.

Zur Zeit der **Hochrenaissance** baute Sanmicheli in Verona den Palazzo Bevilacqua, aber auch in Venedig den Palast Grimani am Canale Grande. Giulio Romano erbaut in Mantua den Palazzo del Te. In und um Vicenza arbeitete Andrea Palladio an vielen Villen und Palästen, vor allem an der Basilika Palladiana, seinem Hauptwerk, in Vicenza. Die Kirche San Giorgio Maggiore in Venedig ist ebenfalls von ihm.

Aus der **Barockzeit** stammen der Dom in Brescia und verschiedene Paläste sowohl in Brescia als auch in Cremona. Nördlich des Gardasees sind u. a. auch wieder einheimische Künstler am Werk. Der neue Dom von Brixen mit Arbeiten des Barockmalers Paul Troger und das Merkantilgebäude bei der Laubengasse in Bozen runden diese kurze Aufstellung ab.

Zu berücksichtigen ist demnach, daß im Gebiet unmittelbar am See der romanisch-gotische, oder besser noch der romanisch-lombardische Stil anzutreffen ist. Der Grund dafür war oder ist, daß der See, im Norden durch das Gebirge abgeschirmt, sich dem Süden zu offen darbietet Alles was aus dem Süden kam, auch die Kunstströmungen, hatte hier leichten Zugang. Deshalb findet man auch heute am Gardasee rein italienische Verhältnisse und Gegebenheiten, ganz im Gegensatz zu den nur wenige Kilometer weiter nördlich gelegenen Gebirgsgegenden.

5. Klima und Reisezeit

Das **Klima** kann in unserem erweiterten Reisegebiet als kontinental bezeichnet werden. Das heißt heiße Sommer und kalte Winter. Obwohl es aber nun im Winter in Oberitalien oft so kalt werden kann, daß die Durchschnittstemperaturen kaum über den bei uns gewohnten liegen, bringt dann der Sommer doch eine um etliche Grade höher liegende Durchschnittstemperatur. Für Oberitalien zeigt die Klimatabelle folgende Durchschnittswerte:

| Frühjahr | 13,4° C | Herbst | 14,3° C |
| Sommer | 23,1° C | Winter | 3,8° C |

Man darf auch nicht übersehen, daß man in dem so sonnenreichen Italien, wenigstens was das oberitalienische Gebiet betrifft, mit einer durchschnittlichen **Niederschlagsmenge** von 910 mm rechnet. Allerdings ist die Gesamtzahl der Niederschlagstage mit ca. 82 pro Jahr wesentlich geringer als bei uns. Außerdem kommt es weniger häufig zu einem Dauerregen. Viel eher zu kurzen und manchmal auch recht heftigen Regengüssen. Bald darauf scheint wieder die Sonne, als wäre es nie anders gewesen. Nur können eben diese plötzlichen Güsse auch oft sehr großen Schaden anrichten.

Um bei den Niederschlägen zu bleiben: die Winter im Südtiroler Gebiet, wohin uns einige Ausflüge führen werden, sind oft sehr schneereich. Man denke nur an die berühmten Wintersportplätze, angefangen von Madonna di Campiglio bis Cortina d'Ampezzo. Doch, obwohl nun gar nicht weit von diesen Orten entfernt, ist es am Gardasee ganz anders. Dort schneit es sehr selten. Sogar Nebel und Reifbildung kommen nicht allzu häufig vor.

Allgemein sind in Norditalien die klimatischen Bedingungen noch nicht so, daß hier schon ein ausgesprochen mediterraner **Pflanzenwuchs** zu Tage treten kann. Im allgemeinen wächst noch dasselbe wie bei uns, mit dem Unterschied vielleicht, daß hier der Maulbeerbaum, die Edelkastanie und die Akazie vorkommen.

Am Gardasee aber werden nun die Nordwinde größtenteils von den Bergen abgehalten. Außerdem ist er im Süden durch die Po-Ebene dem Einfluß des Mittelmeerklimas ausgesetzt. Dadurch kann sich ein südländischer Pflanzenwuchs ausbreiten. Man findet deshalb hier schon Palmen, Zypressen, Oleander und Magnolien, Eukalyptus und Agaven, Oliven, Orangen und Zitronen. Weil das Wasser des Gardasees außerdem eine verhältnismäßig hohe Durchschnittstemperatur aufzuweisen hat, findet man die Olive fast rund um den See, und deshalb können auch Agrumen in Plantagen gezogen werden.

Die **Hochsaison,** und das drückt sich in gewissem und gewichtigem Sinn auch bei den Hotelpreisen aus, sind am Gardasee die Monate Juli und August. Dies sind ohnehin die üblichen Schulferienmonate. Deshalb herrscht während dieser 2 Monate eine recht starke Nachfrage nach Unterkünften. Außerdem sind es ja nicht nur Deutsche, sondern Europäer aus aller Herren Länder, vor allem aber auch die Italiener selbst, die eben zu diesem Zeitpunkt ihre Ferien genießen wollen. Der Termin Ferragosto, der jedes italienische Hotelierherz höher schlagen läßt, weil jeder Italiener, der etwas auf sich hält, gerade zu diesem Zeitpunkt mit seiner Familie Urlaub macht, fällt mit dem Feiertag Mariä Himmelfahrt ebenfalls in diesen Zeitraum. Ohne Voranmeldung kann es dann recht schwierig werden, ein Unterkommen oder eine einigermaßen passable Bleibe zu finden.

Man kann aber auch viel früher oder viel später bedenkenlos an den Gardasee fahren. Ein Blick auf die **Durchschnittstemperaturen des Wassers,** gemessen z. B. in der Nähe von Gardone, soll helfen:

April	12,6° C	Juli	22,3° C
Mai	15,9° C	August	23,2° C
Juni	20,3° C	September	20,0° C

Sogar im Oktober zeigt der Durchschnitt noch 16,2° C. Aus eigener Erfahrung — und dazu müssen Sie wissen, daß wir erst dann ins Wasser gehen, wenn es wirklich schön warm ist —, können wir zudem sagen, daß man von Mitte/Ausgang Mai bis Mitte/Ausgang September prächtig im See baden kann. Vergessen werden darf auch nicht, daß viele Häuser eigene Schwimmbäder gebaut haben und man also nicht auf die Wassertemperatur des Sees angewiesen zu sein braucht.

Außerdem sucht man allgemein den Gardasee nicht nur des Badens wegen, sondern auch wegen der ausgesprochen schönen Landschaftsszenerie auf.

Deshalb sei noch einmal betont, daß am Gardasee ein recht mildes Klima herrscht. Die brescianische Riviera trägt diese Bezeichnung deshalb, weil dort das Klima dem an der Riviera kaum nachsteht. Man kann deshalb ruhig im Mai oder im September Urlaub machen. Ein nicht zu niedrig einzuschätzender Faktor ist außerdem, daß es in diesen Monaten am Gardasee ruhig zugeht.

Dank regelmäßiger **Windströmungen** steigen die Temperaturen am See auch in den Hochsommermonaten nicht allzu sehr an. Die wichtigsten Winde sind der Sover oder vento di sopra, der von oben her, also aus dem Norden kommt. Er setzt um Mitternacht ein und weht bis zum Mittag. Die Ora löst ihn dann am Nachmittag ab und weht von Süden nach Norden. Teilweise ist sie sogar noch im Überetscher Gebiet zu spüren.

Im südlichen Teil treten noch einige andere Windströmungen auf. Es sind dies der Andro, der Montis und der Traversu. Im östlichen Seeteil kennt man den heftigen Bali, der bis zu drei Tagen andauern kann. Alle diese mehr oder weniger starken Winde haben wegen ihrer Regelmäßigkeit in früheren Zeiten, als es noch keine Motorboote und -Schiffe gab, die Segelschiffahrt stark beeinflußt. Selbstverständlich werden sie auch heute von den Fischern genutzt. Sie haben in den letzten Jahren verstärkt auch zur Errichtung von Segelschulen beigetragen.

Manchmal setzen am Gardasee aber auch überraschend Stürme ein. Der bereits erwähnte Bali und dann vor allem die sogenannten Reffoli sind hier zu nennen. Für kleinere Boote kann es dann gefährlich werden, zumal auch verschiedene starke Wasserströmungen ihren Einfluß geltend machen können. Doch die Bootsvermieter oder Eigner, die ihren See kennen, machen die Gäste dann schon vorher darauf aufmerksam.

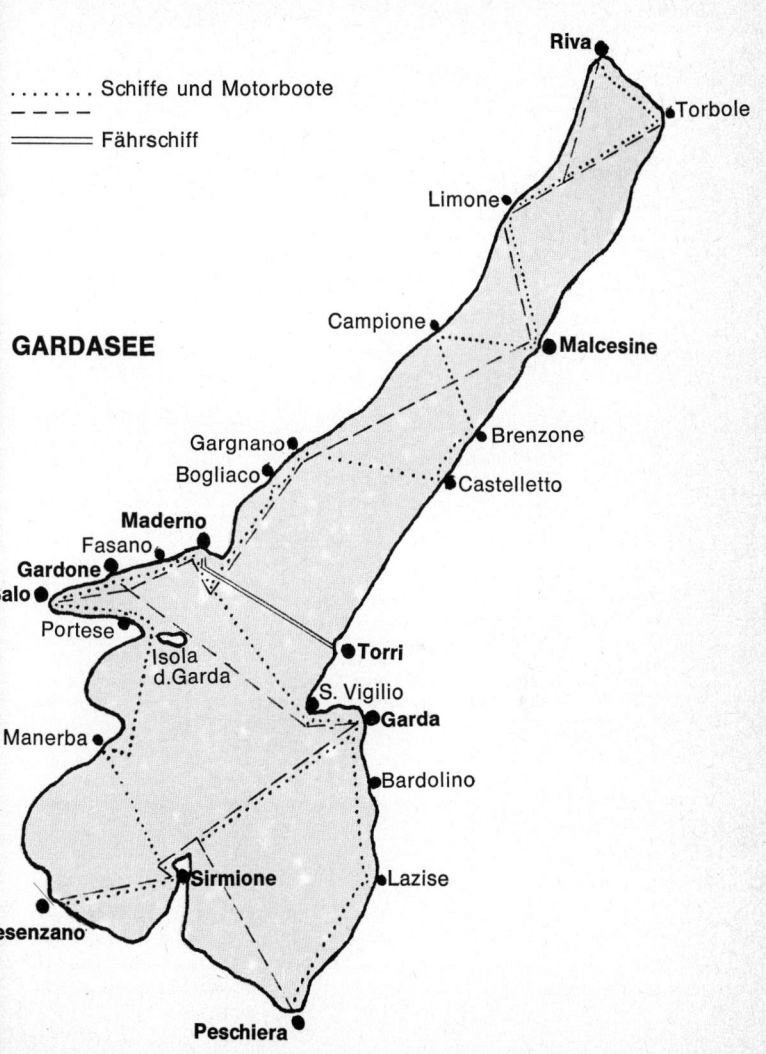

GARDASEE

.... Schiffe und Motorboote
- - - - Fährschiff
═══ Fährschiff

Riva
Torbole
Limone
Campione
Malcesine
Gargnano
Bogliaco
Brenzone
Castelletto
Maderno
Fasano
Gardone
Salo
Portese
Isola d.Garda
Torri
S. Vigilio
Manerba
Garda
Bardolino
Lazise
Sirmione
esenzano
Peschiera

B
STRECKENBESCHREIBUNGEN

Rund um den Gardasee führen zwei Straßen, die Gardesana Orientale (Ostuferstraße) und die Gardesana Occidentale (Westuferstraße). In den folgenden Streckenbeschreibungen, die wir um den See im Uhrzeigersinn vornehmen, halten wir uns an ihren Verlauf. Dabei benützen wir zunächst die **Gardesana Orientale,** die in Torbole beginnt und nach rund 60 Kilometern in Peschiera endet. Anzumerken ist hierbei, daß sie vor noch nicht allzu langer Zeit, und zwar in den Jahren 1926—29, in der jetzigen Form erbaut worden ist. Vor allem zwischen Torbole und Malcesine — exakt auf den 10 Kilometern zwischen Torbole und Navene — mußten viele Brücken über Bäche und Schutzbauten gegen Steinschlag errichtet werden. Man mußte auch 9 Tunnels durch die Felsen des Monte Baldo sprengen.

Auch die **Gardesana Occidentale** von Desenzano bis Riva mit ungefähr 80 km Gesamtentfernung besteht als zusammenhängende Strecke erst seit 1932. In den Jahren 1927—1932 wurde das Stück zwischen Riva und Gargnano bzw. Salò unter großen Schwierigkeiten erbaut. Sie führt über 56 Brücken und durch 74 Tunnels mit einer Gesamtlänge von mehr als 7 Kilometern, die durch 56 in den Fels gehauene Fenster erhellt werden. Der längste Tunnel ist die Galleria Titana mit 650 m Länge. Vor dieser Zeit bestand also auch an diesem Ufer zwischen Riva und Gargnano keinerlei Straßenverbindung. Die Dörfer waren entweder nur vom Hinterland aus oder nur über den Seeweg zu erreichen. In unserem Führer beschreiben wir den Straßenverlauf dieser Westuferstraße von Süden nach Norden.

Im Anschluß an die Streckenbeschreibungen unterbreiten wir im Teil B einige Vorschläge für Ausflugsfahrten. Hierzu zählt auch eine Rundfahrt um den sehenswerten Iseo-See. Die Beschreibungen der Ausflüge beginnen wir an den Uferorten, von denen die Straßen landeinwärts abzweigen. Vom jeweiligen Urlaubsort sind alle Ausgangspunkte verhältnismäßig rasch zu erreichen. Dabei empfehlen wir, wenn möglich die Ostuferstraße zu benutzen, weil sie durch ihre größere Breite entschieden leichter und rascher zu befahren ist als die oft schmale und kurvenreiche Westuferstraße.

Sehenswerte Städte der näheren oder weiteren Umgebung, die mit dem Wagen leicht erreicht werden können, sind in dem gesonderten Teil C aufgeführt. Sie erscheinen dort in alphabetischer Reihenfolge. Die betreffenden Stichwörter sind jeweils mit einem Stern (*) versehen.

1. Rundfahrt um den Gardasee

Torbole (75 m), an der Nordostecke des Gardasees gelegen, ist Ausgangspunkt der Gardesana Orientale. Das kleine Fischerdorf, das sich zu einem gern aufgesuchten Fremdenverkehrsort entwickelt hat, ist eigentlich eine Teilgemeinde von

Riva. Beide Orte sind nur durch den **Monte Brione** getrennt, diese charakteristische, schräg aufsteigende Felsformation, die das nördliche Ufer des Gardasees abschließt.

Eine kurze Episode aus der Geschichte Torboles möchten wir hier erwähnen. Als im Mittelalter das Städtchen mit der ganzen Ostküste zu Venedig gehörte, versuchten im Jahr 1438 die Visconti aus Mailand den gesamten Gardasee in ihren Besitz zu bringen. Zunächst hatten sie einigen Erfolg. Die Venezianer schafften aber auf dem Landweg durch das Etsch- und dann das Loppiotal eine Flotte von 30 Schiffen nach Torbole. Es gelang ihnen damit tatsächlich, die Mailänder bei Riva zu schlagen.

Das Städtchen mit seinen rund 1 500 Einwohnern liegt an der Einmündung der Sarca. Die bunt leuchtenden Mauern der Häuser, deren Grundton die tizianrote „Casa Beust", ein bekanntes Hotel, angibt, ist geradezu eine Verlockung für den Maler und Farbfotografen. Unmittelbar am kleinen Hafen, aber auch entlang der Seepromenade und der Gardesana Richtung Malcesine bestehen Parkmöglichkeiten.

Auf der Hafenmole steht ein kleines, schmalbrüstiges Haus, das einst den österreichischen Zoll beherbergte. Der Hauptplatz ist die Piazza Vittorio Veneto, die durch eine kleine Seitengasse unmittelbar vom Uferkai aus zu erreichen ist. Dort befindet sich an dem Haus, in dem Goethe auf seiner italienischen Reise im Jahr 1786 an der Iphigenie gearbeitet hat, eine Gedenktafel. Lange ging der Streit um diese Gedenkstätte, bis man schließlich auf Grund einer Zeichnung, die Goethe von seinem Zimmer aus anfertigte, das richtige Haus, die Casa Alberti, um die Jahrhundertwende feststellen konnte.

Von der Piazza Vittorio Veneto hat man einen bequemen Aufgang zur Kirche, der sich ein kleiner Friedhof anschließt. Man hat von dort oben einen schönen Ausblick auf das unterhalb liegende Häusergewinkel und den See. Noch großartiger ist allerdings der Blick vom Aussichtspunkt Bellavista, der oberhalb der Kirche liegt, jedoch auf anderem Weg zu erreichen ist. In der Pfarrkirche stellt ein Werk des Veroneser Malers Cignaroli, der im 18. Jahrhundert lebte, den hl. Andreas dar. Hinter der Kirche befindet sich ein Denkmal für den Gelehrten Vincenzo Errante. Steigt man die Treppen links der Kirche zum Dörfchen hinunter, dann kommt man durch malerische Bogengänge bis zur kleinen, von Palmen bestandenen Piazza Alpini.

Oberhalb von Torbole liegt **Nago,** das man auf der Anreise schon berührt hat. Vom hübsch gelegenen Dörfchen hat man schöne Ausblicke auf den Gardasee. Außer auf der Straße, kann man auch über einen Fußweg dorthin gelangen. Man kann von dort die **Ruine Penede,** einen herrlichen Aussichtspunkt erreichen, kann zu diesem Aussichtspunkt aber auch auf direktem Fußweg gelangen. Die bekannten **Marmitte dei Giganti,** die Gletschertöpfe, Erinnerung an die Eiszeit, liegen ebenfalls zwischen Torbole und Nago. Außerdem ist ein Abstecher nach **Arco *,** dem bekannten Kurort, empfehlenswert.

Bei der Ausfahrt aus Torbole liegt linker Hand ein großer **Tunnel.** Er hat aber nichts, wie man vielleicht vermuten könnte, mit einem Kraftwerk zu tun. Er soll eventuell auftretende Hochwasser der Etsch in den Gardasee ableiten. Der Bau dieses Tunnels legte auch den zwischen Nago und Mori liegenden Loppio-See trocken. Man fährt jetzt schon entlang der Abhänge des Monte Baldo, der als riesiger Höhenzug mit seiner höchsten Erhebung, dem Monte Maggiore, 2218 m erreicht. Ungefähr 2 km nach Torbole hat man einen schönen Rückblick auf das soeben verlassene Städtchen. Die Straße führt durch einige Galerien und Tunnels. Der dritte durchsticht den **Corno del Bo,** einen ganz glatt abgeschliffenen Felsen. Es folgt die kleine Ansiedlung

Tempesta, das übersetzt „Sturm" heißt. Der Grund ist, daß die Fischerboote bei aufkommendem Sturm in der kleinen Bucht Schutz suchen. Hinter dem Hotel Villa Bella auf der rechten Straßenseite liegt ein großartiger Privatbesitz, dessen einzelne Häuschen wie Pilze, die aus dem Felsen wachsen, ausehen.

Navene, eine kleine Ansiedlung, liegt knapp 10 km südlich von Torbole, und nach weiteren vier Kilometern erreicht man das Städtchen

Malcesine (90 m). Schon eine Weile vorher sieht man das Skaliger Kastell, das Wahrzeichen der Stadt, aus einem steilen Felsvorsprung herauswachsen. Die Gardesana läßt den wichtigeren Teil des Ortes rechts liegen. Gleich nach dem Ortseingang biegt man bei der Tankstelle in Richtung „Centro Città" ab. Links dieser Straße findet man im Mittelpunkt des Städtchens einen großen Parkplatz.

Ein interessantes Teilstück der Gardesana Occidentale (Westuferstraße)

Rechts oberhalb des Platzes sieht man den Turm der Pfarrkirche aufragen. Die aus dem 17. Jahrhundert stammende Kirche wurde zwar im Innern 1913 neu dekoriert, doch findet man auf der rechten Seite ein Gemälde des Veroneser Meisters Girolamo dai Libri, das die Kreuzabnahme Christi darstellt. Ein Deckengemälde, das Martyrium und die Verherrlichung des hl. Stefan aus dem Jahr 1750, ist ebenfalls sehenswert. Ein Grabmal der Einsiedler Benignus und Carus, die als Schutzheilige gegen Erdbeben verehrt werden, befindet sich außerdem in der Kirche.

Am kleinen, malerischen, von Oleander umstandenen Hafen herrscht das rege Kommen und Gehen der Touristen. Von dort zweigt die Via Capitano ab. Hier steht auch der **Palazzo dei Capitani.** Es ist das heutige Rathaus. Beachtenswert sind dort die Deckengemälde und Wappen, die noch an die Zeit der venezianischen Herrschaft erinnern.

Nicht weit davon ist der alte Hafen, der jetzt verbaut ist. Zu ihm führt die Vicolo Porto Vecchio. In diesem Gäßchen liegt die Taverna dei Capitani, die mit ihrer Inneneinrichtung und ihrem Innenhof sehr stimmungsvoll anmutet.

Durch malerische Gäßchen, über Kopfsteinpflaster, steigt man hinauf zur **Skaligerburg,** die aus dem 13. und 14. Jahrhundert stammt. Vom Turm, aber auch schon vom Weg zu ihm, hat man herrliche Ausblicke, vor allem auf das gegenüber liegende Ufer und in nördlicher Richtung. Es ist das gleiche Kastell, das Goethe am 13. September 1786 zum Zeichnen verlockte und ihm beinahe eine Verhaftung als Spion eingetragen hätte.

Ein schöner Strandweg führt südlich vom Ort, abseits und unterhalb der Durchgangsstraße, zum **Val di Sogno,** wo an einer kleinen nach Süden geöffneten Bucht einige Hotels stehen. Der Spaziergang von ca. einer Stunde Dauer für Hin- und Rückweg ist sehr lohnend. Zunächst sieht man die kleine **Isola dell' Olivo,** die, nicht weit vom Ufer entfernt, sich aus dem See erhebt. Dem Val di Sogno vorgelagert ist die **Isola di Sogno.** Am südlichen Ortsrand, noch vor dem Val di Sogno, und über die Durchgangsstraße zu erreichen, liegt die **Barockkirche Madonna della Fontana.** Im Innern zeigt sie einen Altar aus dem 18. Jahrhundert. Kurz zuvor zweigt eine kleine Nebenstraße nach links auf die Vorhöhen des Monte Baldo ab. Sie führt aber nur bis zu dem kleinen Weiler Le Vigne.

Zweigt man an der Hauptkreuzung der Durchgangsstraße im Ort nach links ab, dann erreicht man die Talstation der **Monte-Baldo-Seilschwebebahn.** Sie führt über die Mittelstation San Michele zum Monte Baldo bzw. zur 1720 m hohen **Bocca Tratto Spini.** Die Aussicht ist großartig. In der Nähe der Zwischenstation, rund 550 m hoch, liegt die bereits im 12. Jahrhundert erwähnte Kirche San Michele.

Bei der Ausfahrt aus Malcesine erblickt man die bereits erwähnte Isola dell'Olivo. Man fährt am Val di Sogno und der kleinen vorgelagerten Insel Isola di Sogno vorüber. Die Berghänge treten etwas vom Ufer zurück. Die Landschaft wird lieblicher. Nach knapp 4 km erreicht man

Cassone. Vom Hafen des Fischerdörfchens, an dem ein kleiner alter Turm steht, erblickt man südlich eine etwas größere, leider aber mit häßlichen Befestigungsresten aus dem vergangenen Jahrhundert vollständig verbaute Insel, die **Isola di Trimeloni.** Von hier aus wurde im 1. Weltkrieg das damals noch österreichische Riva beschossen. Nach Norden hat man noch einmal einen Blick auf das „Traumtal", auf das Val di Sogno. Linker Hand der Durchgangsstraße, innerhalb des Ortes, liegt ein kleiner von Mauern eingefaßter See Es ist nichts anderes als die Quelle eines Flüßchens, das nach rund 100 m Lauf schon wieder in den Gardasee mündet.

Im Abstand von jeweils ein bis zwei Kilometern berührt oder durchfährt man einige kleine Weiler, die zu Brenzone gehören. In

Assenza Brenzone steht eine kleine Kapelle, angeblich aus dem 11. Jahrhundert. Bemerkenswert sind hier allerdings lediglich einige Fresken rechts vom Altar. Weiterhin ist Assenza Brenzone deshalb bekannt, weil von hier aus eine, wenn auch steile Aufstiegsmöglichkeit zum Monte Maggiore (2218 m) besteht. Besser ist es allerdings, den Aufstieg in Ferrara di Monte Baldo, das 949 m hoch an der Ostseite des Berges liegt und mit dem Bus erreicht werden kann, zu beginnen und nach Assenza Brenzone abzusteigen.

Oberhalb an den Hängen liegen die kleinen Siedlungen **Sommavilla** und **Borago,** die man auf aussichtsreichen Fußwegen erreichen kann. Hinter Cassone zweigt auch eine Nebenstraße über Sommavilla ab, die in Magugnago, bzw. Brenzone wieder auf die Ostuferstraße zurückführt.

Porto Brenzone ist ein kleiner Fischerhafen, besitzt aber einen netten Badestrand. Oberhalb sieht man die Häuser von Castello di Brenzone. Knapp einen Kilometer weiter folgt der Hauptort

Brenzone oder Magugnago di Brenzone. Der Hauptort erstreckt sich größtenteils rechts unterhalb der Durchgangsstraße entlang dem See. Die Pfarrkirche erhebt sich links der Durchgangsstraße am Ortsausgang der Straßenabzweigung zu dem kleinen Weiler Marniga in geradezu beherrschend schöner Lage. Eine doppelte Freitreppe führt zu dieser dem S. Giovanni geweihten Kirche. Das Marmorportal und eine Orgel aus dem 16. Jahrhundert sind sehenswert. Leider stammt die übrige Innenausstattung aus neuerer Zeit. Während sich die Straße nun immer in Seenähe weiterzieht, reihen sich fast ununterbrochen schöne Badestrände aneinander.

Castelletto di Brenzone (70 m) liegt 11 km von Malcesine entfernt. Der Name stammt von einem Schloß der Grafen Brenzoni. Die Ruine dieses Schlosses erhebt sich in dem etwas oberhalb liegenden Weiler Biazza. Castelletto hat eine kleine Promenade mit Sitzgelegenheiten direkt am Ufer, von wo aus man einen prachtvollen Blick auf den See und das gegenüber liegende Gargnano genießt. Im Ort stehen zwei Kirchen. Die bedeutendere und angeblich älteste des ganzen Ostufergebiets liegt einen Kilometer weiter südlich bei einem Friedhof. Es ist das **Kirchlein San Zeno,** das der Überlieferung nach aus dem 7. Jahrhundert stammen soll. Über dem Eingang bewundert man zwei gut erhaltene Fresken aus dem 14. Jahrhundert. Auch Säulen im Inneren zeigen noch Spuren von Fresken, jedoch ist die Kirche selten geöffnet. Man durchfährt

Pai, das lediglich aus ein paar Häusern, einem Hotel und einem auffallenden Turm, der zum Palazzo Brogi gehört, besteht, und erreicht nun, während die Straße immer noch unmittelbar am See entlang führt, den bekannten und gern aufgesuchten Fremdenverkehrsort

Torri del Benaco (70 m). Der Ort liegt auf einer kleinen Landzunge. Von der etwas vorspringenden Hafenmole aus hat man dem Norden zu den Blick auf die von Felsen eingeengten Ufer des Sees, während in Richtung Süden sich hier der See fast wie ein Meer ausdehnt. Vom anderen Ufer grüßen Maderno, Gardone und der 1583 m hohe Monte Pizzocolo herüber.

Das Städtchen hat eine große Vergangenheit. Zur Römerzeit hieß es Castrum Turrium. Im Mittelalter war es eine zeitlang Hauptort des Gardasee-Ostufers. Später nahm allerdings Garda diesen Platz ein. Immerhin hat aber Antonio della Scala, der letzte der Skaliger, hier ein Kastell errichtet. Überreste dieses Kastells und der Stadtmauer erzählen von dieser Zeit. Gegenüber der Burg steht die Kapelle Santa Trinità mit Fresken aus dem 15. Jahrhundert. Sie ist heute eine Kriegergedächtnisstätte. Der am Hafen gelegene Gasthof, war als Palazzo einst Sitz des Seehauptmannes. Die Pfarrkirche besitzt einige Gemälde von Veroneser Meistern. Bekannt ist Torri del Benaco auch durch seine Marmorbrüche, die vor allem gelben Marmor liefern.

Von Torri del Benaco führt eine aussichtsreiche Bergstraße über **Albisano** (309 m) nach **San Zeno di Montagna** (583 m), das ein beliebter Sommerferienort und zugleich ein beliebtes Ausflugsziel ist. In dem winkligen Albisano sollte man auf dem kleinen Marktplatz den Wagen abstellen, um wenige Schritte davon entfernt von der Terrasse vor der Kirche den Ausblick zu genießen.

Die Straße steigt nun langsam an und verläuft zum ersten Mal oberhalb des Ufers, dem sie bisher fast immer in gleicher Höhe gefolgt ist. Küste und Straße, die von Torbole bis hierher in südwestlicher Richtung führten, machen nach vier Kilometern entsprechend dem sich jetzt verbreiternden Seebecken einen scharfen Knick nach Osten. Bei dieser Richtungsänderung verlassen wir auch den riesigen Monte Baldo, der uns fast 40 km, von Torbole bis hierher, begleitet hat. Außerdem zweigt an dieser Stelle ein kleines Sträßchen ab, das zur

Punta di Vigilio führt. Es sind eigentlich nur ein paar Schritte. Aber man kommt zu einem der landschaftlichen Höhepunkte des Gardasees. Die Landzunge und die kleine Ansiedlung haben ihren Namen von der kleinen Kapelle San Vigilio. Sehenswert ist außerdem die **Villa Guarienti**. Der Dichter und Humanist Agostino Brenzoni ließ sich diese Villa um 1540 von dem bekannten Baumeister Sanmicheli (1484— 1559) errichten. Entsprechend eindrucksvoll sind die sie umgebenden Gartenanlagen mit Zypressen, Myrten und Lorbeer und ihrer südlichen Blütenfülle. Der Ausblick von der Punta ist großartig. Noch großartiger fast ist jedoch der Blick vom See aus auf die Halbinsel. Man entdeckt dort das Motiv zu Arnold Böcklins berühmtem Gemälde „Die Toteninsel". Trotz der Ähnlichkeit ist hier ein Zusammenhang jedoch ziemlich unwahrscheinlich, denn Böcklin ist nie auf der Punta San Vigilio gewesen.

Kaum 500 m von der Abzweigung der Nebenstraße nach San Vigilio ist rechts der Hauptstraße ein schöner Aussichtspunkt und links der Straße ein großer Parkplatz. Man hat von dort aus einen herrlichen Blick auf den sich fast wie ein Meer ausbreitenden See und einen vielleicht noch eindrucksvolleren auf das sich in eine liebliche Bucht schmiegende

Garda, das nach weiteren 2 km erreicht wird. Die eigenartige Bergform der Rocca (294 m) überragt das Städtchen mit seinen heute rund 3000 Einwohnern.

Auf der Rocca di Garda stand früher eine Burg, die vor allem dem See im 12. Jahrhundert den jetzigen Namen gegeben hat. Es ist das „Garden" der deutschen Heldensage. Hier stand die Burg des Recken Hildebrand. Aus der Geschichte wissen wir ferner, daß auf dieser Burg die Witwe des jungen Königs Lothar, Adelheid von Burgund, im Jahr 951 von Berengar II. von Ivrea gefangen gehalten wurde. Sie hatte sich geweigert, seinen Mitregenten und Sohn Adalbert zu heiraten. Unter Mithilfe eines Mönches konnte sie fliehen, und Otto I., der ihr zu Hilfe eilte, vermählte sich mit ihr Ende des Jahres 951. Im Jahr 1014, also in seinem Krönungsjahr, verlieh Kaiser Heinrich II. die Grafschaft Garda seinem Gefolgsmann Graf Tado. Im Jahr 1158 begann die Belagerung der Burg durch Friedrich Barbarossa. Erst nach 4 Jahren gelang es ihm, die als uneinnehmbar geltende Festung zu stürmen. Mit dem dann folgenden öfteren Wechsel der Herren verfiel die Burg und wurde um die Mitte des 16. Jahrhunderts geschleift.

Das kleine Fischerstädtchen hat einen ansehnlichen, großen Hafen. Dahinter zieht sich vor dem Ort, fast entlang der ganzen fein geschwungenen Bucht, eine sehr schöne Strandpromenade. Die Restaurants und Bars haben ihre Tische unter Kastanien aufgestellt, und die Besucher können hier bis spät im Herbst sitzen, denn Garda ist bekannt für sein besonders mildes Klima.

Aus der Vergangenheit ist in Garda außer den Festungsresten auf der **Rocca,** von der man einen schönen Ausblick genießt, und auf die ein Spaziergang sehr empfehlenswert ist, nicht mehr viel erhalten. Am Hafenplatz findet man noch ein Haus in venezianischem Stil. Es ist der **Palazzo dei Capitani.**

Etwas weiter südlich entdeckt man eine kleine Loggia, die von Sanmicheli entworfen wurde. Im Häusergewinkel zwischen der Promenade und der Durchgangsstraße — die sich um das alte Garda herumzieht — entdeckt man einen malerischen alten Uhrturm. Außerdem einen weiteren alten Stadtturm in der Via San Stefano. Erwähnenswert sind ferner die Villen Carlotti und Albertini mit ihren südlichen Gärten, die sich entlang der Straße zwischen San Vigilio und Garda hinziehen. Im subtropischen Grün beim Ortseingang steht in schöner Lage ein Eurotel, eines jener Häuser, in denen man ganze Appartements kauft und sie während der Nichtbenutzung durch die Verwaltung als Hotelzimmer zur Verfügung stellt.

In der Pfarrkirche, die nahe dem Ortseingang in Richtung Bardolino auf der linken Straßenseite liegt, findet man einige schöne Gemälde. Sonst ist die Kirche nicht von Bedeutung. Oberhalb steht auf einem Hügel ein Marienstandbild, auf dem Weg zur Rocca kommt man an einem kleinen **Kamaldulenserkloster,** der Eremo della Rocca aus dem 17. Jahrhundert vorbei. Zugang zum Kloster haben nur männliche Besucher.

In Garda zweigt eine Straße nach **Costermano** ab. Drei Kilometer landeinwärts von Garda, bei diesem Ort, liegt ein großer deutscher Heldenfriedhof, auf welchem 22 000 im zweiten Weltkrieg in ganz Italien gefallene Deutsche ihre Ruhe gefunden haben.

Von Garda kann man sehr schöne Ausflüge in das Monte Baldo-Gebiet unternehmen. Die Straßen sind gut. Man kann entweder über das oben erwähnte Costermano oder direkt in nördlicher Richtung über **Marciaga** (290 m) das Dörfchen **Castione Veronese** (316 m) erreichen, um von dort zu den bereits unter Torri del Benaco erwähnten San Zeno di Montagna zu gelangen. Von dort aus kann man auch die Hochfläche von **Prada** (1000 m) erreichen. Über Costermano und weiter über **Pesina** (257 m) kann man nach **Caprino Veronese** (254 m) mit alten Bauten und einer schönen Pfarrkirche fahren. Auch das Rathaus, die frühere Villa Carlotti, mit Fresken und Stuckarbeiten ist sehenswert. Landschaftlich reizvoll und aussichtsreich ist ferner die Weiterfahrt über **Braga** (515 m) und **Spiazzi** (862 m) bis **Ferrara di Monte Baldo** (942 m). Auch wenn man nicht ganz bis zu diesem Ausgangspunkt für die Besteigung des Monte Maggiore, des Hauptgipfels des Monte Baldo kommt, lohnt die Fahrt, denn man hat unterwegs schöne Ausblicke auf den südlichen Gardasee. Man sollte jedoch in Spiazzi die an steiler Felswand erbaute aus dem 16. Jahrhundert stammende **Wallfahrtskirche Madonna della Corona** aufsuchen. Im Inneren ist das Heiligtum, eine bemalte, steinerne Pietà. In und unterhalb der Kirche findet man Votivtafeln, außerdem Glassarkophage mit Überresten von Eremiten, die früher hier gewohnt haben.

Die Straße steigt nach Garda wieder an. Man umfährt den Gardafelsen und findet knapp einen Kilometer nach Verlassen des Städtchens, praktisch noch unterhalb des Felsens, auf der linken Straßenseite eine Parkmöglichkeit unter Ölbäumen. Von hier sind es nur noch ein paar Schritte auf einem Feldweg zu dem Kirchlein **San Pietro Apostolo**, das um das Jahr 1000 erbaut wurde. Das Fresko über dem Eingang stammt aus dem Jahr 1766. Neben der Kirche steht ein Bauernhaus, in dem man sich den Schlüssel zur Besichtigung holen kann.

Nach weiteren zweieinhalb Kilometern erreicht man **Bardolino** (68 m). Das Städtchen liegt ziemlich flach am Ufer vor einem äußerst fruchtbaren Hügelland. Hier wird viel Obst und Wein angebaut. Der Gardaseewein Bardolino hat einen guten Ruf. Als Erholungsort wird es auch sehr gern von den Italienern aufgesucht, hat eine schöne ausgedehnte Strandpromenade und ein großes Strandbad.

Beim Ortseingang von Bardolino, unmittelbar vor der Abzweigung der Straße, die zum Strand führt, steht die sehenswerte Kirche **San Severo.** Eine Urkunde von Berengar erwähnt sie schon im Jahr 985. Die jetzige Kirche wurde um 1200 erbaut. Sie hat drei ungleiche Apsiden, die durch zwei Arkadenreihen gebildet sind. Der Turm wurde um 1300 errichtet. Den ältesten Teil bildet die erst jetzt freigelegte Krypta, die wahrscheinlich der ersten frühromanischen Kirche zugehörte. Gut erhaltene Fresken aus dem 14. Jahrhundert schmücken dieses Gotteshaus, das, nicht renoviert, bei jedem Besucher einen tiefen Eindruck hinterläßt.

An der Straße nach Lazise, allerdings etwas schwer zu finden, weil sie von der Straße aus nicht zu sehen ist, steht links die frühromanische **Kirche San Zeno.** Die kleine Kirche in Form eines Kreuzes zeigt noch einige Kapitelle und Zierstücke. Sie ist in ein Gehöft eingebaut, und erst der sechste Einheimische wußte, wo sie zu finden war, während die anderen immer nur von der Kirche San Zeno in **Verona** * spra-

Blick auf das hübsch gelegene Städtchen Garda am Fuß
der Rocca (294 m)

chen. Von Bardolino aus kann man auf schmaler Straße ebenfalls die bereits erwähnte Rocca del Garda erreichen. In

Cisano, einer kleinen Ansiedlung, etwa zwei Kilometer südlich von Bardolino, finden wir wieder eine romanische Kirche, die **Kirche San Giuliano.** Auch ihr ist ein Gehöft angebaut. Außerdem ist sie im Innern erneuert. Sie stammt aber aus dem 8. Jahrhundert. Über dem Hauptportal ist ein Madonnenfresko unter einem Baldachin, der seinerseits auf zwei Konsolen mit ungleichen Kapitellen ruht. Links und rechts davon sind Reliefplatten mit Tier- und Menschendarstellungen. Auch im Inneren befinden sich noch einige Reliefplatten aus dem frühen Mittelalter.

Die Straße verläuft nun in einigem Abstand vom Ufer. Sie führt an der **Villa Pergolana,** die zu einem Kloster gehörte, vorbei. in der Kirche **Madonna della Pergolana** kann man außer einigen Gemälden auch eine Madonnenstatue aus dem 14. Jahrhundert besichtigen. Nach insgesamt fünfeinhalb Kilometern von Bardolino aus gerechnet erreicht man

Lazise (76 m). Dieses Städtchen macht einen „typisch italienischen" Eindruck, vor allem dann, wenn man nicht durch die erste, von der Hauptstraße abzweigende Dorfstraße zum Strand fährt, sondern das Städtchen durch das fast am Südende gelegene Tor betritt (für Autos gesperrt). Rechts der schmalen Gasse erhebt sich die Pfarrkirche aus dem vorigen Jahrhundert mit ihrem malerischen Turm. Die Gasse verbreitert sich zum großen Marktplatz, der von alten Häusern umgeben ist, dann erreicht man den für diese kleine Ansiedlung verhältnismäßig großen Hafen, der auf der rechten Seite von farbenfrohen Häusern, teilweise mit Arkadenvorbauten, umstanden ist. Unter den Häusern am Hafen ist das Gebäude der **Dogana,** das Venezianische Zollgebäude, das aus dem 14. Jahrhundert stammt, zu erwähnen. Auf der gegenüber liegenden Seite des Hafens steht das kleine, aus dem 13. Jahrhundert stammende Kirchlein **San Nicolo** mit teilweise freigelegten Fresken. Südlich davon sieht man die Türme der gut erhaltenen, allerdings restaurierten **Skaligerburg** aufragen, die die Silhouette des Städtchens mitbestimmt, wenn man von Süden her kommt. Diese Skaligerburg mit 5 Türmen stammt aus dem Jahr 1024. Sie gehört heute den Grafen Bernini und liegt in einem Park. Auf drei Seiten ist das Städtchen noch von Mauern umgeben. Kein Wunder also, daß man manchmal meinen könnte, man sei noch im Mittelalter. Im Rathaus am Marktplatz wird ein kleines interessantes Archiv aufbewahrt.

Kurz nach Lazise zweigt eine Straße nach Verona ab. Man kann auf ihr zu dem ca. 14 ha großen Naturpark **Zoo del Garda** bei **Bussolengo — Pastrengo** gelangen. Dort sind außer ca. 100 verschiedenen Tierarten auch Nachbildungen prähistorischer Tiere in natürlicher Größe zu sehen.

Die Gardesana Orientale steigt etwas an und bietet noch einmal einen schönen — auch zum Fotografieren geeigneten — Blick auf Lazise mit seinem Skaligerschloß. Man durchfährt ein ziemlich ebenes Weinbaugebiet in einigem Abstand vom See. Hier an diesem flachen Strand häufen sich jetzt wieder die Campingplätze. Man berührt **Pacengo,** einen kleinen, für den Fremdenverkehr nur wegen seiner Campingplätze erwähnenswerten Ort, und erreicht nach neun Kilometern von Lazise aus gerechnet — von Torbole bis hier sind es 61 km — den Endpunkt der Ostuferstraße.

Peschiera (68 m), mit ca. 7000 Einwohnern. Hier verläßt der Mincio den Gardasee. Dieser Fluß stellte mit dem Po die Verbindung zur Adria her, so daß in früherer Zeit Frachtschiffe von der Adria bis zum Gardasee verkehrten.

Zur Römerzeit hieß die Stadt Arilica. Der jetzige Name, der erstmals im Mittelalter mit „Piscaria" auftaucht, weist auf den Fischreichtum (Pesce = Fisch) hin. Obwohl die Skaligerburg aus dem 13. Jahrhundert und die Befestigung der Venezianer aus dem 15. Jahrhundert stammt, und die neueren Forts von den Österreichern erst um die Mitte des vergangenen Jahrhunderts erbaut wurden, muß es doch auch schon früher eine Burg gewesen sein, möglicherweise schon zur Römerzeit. Auch Dante (1265—1321) erwähnt die Stadt als schöne, trutzige Wehr. Trotzdem wurden aber die großen Schlachten der neueren Zeit nicht in Peschiera geschlagen — obwohl die Stadt verschiedene Male belagert wurde — sondern in der Nähe auf den Schlachtfeldern San Martino und Solferino.

Die Festungsanlagen sind am Mincio und am See noch sehr gut erhalten. Einen schönen Blick hat man von den Mauern des Festungsgürtels aus. Heute ist das Städtchen nur noch Badeort und Ausflugsziel. Außerdem befinden sich hier Industrieanlagen, Werften und Docks der Gardasee-Schifffahrtsgesellschaft.

Südwestlich von Peschiera in Richtung Volta Mantonova liegt die
Wallfahrtskirche Madonna del Frassino. Das mit schönen Gemälden
ausgestattete Innere birgt in einem Glasschrein Reste eines Baumes
und ein kleines Gnadenbild aus Ton. In dem Baum soll die Mutter
Gottes einem von einer Schlange gebissenen Bauern erschienen sein
und ihn gerettet haben. Ein von Arkaden eingeschlossener Kreuzgang befindet sich ebenfalls bei der Kirche.

Von Peschiera nach Desenzano sind es nur 14 km. Es ist eine
nahezu geradlinige, sehr stark befahrene Straße, die außer dem
Urlauberverkehr noch den Verkehr zwischen Verona und Brescia
auf der sogenannten Padana superiore aufnimmt. Sie ist sehr gut
ausgebaut und weist eigentlich nur in **Rivoltella** einige Engstellen
auf. Südlich des Sees und der Straße breitet sich die Landschaft
Lugana aus, die durch den dort angebauten Weißwein bekannt ist.
Zuvor aber, etwa auf halbem Weg zwischen Peschiera und Desenzano, kommt man zur Abzweigung nach

Sirmione, das man von hier aus nach drei Kilometern erreicht. Das Städtchen liegt am Ende einer schmalen Landzunge, die das breite südliche Seebecken in zwei Hälften
teilt. Es ist nicht nur bekannt als Bade- und Erholungsort,
sondern auch wegen seiner Heilquellen. Darüber hinaus ist
es ein viel besuchter Ausflugsort, so daß man von der in den
Prospekten angekündigten Stille und Ruhe nicht mehr allzu-
viel merkt, es sei denn, man wohnt in einem der großen
Hotels der ersten und zweiten Kategorie, die oft in weiten
Parks liegen, oder man entdeckt auf der nördlichen Spitze
der Halbinsel, dort wo die Grotten des Catull sich ausbreiten,
ein etwas abseits von den Spazierwegen gelegenes Ruheplätz-
chen. Das ist durchaus möglich, und man hat dann von dort
aus sicherlich auch einen der großartigen Ausblicke auf die
Gardaseelandschaft, wie sie eben nur Sirmione bieten kann.

Der steigende Fremdenverkehr hat es wohl mit sich gebracht, daß man fast vom Verlassen der Hauptstraße bis
nach Sirmione — obwohl man noch gut drei Kilometer zu
fahren hat — schon durch bebautes Gebiet kommt. Die Landzunge ist schmal und eröffnet Ausblicke auf das linke und
rechte Gardaseeufer. Man sieht aber auch manches neue
Hotel und manche neue Pension. Schon von weitem erkennt
man das Wahrzeichen der Stadt, das man sicherlich auch
schon einmal während einer Seefahrt oder auch von einem
der vielen Aussichtspunkte der Gardesana Orientale oder

Sirmione: il Castello Scaligero, das Kastell der Skaliger,
aus dem 13. Jahrhundert.

Occidentale in seinen Konturen entdeckt hat, das **Kastell der Skaliger.** Es ist das besterhaltene des ganzen Gardaseegebiets und stammt aus dem 13. Jahrhundert. Im Ort stößt man zunächst auf einen großen Platz. Ihm gegenüber liegt das Kastell. Links und rechts der Straße gibt es zuvor Parkmöglichkeiten (bewacht). Man kann allerdings auch über eine kleine Brücke zum Kastell, ins Innere des Städtchens und weiter zu den „Grotten des Catull" fahren. Aber es ist hier oft eng und winklig, so daß ein Gang zu Fuß eher empfehlenswert erscheint. Wer den Weg von ca. 20 Minuten zu den außerhalb liegenden Grotten scheut, kann zudem gegen geringe Gebühr den städtischen Pendelverkehr in Form eines kleinen schienenlosen Bähnchens in Anspruch nehmen.

Über die Brücke erreicht man die mächtige, von Wassergräben umzogene Burg. Empfehlenswert ist die Besteigung des Hauptturmes wegen des herrlichen Ausblicks.

An kirchlichen Bauten ist die Pfarrkirche **S. Maria Maggiore** aus dem 15. Jahrhundert mit ihren Fresken zu erwähnen. Das älteste Gotteshaus ist die gegen das Nordende der Halbinsel zu auf einem Hügel gelegene Kirche **San Pietro.** Sie stammt aus dem 8. Jahrhundert, wurde jedoch im 14. Jahrhundert umgebaut.

Viel älter noch sind die römischen Ruinen, die als „**Grotten des Catull**" bezeichnet werden. Das ist nun eine kleine historische Unrichtigkeit. Catull, dieser liebenswürdige römische Dichter und Schriftsteller, hat zwar — das ist nachgewiesen — auf Sirmione ein Landhaus besessen, doch waren auch zu jener Zeit die Honorare für Schriftsteller nicht so groß, daß sie sich ein Anwesen mit fast 20 000 qm hätten leisten können. Zumindest jedoch trugen seine Gedichte schon damals dazu bei, Sirmione als ein sehenswertes Stückchen Erde bekannt zu machen.

Der Ursprung und die Bedeutung der riesigen Ruine ist auch heute noch nicht bekannt. Immer noch gehen die Untersuchungen und Ausgrabungen weiter, und man ist sich nicht sicher, war es ein Palast oder vielleicht ein antikes Heilbad. Anzunehmen ist allerdings, daß die **heilkräftige Quelle,** die im Gardasee entspringt und im vergangenen Jahrhundert gefaßt werden konnte, zur Römerzeit noch nicht bekannt war. Sie entspringt in 18 m Tiefe, ungefähr 300 m vom Westufer der Halbinsel entfernt, mit einer Temperatur von 70° Celsius. Für die Ausnutzung der Schwefelquelle, die Heilanzeigen bei Rheumatismus, Stoffwechsel- und Halskrankheiten, aber auch bei der rhinogenen Taubheit aufweist, steht eine moderne Kuranstalt zur Verfügung, und auch diese hat in den letzten Jahrzehnten zur Berühmtheit des Ortes mit beigetragen.

Auf der Weiterfahrt zweigt etwas vor dem bereits erwähnten Rivoltella eine Straße nach Süden — also nach links in das Gebiet von Solferino ab. Auf ihr erreicht man nach 5 km **San Martino della Battaglia.** Ein turmartiges Denkmal erinnert an die Schlacht, in der die Österreicher von den Piemontesen im Jahr 1859 besiegt wurden. 11 km weiter kommt man nach **Solferino,** einem Dorf, wo die Österreicher von den Franzosen am gleichen Tag geschlagen wurden. Auch hier befindet sich ein Ossario, ein Gebeinhaus und ein Kriegsmuseum.

Desenzano liegt 69 m hoch und ist mit rund 18 000 Einwohnern größenmäßig wohl die ansehnlichste Stadt des ganzen Gardaseegebiets. Sie hat einen großen Hafen und ist Ausgangs- und Endpunkt der Schiffslinien und vieler Omnibuslinien. Außerdem liegt es an der bereits erwähnten Straße Nr. 11, die weiter nach Brescia führt. Es beginnt hier eine Provinzialstraße direkt nach Salò, die Verbindung zur eigentlichen Westuferstraße. Es ist also für Autoreisende mit Torbole, Riva und Peschiera eine der vier Zugangsstellen zum See. Hinzu kommt, daß Desenzano neben Peschiera die einzige Stadt ist, die von der Eisenbahnlinie berührt wird. Zwar liegt der Bahnhof etwas außerhalb, aber für die Reisenden, die über Chiasso—Mailand an den Gardasee fahren, bestehen von Desenzano aus gute Schiffs- und Busverbindungen zu fast sämtlichen Orten des ganzen Sees.

Desenzano ist also ein verkehrsreiches und ziemlich lebhaftes Städtchen. Für den Ort selbst ist dies nichts Neues, denn es war schon immer ein bedeutender Handelsplatz. Vor allem wurden hier Korn und Wein umgeschlagen. Dieser Handel hat viel Geld nach Desenzano gebracht, und so gibt es dort noch manches schöne Privathaus. Sehr schön sind auch die Laubengänge in der Hauptstraße, einer modernen Ladenstraße.

Die großzügig angelegte Strandpromenade, hinter der sich eine breite Uferstraße entlangzieht, eröffnet einen weiten Blick auf den hier im Süden unendlich groß anmutenden

See. An der Seepromenade, die durch große Felsen und Steine geschützt ist, steht von Zypressen umgeben ein römischer Steinsarkophag. Ungefähr im Mittelpunkt des gepflegten Städtchens und der weit geschwungenen Bucht liegt, durch einen kleinen Kanal vom See getrennt, der Bootshafen. Dahinter steht das **Municipio** (Rathaus) mit Bogengängen. Dort ist auch zur besseren Orientierung ein großer Stadtplan ausgehängt. Auf dem Platz neben dem Municipio steht ein Denkmal aus dem Jahr 1772, geweiht einer Tochter der Stadt, Angelica Merici (1474—1540), die zur Heiligen erklärt wurde. Von dort aus nach rechts weitergehend erreicht man die große, **dreischiffige Pfarrkirche** mit auf der linken Seite tief eingebauten Seitenaltären. In der Renaissance-Kirche befinden sich einige schöne Gemälde, darunter auch ein Tiepolo (Abendmahl). Von hier aus ist es nicht mehr weit zur Via Scavi Romani, wo man die Mauerreste eines **römischen Hauses** aus dem 4. Jahrhundert mit großen und zum Teil noch recht gut erhaltenen Mosaiken bewundern kann. Hinter dem Hafen erhebt sich auf einer Anhöhe eine **Burg** aus dem 10. Jahrhundert. Wuchtig steigt die Fassade mit zwei runden Ecktürmen und einem viereckigen Mittelturm auf, zu dem man auf einer kleinen Brücke über den Burggraben gelangt.

Die Entfernung von Desenzano nach Salò, dem Ausgangspunkt der Gardasee-Westuferstraße, beträgt rund 20 km. Man fährt zunächst noch eine Weile am Südufer entlang und hat noch einige schöne Ausblicke auf den See. Dann aber führt die Straße ziemlich weit ab vom See durch ein fruchtbares Gebiet, die Landschaft **Valténesi,** in der viel Wein und Obst angebaut wird. Etwa 5 km nach Desenzano beginnt die Straße etwas anzusteigen. Links liegt

Padenghe, ein Dorf, das vor allem durch die Überreste eines großen Schlosses auf der Anfahrt die Blicke auf sich zieht. Das Schloß gehörte dem Geschlecht der Aldofredi und später den Martinengos. In der Pfarrkirche sind unter den Bildern ein Tafelbild von Zenon und zwei Statuen zu sehen. Der Badestrand von Padenghe liegt abseits und rechts der Durchgangsstraße.

Diese läßt nun unter langsamer, kaum merklicher Steigung das Kap Manerba weit rechts liegen. Es ist eine gute und sehr rasche Straße. Erst kurz vor Salò turnt sie in einigen Serpentinen mit sehr schönen Ausblicken auf die Bucht von Salò wieder hinunter zum

Desenzano: Hafenanlagen mit anschließender Seepromenade

See. Leider kann man auf der aussichtsreichen Serpentinenstrecke wegen des starken Verkehrs kaum anhalten, aber kurz vor der letzten großen Kehre können eifrige Fotografen doch linker Hand einen Abstellplatz für ihren Wagen finden.

Auch der kleine Umweg — statt von Cunettone direkt nach Salò über das weiter westlich landeinwärts gelegene Tórmini — ist empfehlenswert. Kurz vor Tórmini ist rechts der Straße ein Aussichtspunkt zu einer kleinen Anlage verschönert worden. Man hat hier über die tief unten liegenden Felder, Ölbaumpflanzungen und Weingärten einen Blick auf die in etwa 4 Kilometern Entfernung liegende Bucht und das Städtchen Salò, während die weite, blau schimmernde Fläche des Gardasees erst von den im Dunst der Ferne auftauchenden Uferorten der Ostseite auf der Höhe von Torri del Benaco begrenzt wird.

Auf der Fahrt von Desenzano nach Salò wird man immer wieder Hinweisschilder auf rechts der Straße liegende Campingplätze finden. Hier an diesem Teil, wo das Ufer meist flach ist, und man ab und zu sogar so etwas wie einen Sandstrand vorfindet, gibt es noch nicht viele Hotels. Die wenigen Ortschaften werden vom Fremdenverkehr noch nicht so überspült wie die weiter nördlich gelegenen Ferienorte, die in der Welt der Reisenden schon lange einen Namen haben. Dafür ist es hier ruhiger, und obwohl dieser Küstenstrich noch nicht so bekannt ist, lohnt sich doch ein Abstecher zu den noch etwas verschlafenen Ortschaften. Meist liegen die Strände etwas abseits der Orte, genauso wie die bereits erwähnten Campingplätze. Dort geht es selbstverständlich während der Saison sehr lebhaft zu. Teilweise sind die Nebenstraßen in nicht allzu gutem Zustand, und oft sind sie in den kleinen Dörfern sehr eng, aber bei dem geringen Verkehr kann man einen Abstecher dorthin ruhig wagen.

Etwa 8 Kilometer nördlich Desenzano zweigt eine Straße ab nach **Moniga,** dessen erste Häuser man auch von der Hauptstraße aus sieht. Die Kirche liegt etwas erhöht am Ortseingang. Gleich daneben, auf dem höchsten Punkt, befindet sich eine Burganlage, deren Umfassungsmauern und Eingangsturm noch erhalten sind. Tritt man durch das Tor, so entdeckt man zwar ab und zu noch alte Mauern, im übrigen entstand aber innerhalb der Umfassungsmauern ein neues Dörfchen, dessen Häuser sich an die Burgmauern anlehnen. Der Aufstieg auf einer etwas wackeligen Treppe auf den Turm ist möglich, man genießt aber auch von dem Vorplatz zwischen Kirche und Kastell einen schönen Ausblick, vor allem auf das in der Ferne liegende Sirmione.

Giardoncino, ein kleines Dorf ohne weitere Bedeutung, liegt in etwa 3 Kilometern Entfernung. Kurz danach erreicht man

Montinelle und **San Giorgio** mit **Porto Dusano,** kleine Teilgemeinden von

Manerba. Manerba selbst, bzw. der Ortsteil **Solarolo,** mit Montinelle schon fast zusammengewachsen, liegt in beherrschender Lage auf einem Höhenrücken. Seine riesige Kirche im Barockstil, mit großen Heiligenskulpturen am Giebel, sieht man sowohl auf der Fahrt von Süden, als auch von Norden immer wieder auftauchen. Die Campingplätze, die den Namen Manerba in letzter Zeit bekannt gemacht haben, liegen etwa 2 bis 3 Kilometer entfernt unterhalb am Strand. Im Ort selbst gibt es keine nennenswerte Hotellerie. Lohnend ist ein Abstecher auf die **Rocca di Manerba,** etwa eine halbe Stunde zu Fuß, von dem bereits erwähnten Ortsteil Montinelle aus. Man kann aber auch die recht schmale Straße mit dem Wagen befahren. Vor dem Aussichtspunkt ist ein gebührenpflichtiger Parkplatz. Auf dem steil abfallenden Fels befinden sich die kärglichen Überreste einer erst zu Ausgang des 18. Jahrhunderts von den Venezianern zerstörten Burg. Man hat hier von einer Höhe von 280 m einen weiten Ausblick. Man übersieht nahezu das ganze Südufer von Desenzano über Sirmione nach Peschiera und Lazise und sieht von dort weiter über San Vigilio bis nach Torbole. Der nördlich von Montinelle und nordwestlich der Rocca di Manerba vorspringenden kleinen Landzunge, auf der sich wiederum Campingplätze befinden, ist die kleine **Insel S. Biagio** vorgelagert.

Auf der Weiterfahrt von Manerba fällt die Straße etwas ab bis fast auf Seehöhe. Von hier zweigen dann auch die Seitenstraßen zu den einzelnen Campingplätzen ab. Man erreicht **Pieve Vecchia,** einen kleinen Weiler, mit einer alten Kirche mit freistehendem Turm. Der See bildet hier zwischen dem Felsen von Manerba und der San Felice del Benaco vorgelagerten Landspitze eine tiefe Bucht.

Noch bevor man, aus Richtung Manerba kommend, den Ort San Felice del Benaco erreicht, sieht man kurz vor dem Ort rechts der Straße eine kleine Kirche von bedeutendem kunsthistorischen Wert aus dem 14. Jahrhundert, die **Wallfahrtskirche Santuario del Carmine.** Es ist eine einschiffige Basilika in frühgotischem Stil. Zu beiden Seiten, vor allem rechts, sind große, sehr gut erhaltene Fresken. Auch die Fresken im Altarraum sind sehr eindrucksvoll. Teilweise sind auch die Pfeiler geschmückt, so z. B. einer links vom Altar mit einem sehr schönen Madonnenbildnis. Von hier aus erreicht man kurz darauf

San Felice del Benaco (109 m), ein enges, winkliges, verträumtes Städtchen mit ca. 1500 Einwohnern. Auf dem höchsten Punkt des vom See etwas abseits liegenden Ortes befindet sich der Friedhof, dessen Umfassungsmauern z. T. Reste eines uralten Kastells sind, das angeblich im 12. Jahrhundert zerstört wurde. Trotzdem beherrschen diese Überreste aus römischer Zeit in ihrer Kompaktheit noch heute die Ansiedlung. Die Kirche stammt aus dem 16. Jahrhundert. Der Barockbau besteht aus einem Hauptschiff mit Seitenaltären und ist mit reicher Deckenbemalung ausgeschmückt.

San Felice del Benaco kann auch auf zwei direkten Abzweigungen von der vorhin erwähnten Umgehungsstraße erreicht werden.

Der etwas gebirgigen Landzunge von San Felice ist die **Isola di Garda** vorgelagert, die größte Insel des Gardasees. Sie ist zur Besichtigung nicht freigegeben, doch erkennt man sowohl vom See als auch vom Land aus den schönen Palast und die hübschen Gartenanlagen. Wie an allen schönen Punkten des Gardasees hatten sich die Römer auch hier niedergelassen. Der heilige Franziskus soll dann hier auf den Resten eines römischen Tempels um 1200 ein Kloster errichtet haben. Im 18. Jahrhundert wurde das Kloster aufgehoben, und heute ist die Insel im Privatbesitz der Fürsten Borghese, die auch den auffallenden Palast in venezianisch-gotischem Stil errichten ließen.

Zwei Kilometer nördlich von San Felice liegt
Portese, ein kleines, unbedeutendes Fischerdorf. Die Hauptansiedlung befindet sich etwas oberhalb des Hafens. Die von hier aus in westlicher Richtung verlaufende Straße bietet sehr malerische Ausblicke auf die Bucht und das gegenüberliegende Städtchen

Salò (75 m), mit ca. 8000 Einwohnern. Es ist der südlichste Ort der sogenannten Riviera Gardesana, ein lebhaftes Städtchen mit einer langen, reichen Vergangenheit.

Der Name der Stadt wird einem Etruskerhäuptling Salò zugeschrieben. Fest steht auf jeden Fall, daß Salò schon zur Römerzeit
eine bedeutende Siedlung war. Möglicherweise stammt auch sein
Name von der Salzniederlage, die hier bestanden hat. Im Mittelalter
war Salò befestigt, und Beatrice della Scala, die Tochter von Mastino II., ernannte Salò anstelle von Maderno im Jahr 1377 zur
Hauptstadt des Seegebiets. Mit dem Niedergang des Geschlechts der
Skaliger gelang es Venedig, im Jahr 1426 in den Besitz Salòs zu
kommen. Zu diesem Zeitpunkt begann die große Blütezeit der Stadt.

Im Jahr 1547 wurde hier Gaspare Bertolotti geboren, der unter
dem Namen Gaspare di Salò bekannte Geigenbauer, dem der Bau
der ersten Violine zugeschrieben wird.

Auch in der neueren Geschichte spielte Salò eine Rolle. So schlug
Napoleon im Jahr 1796 bei Salò die Österreicher. Zu Beginn unseres
Jahrhunderts wurde es von einem Erdbeben heimgesucht, und
schließlich war es im Jahr 1943 Sitz der faschistischen Regierung, als
Mussolini die Republik von Salò gründete und damit seine einfluß-
lose Gegenregierung bildete.

Weit im Norden der Stadt erhebt sich der 1583 m hohe
Pizzocolo. Das Städtchen selbst liegt am Abhang des **Monte
San Bartolomeo** (568 m), eines sehr schönen Aussichtsberges,
den man auf schmalem Fahrweg zwischen Salò und Barbarano nach links in Richtung **Sernica** abzweigend erreichen
kann. Das Sträßchen kann man über **Tresnico** weiter benutzen, um von dort auf schöner Aussichtsstrecke nach Gardone
hinunter zu kommen.

Wer aus Desenzano kommt, fährt zuerst am Strandbad
vorbei und überquert dann einen großen, mit Bäumen bestandenen Platz, der sich in seiner Längsrichtung bis fast ans
Ufer erstreckt. Hier, oder am Lungolago, oder dann am Landungsplatz — in dieser Reihenfolge fährt man an ihnen vorbei — besteht Parkmöglichkeit. Am oberen Ende des Platzes
steht auf der rechten Seite die gut erhaltene **Porta Garibaldi**
mit einen Uhrturm. Durch dieses Tor gelangt man in die
Altstadt, die auf der Ostseite vom eben erwähnten Lungolago
begrenzt wird. Das Gegenstück zur Porta Garibaldi ist im
Norden die **Porta Carmine,** die mit einem Relief des venezianischen Löwen geschmückt ist. Nicht weit davon steht der
gotische **Dom S. Maria Annunziata.** Der dreischiffige Bau
wurde 1453 begonnen und im Jahr 1502 geweiht. Links neben
dem Kirchturm steht ein malerisches Haus in venezianischem
Stil. Das ursprünglich gotische Portal des Domes befindet
sich heute in Barbarano. Dafür ist der Eingang mit einem
großartigen Renaissance-Portal geschmückt. Im Innern ist die

Stilreinheit ebenfalls nicht mehr erhalten. Es befinden sich aber in den später hinzugefügten Seitenkapellen einige sehr schöne Gemälde der Brescianer und Veroneser Schule. Erwähnenswert sind außer den Fresken in der Apsis sehr schöne Holzschnitzereien an der Kanzel und dem Altar sowie ein schöner Orgelschrein. Links vom Hauptportal hängt ein sehr eindrucksvolles, siebenteiliges Altarbild aus dem 14. Jahrhundert.

Durch die Via Duomo kommt man zum Landungsplatz am Lungolago. Hier steht ein Kriegerdenkmal und links daneben der **Palazzo Municipio** (Rathaus). Wie die meisten Häuser am See wurde er durch das Erdbeben Anfang des zwanzigsten Jahrhunderts beschädigt, ist aber heute im alten Stil wieder hergestellt. An der Decke des Treppenhauses befindet sich ein schönes Fresko. Eine Arkadenreihe ist dem Municipio vorgelagert, dem sich ein ganzer Arkadenhof anschließt, der die Uferstraße mit der dahinterliegenden Parallelstraße verbindet. Entlang der Decke sind dort Wappenfriese angebracht. Außerdem sind in die Mauern Gedenktafeln für Vittorio Emmanuele, Mazzini, Cavour und Garibaldi eingelassen. Ein gut erhaltenes Fresko und ein Relief des venezianischen Löwen vervollständigen die Ausschmückung. Auf der Rückseite des Gebäudes befindet sich eine alte Sonnenuhr. Entweder durch die innere Straße oder über die Seepromenade erreicht man kurz danach die Piazza Zanardelli mit einem Denkmal des italienischen Politikers, nach dem der Platz benannt wurde (1826—1903). Durch die Via Bolzati kommt man zur **Kirche San Bernardino.** Sie ist reich mit Gemälden ausgestattet. Vor allem sind links und rechts vom Haupteingang zwei Triptychen zu erwähnen.

In Salò beginnt die eigentliche Westuferstraße. Von hier bis Riva folgen jetzt die wohl am meisten besuchten Orte des Gardasees, und hier beginnt auch die großartige Panoramastraße, die allgemein als Gardesana bezeichnet wird, und über deren Ruf man fast übersieht, daß auch die Gardesana auf der anderen Seite ihre Reize hat. Aber von hier aus reihen sich nun Aussichtspunkte an Aussichtspunkte, Hotels an Hotels, Villen an Villen, und in den Zeiten der Saison natürlich Autos an Autos.

Blick auf die schön geschwungene Bucht von Salò.

Kaum hat man Salò verlassen fährt man auch schon durch **Barbarano,** eine kleine Ansiedlung. Dort steht der große **Palazzo Martinengo,** der 1577 von den Venezianern errichtet wurde. Der große festungsartige Bau aus dem 16. Jahrhundert ist Eigentum der brescianischen Adelsfamilie Martinengo. Die Parkanlagen des Schlosses ziehen sich auf der linken Straßenseite am Hang entlang. Den Palast kann man nur mit besonderer Genehmigung besichtigen. Auf dieser linken Straßenseite steht auch die **Kapuzinerkirche,** die im 16. Jahrhundert das gotische Portal des Doms von Salò erhalten hat. Im Innern der Kirche befinden sich noch einige Gemälde. Nur einen Kilometer weiter ist es bis

Gardone Riviera (65 m), das aus den Ortsteilen **Gardone di Sotto** und dem am Hang liegenden **Gardone di Sopra** (170 m) besteht.

Der international bekannte Kurort mit ca. 3000 Einwohnern an der Brescianischen Riviera verdankt seinen Ruf der landschaftlich herrlichen Lage und dem dort herrschenden besonders milden Klima. Besser als alle Worte zeigt dies die Klimatabelle, die im Durchschnitt für das Frühjahr 16,6°, für den Sommer 22,2°, für den Herbst 15,7° und für den Winter 4,2° anzeigt.

Natürlich ist Gardone di Sotto das Zentrum dieses gepflegten Ferienortes. Von weitem schon sieht man den Turm des Grandhotels, das direkt am See liegt. Durch ein kleines Sträßchen gelangt man am Hotel vorbei zur Schiffsanlegestelle. Von dort aus zieht sich eine breite Strandpromenade entlang, deren Blütenfülle den Besucher besonders beeindruckt. Dahinter stehen die Hotels, Pensionen, Gasthöfe und Geschäfte. Teilweise ist diese Promenade über das Ufer hinaus gebaut, und man hört unter sich das Glucksen der gegen die Mauern anlaufenden Wellen. Von der Promenade aus gelangen wir zu einer kleinen, von Arkaden umrahmten Gartenanlage, zur **Piazza Marconi.** Elegante Geschäfte wollen hier die Fremden zum Kaufen verlocken. Südlich der Promenade, die natürlich von keinem Autoverkehr behelligt wird, liegt das Strandbad.

Die Seepromenade von Gardone

Hinter dem Grandhotel verläuft die Durchgangsstraße, der Corso Zanardelli, der dann als Gardesana weiter nach Norden führt. Links und rechts stehen große und kleine Hotels und Villen in oft weitläufigen, herrlichen Parks. An der Seeseite kommt man nach wenigen Minuten an einem schönen Minigolfplatz vorüber, dahinter erhebt sich ein alter Befestigungsturm, der **Torre S. Marco.** Gegenüber steht die Villa Alba, in der Ausstellungen und Kongresse stattfinden. Wiederum an der Seeseite folgt der Club Motonautico, der Motorboot-Sportveranstaltungen organisiert, Motorboote betreut, und bei dem man Mitglied werden kann — sofern man solche Ambitionen hegt und das entsprechende Rennboot sowie das notwendige Kleingeld besitzt. Anschließend kommt man zum Kasino und zu Badeanlagen.

Fast nimmt die Fülle der Lorbeer- und Ölbäume, der Zedern und Agaven, der Eukalyptus- und Orangenbäume, der Oleander und Magnolien noch zu, wenn man nach Gardone di Sopra hinaufgeht. Man kann es natürlich auch mit dem Wagen erreichen, aber die Ausblicke auf den See zwischen der subtropischen Vegetation sind so großartig, daß man lieber den Wagen stehen lassen sollte. Beim Aufgang von der Ortsmitte aus kommt man an einem botanischen Garten, dem **Giardino Hruska** vorbei. In diesem privaten Alpengarten sind viele europäische Gebirgspflanzen zusammengetragen und akklimatisiert worden, außerdem aber auch seltene Sträucher und Bäume.

Fast am Ortsende von Gardone di Sopra, in welchem die Bougainvillea wie große farbige Tropfen an den Hauswänden hängt, steht oberhalb der Piazza dei Caduti eine kleine **Kirche im Barockstil.** Ihre Decke ist mit zierlich wirkender Bemalung geschmückt. Sie hat ein Schiff und seitlich je zwei Altäre. Zwei Gemälde von Veronese, im rechten Altar die Ausgießung des Heiligen Geistes, im linken eine Kreuzabnahme, vervollständigen das eindrucksvolle Innere.

Geht man um die Kirche herum, so kommt man zu einer kleinen Terrasse, die einen zauberhaften Ausblick bietet, nicht nur auf Gardone, sondern auf fast die ganze brescianische Riviera, bis Portese und zur Isola di Garda und bis zu den Felsen des Cap Manerba. Übrigens hört man oft, daß die Kontur des Kaps dem Kopf des Dichters Dante Aligheri gleiche. Nun, mit einiger Phantasie kann man ihn vielleicht erkennen. Suchen Sie aber bitte diese Silhouette nicht an den Felsen, die unmittelbar aus dem See aufsteigen, sondern im zweiten Abschnitt der Felsformation, die bis zum Gipfel reicht.

Auf dem Rundgang über die Aussichtsterrasse entdeckt man neben der Barockkirche die Überreste einer älteren, kleinen Kirche (wahrscheinlich 13. Jahrhundert). Teilweise sind sogar noch Deckenbemalungen erhalten.

Über die Piazza dei Caduti gelangt man zum **„Vittoriale"**, dem Siegesdenkmal der Italiener. Das Haus, um das sich dieses Areal zieht, gehörte ursprünglich dem deutschen Kunsthistoriker Thode. Im Jahr 1921 erwarb Gabriele d'Annunzio das Haus, das damals Villa Cargnaco hieß. Der italienische Dichter (1863—1938), der im Jahr 1924 den Titel eines Fürsten von Montenevoso erhielt, und dessen Kriegsabenteuer in Italien schon fast zur Legende geworden sind, ließ sich das ganze Gebiet seinen Ideen entsprechend umgestalten. Manches mutet vielleicht etwas theatralisch an, aber manches beeindruckt auch den Fremden stark.

Außer allgemeinen Kriegserinnerungen findet man in einem Rundbau das heute winzig wirkende Flugzeug, mit dem er nach Wien geflogen ist. Unterhalb steht das Auto, ein Fiat, das ihn nach Fiume gebracht hat. Einen großen Platz nimmt das Schiff „Puglia" ein, dessen gesamter vorderer Teil im Park eingelassen ist.

Der Besitz gehört heute dem italienischen Staat. Für die Besichtigung der Anlagen wird Eintrittsgeld erhoben.

In Gardone di Sopra endet oder beginnt die bereits unter Salò erwähnte Panorama-Straße. Man erreicht auf ihr das ebenfalls bereits erwähnte Dörfchen **San Michele,** das 400 m hoch liegt. Vom Platz seiner alten Dorfkirche hat man wiederum einen schönen Ausblick.

Fasano (65 m), etwa 2 km nördlich von Gardone, kann heute praktisch als Vorort von Gardone bezeichnet werden. Fast gehen die beiden Ortschaften ineinander über. Natürlich profitiert es noch von denselben günstigen klimatischen Bedingungen. Zudem liegt es in einer geschützten Bucht, und so wird behauptet, es genieße die wärmste Lage am ganzen See. Leider ist das Ufer größtenteils verbaut. Links der Straße erhebt sich auf einer kleinen Anhöhe im Ort eine nette Kirche mit Uhrturm im Renaissancestil. Die rechte Seite der Kirche ist mit einer Säulengalerie geschmückt.

Die Straße führt anschließend wieder am unverbauten Seeufer entlang. Auf der Weiterfahrt hat man einen schönen Blick auf das weitere zwei Kilometer entfernt liegende

Maderno, einen Ortsteil der Gemeinde Toscolano-Maderno. Es liegt am südlichen Ende einer kleinen Landzunge, hat ungefähr 3000 Einwohner und besitzt eine hübsche ausgedehnte Strandpromenade, auf der man auch mit dem Wagen entlang fahren kann. Überragt wird es vom **Monte Pizzocolo.** Durch seine windgeschützte Lage hat es wie die soeben durchfahrenen Orte ein sehr mildes Klima.

Es ist, wie so viele Orte am Gardasee, römischen Ursprungs. Zu jener Zeit hieß es Maternum. Doch obwohl die Landzunge von da ab nachweislich immer besiedelt war, ist an profanen Bauten lediglich der **Palazzo Gonzaga,** ein Sommerpalast aus dem 17. Jahrhundert, erhalten. Auch den Herren aus Mantua hatte es die schöne Lage des Ortes demnach angetan.

Bei der Einfahrt in das Städtchen steht rechts bei der Abzweigung zum Landeplatz und der Strandpromenade die Kirche S. Eracliano im Barockstil. Sie wurde im 19. Jahrhundert auf den Grundmauern einer Burg errichtet. Man sieht dies deutlich an dem Glockenturm, der nichts anderes ist als ein stehengebliebener Burgturm. Vor der Kirche steht ein Denkmal, das dem hl. Herkulanus geweiht ist.

Gegenüber dieser Kirche, also links der Durchgangsstraße, steht an der **Piazza Zanardelli** die viel bedeutendere romanische **Kirche S. Andrea.** Sie stammt aus dem 8. Jahrhundert, wurde aber im 12. Jahrhundert umgebaut. Über dem reich verzierten Portal ist ein Fresko zu erkennen. Wie das Portal sind auch einige Säulen im Innern mit Tierskulpturen geschmückt. Im linken Seitenschiff und rechts vom Eingangsportal sind gut erhaltene Fresken zu sehen. Auch in der Krypta kommen Fresken zum Vorschein. Auf der Piazza Zanardelli steht außerdem eine Säule mit dem geflügelten Löwen, dem Wahrzeichen Venedigs.

Weit oberhalb von Maderno sieht man in beherrschender Lage am Berghang, der sich zwischen Fasano und Maderno entlangzieht, die **Kirche S. Faustino e Giovita.** Ab und zu hört man ihr melodisches Glockenspiel, das von der Höhe weit über den See getragen wird. Sie gehört zu dem Dörfchen **Maclino,** zu dem man auf schmaler Straße auch mit dem Wagen gelangen kann. Maderno ist auch bekannt als Ausgangspunkt für Bergtouren zu dem 907 m hohen **Monte Lavino** und dem 1585 m hohen **Monte Pizzocolo,** wohl dem schönsten Berg an der Brescianer Riviera.

Der Lungolago Zanardelli führt vorbei am Lido, dem Strandbad, das sehr schön angelegt ist und sogar Sandstrand, für den Gardasee geradezu eine Besonderheit, aufweist. Die Durchgangsstraße führt weiter nach

Toscolano, dem Hauptort der Doppelgemeinde Toscolano-Maderno. Beide Orte liegen auf der Landzunge, die der Torrente Toscolano angeschwemmt hat. Beide Ortschaften teilen sich auch in die Nutzung des Toscolano-Baches, dessen Lauf eine schöne Schlucht bildet, die man kurz vor Erreichen von Toscolano erblickt. Schon im Mittelalter wurde die Wasserkraft des Baches zur Herstellung von Papier nutzbar gemacht. Dies wiederum hatte zur Folge, daß hier eine der frühesten oberitalienischen Buchdruckereien entstand. Das Städtchen hat heute ungefähr 4000 Einwohner.

Rechts der Durchgangsstraße entdeckt man die eindrucksvolle Renaissancekirche **SS. Pietro e Paolo,** deren Eingang links und rechts mit Marmorsäulen geschmückt ist. Die dreischiffige Kirche beherbergt Bilder der Veroneser Schule. Beeindruckt ist man vor allem auch von den riesigen Wand- und Deckenmalereien in der Apsis. Links vom Altar steht ein schöner Orgelschrein. Farbige Glasfenster erhellen den Raum. Diese Kirche wird als schönste Renaissancekirche des gesamten Gardaseegebiets bezeichnet.

Man geht links an dieser Kirche vorbei und findet kaum 100 m entfernt das **Santuario della Madonna di Benaco.** Diese weit kleinere Kirche ist mit schönen und sehr gut erhaltenen Fresken aus dem 14. Jahrhundert geschmückt. Kurz vor dem Eingang stehen etwas erhöht vier etruskische Säulen, die einer antiken Tempelanlage zugehört haben sollen. Aus zahlreichen Funden aus der Römerzeit wurde darüber hinaus geschlossen, daß hier das noch zu etruskischer Zeit gegründete Benacus lag, das dem ganzen See den Namen gegeben hat.

Mit dem Wagen kann man von Toscolano zunächst durch die bereits erwähnte Schlucht auf schmalem Sträßchen einen Abstecher nach **Gaino** machen. Die Entfernung beträgt 4 Kilometer. Gaino ist ein Ortsteil von Toscolano und liegt 280 m hoch. Von der Terrasse der von Zypressen umstandenen Kirche hat man einen weiten Ausblick, vor allem auch auf das gegenüber liegende Seeufer. Es ist aber auch empfehlenswert, zu Fuß durch die Schlucht einen Spaziergang zu unternehmen. Toscolano ist außerdem wie Maderno Ausgangspunkt für Bergtouren zum Monte Pizzocolo und zu dem 870 m hohen Monte Castello.

Durch die üppige, fruchtbare Uferlandschaft des hier immer noch verhältnismäßig breiten Sees kommt man nach weiteren fünf Kilometern nach

Bogliaco (70 m). Es liegt malerisch vor einigen Felsvorsprüngen, und man sieht vom Uferplatz aus auf das nahe, nördlich gelegene Gargnano hinüber. Allerdings muß man auch hier, um zur Strandpromenade zu gelangen, die Durchgangsstraße verlassen, die sich hinter der Ansiedlung vorbeizieht. Leider besteht eigentlich nur an der Piazza Nazario Sauro ein direkter Zugang zum See. Im übrigen sind die Ufer verbaut.

An der Durchgangsstraße, noch in Bogliaco, liegt rechts der **Palazzo Bettoni** mit einem ausgedehnten Park, zu dem links — von der Straße aus gut zu sehen — eine sehr schöne Orangerie, ein im Barockstil angelegter Garten, gehört. Der große Palast mit seinen Anlagen, vielleicht der schönste am ganzen Gardasee, wurde im 18. Jahrhundert errichtet und birgt viele wertvolle Kunstgegenstände und Gemälde, u. a. Werke von Dürer, Tizian und Veronese. Der prunkvolle Mittelsaal des Hauses ist allein drei Stockwerke hoch. Fresken und Statuen schmücken die Treppenaufgänge und Räume, die wiederum mit kostbaren Stilmöbeln ausgestattet sind. Den schönsten Blick auf diesen prächtigen Palast hat man allerdings nur vom See aus, wenn man mit dem Schiff vorüber fährt.

Obstplantagen oberhalb von Gargnano; im Hintergrund am Ufer gegenüber der Monte Baldo

In der oberhalb des Ortes stehenden **Kirche S. Pier d'Agrino** befinden sich ebenfalls einige Gemälde und Plastiken. An touristischen Einrichtungen ist in Bogliaco ein moderner, schön gelegener Golfplatz zu erwähnen. Bogliaco bildet mit dem anschließenden **Villa,** das selbst auch einen kleinen Hafen besitzt, eine Teilgemeinde von

Gargnano, das nach weiteren zwei Kilometern erreicht wird.

Die Ortschaften gehen nahezu ineinander über. Auch dieses Städtchen ist eine alte Siedlung, die bereits im 9. Jahrhundert urkundlich erwähnt ist. Vom See aus wirkt es besonders malerisch, weil es sich fast terrassenförmig am Berghang aufbaut. Im Süden erhebt sich der Monte Castello (868 m), im Norden die Cima Comer (1281 m). Im Zentrum, dann aber vor allem am unterhalb der Durchgangsstraße gelegenen Landungsplatz, besteht Parkmöglichkeit. Direkt daneben steht das Municipio (Rathaus) mit einem schönen Arkadenhof. Eine Tafel, die an die Beschießung der Stadt durch österreichische Schiffe im Jahr 1866 erinnert, ist in die Mauer eingelassen.

Geht man die Uferpromenade in nördlicher Richtung weiter, dann kommt man zu dem Palast Feltrinelli. In ihm wohnte Mussolini von 1943—45, bis sich dann die Republik von Salò ganz auflöste.

Ebenfalls am Ufer steht der **Palazzo Feltrinelli.** In ihm werden Sommerkurse der Universität Mailand abgehalten. Geht man auf der Seepromenade weiter und benützt das alte Sträßchen, das nordwärts führt und später das Seeufer verläßt, um nach Tignale zu gelangen, dann kommt man zur kleinen **Kirche S. Giacomo de Cali** aus dem 12. Jahrhundert, an deren Seitenwand noch Fresken zu sehen sind. Eine Figur des Heiligen ist ebenfalls noch erhalten.

In der Via Romana — es ist die Straße, die man durchfährt, wenn man zum Hafenplatz will — steht die Kirche **S. Francesco.** Sie stammt aus dem 13. Jahrhundert, wurde jedoch im 16. Jahrhundert erneuert. Interessant ist neben dem schönen Portal ein Seiteneingang mit einem gut erhaltenen Relief und daneben einem leider stark verblaßten Fresko. Außer einigen Gemälden sollte man den Altarraum links vom Hauptaltar, sowie die schönen Intarsien an den Seitenaltären beachten. Rechts vom Hauptportal ist der Eingang zu einem kleinen Kreuzgang, der zum früheren Kloster gehörte. An der zum Turm liegenden Seite des Kreuzganges sieht man Fresken und eingemauerte alte Fundstücke.

Etwas höher noch, fast am Ortsausgang und nun wieder an der Durchgangsstraße, steht die **Pfarrkirche San Martino.** Alt ist hier wohl nur noch der Renaissance-Turm, aber eigenartig ist der ovale Grundriß der Kirche. Im Inneren zeigt sie einige Gemälde. Vom Kirchplatz aus hat man einen schönen Ausblick.

Über ein Sträßchen, das am Ortsausgang von der Gardesana nach links abzweigt, kann man zu der 355m hoch gelegenen **Kapelle S. Gaudenzio** gelangen, von der aus man einen schönen Ausblick hat. Das Sträßchen führt oberhalb der Durchgangsstraße, auf der jetzt die teilweise durchtunnelte Strecke beginnt, zu dem 460 m hoch gelegenen Dörfchen **Muslone.**

Eine lohnende Serpentinenstraße zweigt in Gargnano nach **Navazzo** ab. Die Straße steigt auf einer Entfernung von 8 km fast um 400 m. Während der Auffahrt hat man ein sehr schönes Landschaftspanorama vor sich. Auf derselben Straße kann man von Lavazzo aus weiter bis zum Idro-See fahren. Man kommt durch das Vestinotal an dem fjordartigen Lago di Valvestino, einem Stausee, vorüber. Über **Capovalle** erreicht man dabei die Ansiedlung **Vantone** am Ostufer des Iseo-Sees und gelangt nach wenigen Kilometern nach **Idro,** das am Südende dieses Sees liegt. Teilweise hat dieses Sträßchen noch keinen festen Belag. Schlägt man bei der Abzweigung des Sträßchens am Nordende des Stausees die rechte Richtung ein, dann kommt man zu dem Dörfchen **Magasa,** das bereits 970 m hoch liegt, und anschließend zu dem 910 m hoch gelegenen **Cadria.** Beide Orte werden überragt von der 1946 m hohen **Cima Tombea,** dem 1976 m hohen **Monte Caplone** und den 1738 m hohen **Cime del Costone.**

Gleich nach Gargnano beginnt die Straße zu steigen, und man erreicht bald den ersten Tunnel. Im Gegensatz zu der bis jetzt durchfahrenen Strecke, in der die Überfülle der südlichen Pflanzenwelt kein Ende zu finden schien, fährt man jetzt an schroffen Felswänden entlang, oft hoch über dem See. Nur ab und zu öffnen sich wie kleine Oasen einige grüne Buchten, die dann des Gegensatzes wegen besonders malerisch wirken.

Von Gargnano nach Riva sind es noch 29 Kilometer. Allein 7 Kilometer davon führen durch den Fels. Nach vier Kilometern erreicht man die Abzweigung zum

Hochplateau von Tignale. Es ist eine schmale, kurvenreiche, teilweise steil ansteigende aber gut ausgebaute Bergstraße, die durch die Schlucht des Piovere in das aussichtsreiche Gebiet von Tignale führt. Von einer Abzweigung nach links erreicht man **Piovere** (419 m). Von dort aus kann man wieder zur direkten Straßenverbindung gelangen, die dann über **Oldesio** nach **Gardola** (555 m) führt. Fast 700 m hoch, also rund 600 m über dem See, liegt zwischen Gardola und dem nächsten Dorf **Prabione** (535 m) die aus dem 16. Jahrhundert stammende kleine Kirche **Madonna di Monte Castello**. Die weithin sichtbare Kirche, zu der eine kleine Nebenstraße abzweigt, ist ein hervorragender Aussichtspunkt. Sie soll anstelle eines heidnischen Tempels errichtet worden sein. Später soll eine Skaligerburg hier gestanden haben. In der Kirche befindet sich ein eigenartiger Renaissance-Altar. Im Gewölbe unterhalb der Kirche sind Fresken erhalten.

Zwischen dem Hochplateau von Tignale und dem Hochplateau von Tremosine (s. u.) besteht außerdem auf dieser Höhe eine direkte Verbindung. Von dem bereits erwähnten Prabione führt eine Nebenstraße unter Umgehung des vom Torrente Campione gebildeten tief eingeschnittenen Tales zu dieser ebenfalls sehr aussichtsreichen Hochfläche.

Nach insgesamt 11 Kilometern von Gargnano aus erreicht man auf der Gardesana die Ortschaft

Campione. Sie liegt den Felswänden vorgelagert auf einem kleinen Landvorsprung, der durch die Mündung eines Wildbachs gebildet wurde. Im Ort, zu dem man von der Durchgangsstraße abzweigen muß, findet man aber nur einen einzigen Gasthof, der für Ferienreisende weniger geeignet ist. Es handelt sich praktisch um eine Siedlung, die zu einer Baumwollefabrik gehört. Der schön gelegene Ort ist zwar schon alt, der Palazzo Archetti stammt aus dem 18. Jahrhundert, aber es ist ein ausgesprochenes Arbeiterstädtchen. Ganz in der Nähe der Einfahrt nach Campione ist eine Abzweigung nach links, von der aus man auf einer schmalen, kurvenreichen Bergstraße

Pieve di Tremosine erreicht, das fast 400 m oberhalb von Campione liegt. Es ist der Hauptort verschiedener kleiner Weiler, die sich auf dem **Hochplateau von Tremosine** ausbreiten. Den Ort beherrscht eine alte, aus dem 12. Jahrhundert stammende Pfarrkirche, die allerdings im 18. Jahrhundert erneuert wurde. Sie birgt im Innern ein schönes Chorgestühl. Das wirklich Lohnende ist hier die großartige Aussicht von dem steilen Felsabhang hinunter auf den Gardasee. Es ist wohl einer der schönsten Punkte des an schönen Aussichtsstellen gewiß nicht armen Gardaseegebiets.

Unterhalb der Kirche hat man von der Terrasse eines Gasthofes ebenfalls einen großartigen Ausblick. Vielleicht noch eindrucksvoller ist der Ausblick von der direkt über den Abgrund an der Steilwand unter großen Schwierigkeiten hinausgebauten Aussichtsterrasse eines Hotels etwas abseits vom Dörfchen.

Eine weitere Zufahrt nach Tremosine zweigt etwas von Campione entfernt kurz vor einem Tunnel ab. Beide Zufahrten vereinigen sich später und führen durch die wildromantische **Brasa-Schlucht** zu dem Aussichtsdörfchen hinauf.

Wir fahren weiter die Gardesana entlang. Ab und zu, wo es die Felsen zulassen, finden wir eine kleine Park- und Aussichtsstelle, die auch meist von fotofreudigen Autofahrern in Beschlag genommen ist. Diese Stellen machen sich aber auch die Orangen- und Zitronenverkäufer zunutze, die dort ihre Früchte dekorativ aufbauen. Das Geschäft scheint sich durchaus zu lohnen, denn oft wartet ein respektabler Fiat im Hintergrund auf den Abend, seinen Besitzer und die evtl. nicht abgesetzte Ware. Nach sechs Kilometern schmiegt sich in eine breite Einbuchtung das kleine

Limone. Da die Berghänge steil ansteigen, baut sich das Städtchen terrassenförmig auf. Man kann dies auch von der oberhalb durchziehenden Gardesana erkennen. Dabei fallen auch die vielen geschützt liegenden Obstkulturen auf. Wein, Oliven, Pampelmusen und Zitronen werden gepflanzt, und die ebenfalls terrassenförmig angelegten Plantagen sind außerhalb der Ansiedlung gut zu sehen. Von der Zitrone (Limone = Zitrone) hat das Städtchen auch seinen Namen. Für den erstmals nach Italien reisenden, vor allem, wenn er direkt aus dem Norden kommt, erscheint dieser Ort gleichsam wie die Verkörperung des vorgefaßten Begriffes Italien. Die ursprüngliche Fischersiedlung, zu deren Uferpromenade man mit dem Wagen gelangen kann (am Ortseingang hat man rechts zum See hin einen großen Parkplatz angelegt), ist mit ihrem Kopfsteinpflaster, den engen, winkligen Gassen, dem Grün und den vielen Blüten und nicht zuletzt dem blau leuchtenden See zwischen den schroffen Felshängen einer der malerischsten Orte des Gardasees. Neben den alten Gäßchen findet aber der Tourist auch gute, moderne Hotels und geschmackvoll ausgestattete Geschäfte.

Zwei Kirchen liegen im Ort. Von der Terrasse der größeren, der Pfarrkirche aus dem 17. Jahrhundert, hat man einen schönen Blick. Die andere, weit kleinere, erreicht man, wenn man von der Uferpromenade bei der Landungsstelle den Berghang hinaufsteigt. Es ist die alte, mit Fresken geschmückte, im romanischen Stil erbaute Kapelle **S. Rocco**. Sie ist allerdings nur an besonderen Festtagen geöffnet. Trotzdem lohnt auch an anderen Tagen der Aufstieg, denn auch hier hat man wieder einen schönen Rundblick.

Bei der Abzweigung von der Hauptstraße nach Limone, also nach rechts, zweigt außerdem eine Seitenstraße nach links ab, die sehr kurvenreich über **Bartolomeo** nach **Vesio** führt, von wo aus man wiederum nach dem oben erwähnten Pieve di Tremosine gelangen kann.

Das letzte Teilstück der Gardesana Occidentale mit weiteren 10 Kilometern bis Riva wartet mit Ausblicken auf das Nordufer und den jetzt immer näher rückenden schrägen Hang des Monte Brione auf.

Kurz vor Riva zweigt die Ponalestraße ab, auf der man zum **Ledro-See*** und **Idro-See*** gelangen kann. Von ihr zweigt an einer Kehre ein sehr schmales Sträßchen nach **Pregasina** ab. Von dem nett gelegenen Bergdörfchen mit seiner malerischen kleinen Kirche hat man ebenfalls wieder schöne Ausblicke auf den See.

Man erreicht den nördlichen Ausgangspunkt der Uferstraße

Riva (65 m). Der bedeutende Erholungsort ist neben Gardone und Sirmione der am häufigsten besuchte Ort des Gardasees. Seine wechselvolle Geschichte kann bis ins Altertum zurückverfolgt werden. Inschriften sind in der Säulenvorhalle des Rathauses eingemauert. Es ist nachgewiesen, daß die Römer hier eine Schule für Schiffsmannschaften eingerichtet hatten. Man fuhr von diesem nördlichsten Punkt aus mit den Schiffen über Peschiera, den Mincio und den Po bis zur Adria. Im Mittelalter stand Riva unter der Herrschaft der Fürstbischöfe von Trient. Auch die Grafen von Arco, die Skaliger aus Verona, die Visconti aus Mailand und die Venezianer ließen hier ihre Spuren zurück. Bis zum Ende des ersten Weltkrieges gehörte es dann zu Österreich. Die ehemalige Grenze verlief zwischen Riva und Limone.

Der bekannteste Platz ist die Piazza 3 Novembre. Wenn man vom Süden her sich dem Städtchen nähert, sieht man

Blick auf das malerische Limone, einst Fischerdorf, heute beliebtes Ausflugs- und Ferienziel

im Westen die steil aufragende Rochetta mit ihrer Höhe von 1521 m. An der Einfahrtsstraße linker Hand liegt das große **Ponale-Kraftwerk,** das vom Ledro-See gespeist wird. Rechter Hand sieht man dann auch schon den Hafenplatz liegen. Am Ende des Platzes rechts erhebt sich der **Torre Apponale,** ein 35 m hoher Uhrturm. Er stammt aus dem 13. Jahrhundert, erhielt aber erst im 16. Jahrhundert seine jetzige Höhe. Der Turm kann bestiegen werden.

Links steht das **Municipio** (Rathaus) aus dem 13. Jahrhundert, früher Sitz des Statthalters von Venedig. Unter den Arkaden sind in die Mauern viele Ausgrabungsstücke und Schrifttafeln eingemauert. Das Municipio gliedert den Platz praktisch in zwei Teile, von denen einer direkt am Hafen liegt, während der zweite von verschiedenen Arkadenhäusern umgeben ist. Neben dem Municipio im Westen des Platzes steht der **Palazzo Pretorio.** Er stammt aus der Skaligerzeit und wurde um das Jahr 1370 errichtet. Durch einen Torbogen des Gerichtsgebäudes gelangt man zu einem dritten Platz, der Piazza S. Rocco. Auch dieser ist von Arkadenhäusern umstanden. Außerdem befindet sich hier ein Gefallenen-Denkmal. Es wurde aus den Überresten der aus dem Jahr 1512 stammenden und im Weltkrieg zerstörten Kirche **S. Rocco** erbaut.

Geht man am Uhrturm in östlicher Richtung vorbei, so erreicht man die Piazza Cesare Battisti mit seinem Denkmal. Dem See zu öffnet sich dieser Platz mit schönen Grünanlagen. Noch weiter östlich gelangt man über eine Brücke zu der von einem Wassergraben umgebenen Skaligerburg **La Rocca.** Ihr Ursprung geht auf das 12. Jahrhundert zurück, sie wurde jedoch im 19. Jahrhundert umgebaut. Sie diente den Österreichern als Kaserne, und heute ist dort das Museo Civico untergebracht, das sich vornehmlich mit der Geschichte Rivas und der Umgebung befaßt. Außerdem beherbergt die Burg an der Seeseite ein Restaurant. Noch weiter östlich liegt das Kasino.

In nördlicher Richtung, zu erreichen über die Piazza Garibaldi und die Via Mazzini, steht die beachtenswerte **Pfarrkirche S. Maria Assunta** im Barockstil aus dem 18. Jahrhun-

Riva: nach der Hafenausfahrt, rechts der Apponale-Turm, links am Bildrand die Rochetta

dert. Von den vielen Gemälden ist die Kreuzabnahme rechts vom Eingang besonders eindrucksvoll. Durch die **Porta S. Michele** (mit Glocke) und die anschließende Viale Roma kommt man zur **Kirche Inviolata** aus dem 17. Jahrhundert, deren Grundriß ein Achteck bildet. Sehr schön sind die schweren, alten Holztüren. Von der reichen Ausstattung ist ein Gemälde der Kreuzigung Christi gegenüber dem Altar von besonderer Wirkung. Vor der Kirche rechts steht ein netter Brunnen, dessen Schalen in drei verschieden hohen Ebenen angeordnet sind und als Tränken für kleine und größere Tiere dienen sollen. Ein weiteres altes kleines Stadttor, die **Porta San Marco,** steht westlich der oben erwähnten Porta S. Michele.

Vom Ausläufer der Rocchetta grüßt aus halber Höhe die **Bastione,** ein Turm aus der Skaligerzeit. Man kann ihn zu Fuß in einer guten halben Stunde, aber auch sehr rasch mit einer Sesselbahn erreichen. Von hier aus öffnet sich ein schöner Blick über Riva und den nördlichen Teil des Gardasees.

Halbwegs zwischen Riva und Torbole zweigt bei **S. Nicola,** kurz vor einem Straßentunnel, ein Sträßchen nach links ab. Man kann hier auf den 376 m hohen Monte Brione gelangen, von wo aus man wieder einen schönen Ausblick hat.

Empfehlenswert ist auch ein Ausflug nach **Varone,** wenige Kilometer nördlich von Riva, an der Straße, die über Tenno zum Tenno-See führt. Dort ist der Zugang zu dem sehenswerten **Varone-Wasserfall,** wo dieser Bach in einer engen Felsspalte 80 m tief hinunterstürzt.

2. Rundfahrt um den Iseosee

Der Iseosee, benannt nach dem am Südostufer gelegenen Städtchen Iseo, heißt auch Lago Sebino, abgeleitet von dem römischen „Sebinus Lacus". Er ist der viertgrößte der oberitalienischen und der siebtgrößte aller italienischen Seen. Er bildet die Grenze zwischen den Provinzen Bergamo und Brescia, zu denen seine Orte am West- bzw. Ostufer gehören. Auch die Entfernung zum See ist von diesen beiden Städten aus ungefähr gleich. Er ist 25 km lang, zwischen 2 und 5 km breit, und seine Oberfläche beträgt 62 qkm. Die größte Tiefe wird mit 250 m angegeben, während die mittlere Tiefe etwa 150 m beträgt.

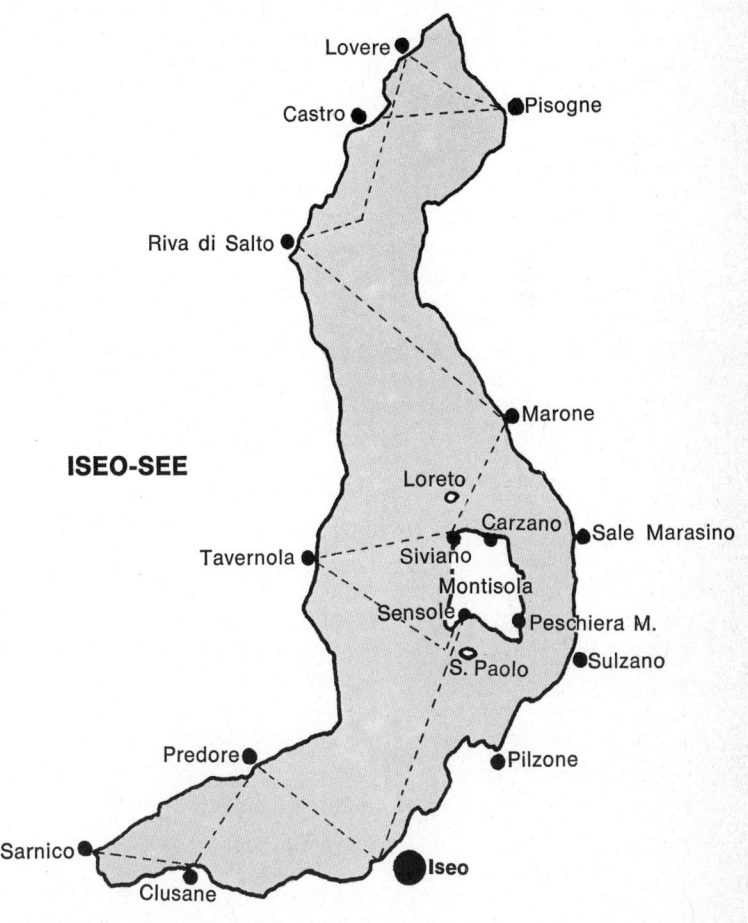

ISEO-SEE

Lovere
Castro
Pisogne
Riva di Salto
Marone
Loreto
Carzano
Sale Marasino
Tavernola
Siviano
Montisola
Sensole
Peschiera M.
S. Paolo
Sulzano
Predore
Pilzone
Sarnico
Iseo
Clusane

Der See wird gespeist von dem im Norden zwischen Pisogne und Lovere einmündenden Oglio und der bei Sarnico einfließenden Borlezza. Der Abfluß im Süden bei Sarnico ist der Oglio, der südlich Mantua in den Po mündet.

Der See liegt am Eingang des Val Camonica, das sich bis zur Quelle des Oglio hoch im Gebirge hinzieht, und in dem bekannte und gern aufgesuchte Erholungsorte, wie Boario Terme, Breno, Edolo und Ponte di Legno liegen. Er bildet etwa die Form eines S. Während der nördliche Teil, von hohen Berghängen umgeben, der unbedingt schönere und romantischere ist, stößt der See im südlichen Teil, gleichzeitig nach Westen biegend, in die Ebene vor.

Das teilweise sehr steile Westufer wird überragt vom Monte Torezzo und dem Monte Bronzone (1330 m). Das östliche Ufer beherrscht der Monte Guglielmo (1949 m). Im südlichen Teil liegt die Insel Monte Isola, eine Besonderheit, denn sie ist die größte See-Insel Italiens. Im Norden und Süden wird sie durch zwei ganz kleine Inseln flankiert: die Isola di S. Loreto und die Isola di S. Paolo.

Der Iseosee hat den Charakter eines großen Gebirgs-Sees, besonders in seinem nördlichen Teil. Er besitzt noch eine herbe Ursprünglichkeit, die wir bei den anderen oberitalienischen See nicht mehr finden. Es gibt hier kaum Villen und großartige Parkanlagen. Aber vielleicht reizt gerade diese Ursprünglichkeit den Touristen von heute, denn langsam wird auch dieser See vom Fremdenverkehr entdeckt.

Iseo (198 m) ist mit rund 7000 Einwohnern eines der größten Städtchen am See. Am Ortseingang stehen Türme einer von den früheren Herren, dem Geschlecht der Oldofredi, erbauten Burg. Die Pfarrkirche soll auf den Mauern eines römischen Tempels errichtet und im 12. Jahrhundert umgebaut worden sein. Aus dieser Zeit ist wohl nur noch die schöne Fassade erhalten. Rechts vom Portal steht ein alter Sarkophag mit einem von vier Säulen getragenen Baldachin. Eigenartig ist auch im Mittelschiff ein in den Fußboden eingelassener Grabstein. Er stammt aus dem Jahr 1765. Am Hauptplatz, der von Arkadenhäusern eingerahmt ist, steht ein Garibaldidenkmal, eine Marmorstatue auf moosbewachsenem Sockel. Wie in Luino am Lago Maggiore wird auch hier behauptet, es sei das erste in Italien errichtete Garibaldi-Denkmal.

Ein großer Bootshafen und eine breite Uferstraße, die zum schön unter Bäumen gelegenen Strandbad führt, bieten dem Spaziergänger malerische Ausblicke auf den See.

Man verläßt Iseo auf der Straße nach Paratico. Schon nach einem Kilometer erreichen wir die Abzweigung nach Sarnico (rechts). Linker Hand sieht man ein Sumpfgebiet mit vielen Seerosen. Nach weiteren zwei Kilometern führt die Straße durch

Clusane, ein kleines Fischerdorf, nahezu im Mittelpunkt des Südufers. Es hat einige Gasthöfe. Gelobt werden die Spezialgerichte von Clusane, gebratene Schleie und Aal in Tomatensauce. Drei Kilometer weiter östlich liegt

Paratico, weit auseinandergezogen, das man als Vorort von **Sarnico** bezeichnen kann. Es hat rund 5000 Einw. und liegt 198 m hoch. Bei der Einfahrt führt eine Brücke über den Oglio, der hier den See verläßt. Hübsch ist die Landschaft, durch die der Oglio fließt, und auch die Strandpromenade macht einen gepflegten Eindruck. Trotz einiger Industrieunternehmen wird der Ort von vielen als Aufenthaltsort gewählt. Sogar internationale Wassersportveranstaltungen werden geboten, und hier war auch der einzige Minigolfplatz, den wir am See fanden. Die Hotellerie läßt ebenfalls auf die Beliebtheit des Ortes schließen.

Die Pfarrkirche S. Martino ist ein schöner Bau mit hoher Kuppel. Die Deckenverzierung stammt aus dem 18. Jahrhundert und ist durchaus sehenswert. Die Seitenaltäre sind mit Medaillen geschmückt. Nicht weit davon, ungefähr am höchsten Punkt des Städtchens, sieht man einen alten Uhrturm, dessen Bau im 10. Jahrhundert begonnen wurde. Aus dem 16. Jahrhundert stammt das Kirchlein daneben, S. Paolo. Im Innern rechts beachte man ein gut erhaltenes Fresko, Maria mit Kind.

Drei Kilometer weiter, nun wieder in östlicher Richtung, liegt

Predore. Die Straße führt etwas oberhalb des Sees durch den malerisch gelegenen Ort. Links vom großen Hauptplatz steht die Pfarrkirche. Hoch oberhalb, am Berghang, erhebt sich eine kleine Kapelle, von der aus man einen schönen Ausblick hat. Links der Pfarrkirche hat man einen malerischen Blick auf die sich am Hang gruppierenden Häuser und

einen mehrstufigen kleinen Wasserfall. Geht man vom Hauptplatz nach rechts zum See hin, so entdeckt man am Ufer
einen hübsch angelegten Privatgarten mit den Resten eines
alten Turmes. Hier in der Nähe befindet sich auch der verfallende Glockenturm einer alten Kirche.

Die schmale, aber landschaftlich sehr schöne Uferstraße führt nun
an steilen Hängen vorbei, die jedoch zunächst noch teilweise von
Pinien bestanden sind. Immer näher rücken die Felshänge an die
Straße heran, und nachdem man das westliche, S-förmige Ende des
Sees umfahren und wieder die Richtung nach Norden eingeschlagen
hat, erblickt man mitten im See die **Monte Isola** mit dem auf halber
Höhe liegenden Kastell. Nach insgesamt sechs Kilometern erreicht
man

Tavernola Bergamasca. Um eine kleine Bucht führt die
Durchgangsstraße, während sich darüber, den Hang hinauf,
die einzelnen Häuser hinziehen. An Altem ist in diesem sehr
hübsch gelegenen Dörfchen — der Monte Isola direkt gegenüber — nicht viel erhalten, denn zu Beginn unseres Jahrhunderts wurde es größtenteils durch einen Erdrutsch zerstört.
Die romanische Kirche S. Pietro aus dem 14. Jahrhundert
zeigt aber in ihrem Innern noch sehenswerte Fresken von
Romanino und aus der Schule Foppas. Eine Nebenstraße
zweigt zu den hoch oberhalb gelegenen Gehöften und dem
Weiler Vigolo ab. Links oberhalb des Ortes liegt der Friedhof
und eine alte, verfallende Friedhofskapelle. Der Aufstieg
über einen Treppenweg lohnt sich wegen der schönen Übersicht. Beim Ortsausgang befindet sich in einer netten kleinen
Anlage die Schiffsanlegestelle und das Kriegerdenkmal.

Außerhalb, in der nächsten kleinen Bucht — der nette Eindruck
des Ortes wird dadurch nicht beeinträchtigt — liegt ein Zementwerk.
Der Straßenbelag wird von hier ab streckenweise schlechter, ist
aber trotzdem gut befahrbar. Immer an steilen Felswänden entlang,
oft unter Felsüberhängen und dann und wann durch den Fels hindurch windet sich die Straße in wildromantischer Landschaft. Interessant ist auch die Lage der Gesteinsschichten, die man hier sehr
gut verfolgen kann. Dazu kommen die großartigen Ausblicke auf
das langsam näherrückende Ostufer mit dem Monte Guglielmo. Acht
Kilometer weiter kommt man nach

Riva di Solto, das man schon eine Weile vorher sehr
hübsch liegen sieht. Der kleine Ort — praktisch nur ein Reihendorf an der Durchgangsstraße — bietet von seiner Schiffsanlegestelle aus einen schönen Ausblick auf das gegenüberliegende steile Felsenufer. Auch dort drüben windet sich die
Straße am Ufer entlang durch zahlreiche Tunnels. Darüber

steht die Silhouette der eigenartigen Felsformation Corna dei trenta Passi. Gleich nach der Ausfahrt hinter einem Tunnel umfährt man die Bucht Bogn mit ihren bizarren, eigenartig senkrecht geschichteten, hohen Felsen, die dieses Stück der Uferstraße vielleicht zum wildromantischsten Teil der ganzen Rundfahrt werden lassen.

Dann treten die steilen Felshänge zurück, und man erreicht nach fünf Kilometern das Städtchen

Castro. Hier hat sich an der Einmündung der Borlezza Industrie niedergelassen. An der kleinen Bootsanlegestelle, an der sich auch das Kriegerdenkmal befindet, schließt sich eine blumenreiche Anlage an. Von hier aus hat man, da sich Castro etwas in den See hineinschiebt, einen reizvollen Ausblick auf die Felslandschaft der Ost- und Westküste. Castro ist mit dem zwei Kilometer weiter liegenden

Lovere schon zusammengewachsen. Auch hier ist Industrie vorherrschend. Trotzdem wird das hübsch gelegene Städtchen mit seinen rund 7000 Einwohnern als Ferienort aufgesucht.

Am belebten, großzügig wirkenden Hafenplatz steht das Unabhängigkeitsdenkmal. Hoch über den winkligen Gassen erhebt sich die **Pfarrkirche S. Giorgio,** über deren mit Ornamenten verziertem Portal wir ein Relief des hl. St. Georg finden. Das Innere ist vollständig erneuert. Vom Eingang der Kirche führt eine Gasse zu einem kleinen Platz mit dem Vittore Emmanuele II. gewidmeten Brunnen. Hier finden wir auch einen alten Uhrturm. In der anschließenden Via Garibaldi erhebt sich einer der Stadttürme. Etwas oberhalb liegt das **Santuario,** das den heilig gesprochenen barmherzigen Schwestern S. Bartolomea Capitanio und S. Vincenza Gerosa geweiht ist. Die Schwester Bartolomea, eine Tochter der Stadt Lovere, gründete diesen Orden. Die erste Kirche stammt aus dem Jahr 1832, die neuere und großartigere entstand in den Jahren 1938 bis 1958. Im Santuario werden die Gebeine der beiden Schwestern aufbewahrt. Was die Kirche sehenswert macht, ist das prunkvolle und mit sehr viel Geschmack ausgestattete Innere (viele Mosaikarbeiten, reiche Marmorausschmückung, bei der allein 42 verschiedene Marmorarten Verwendung fanden).

Unterhalb dieser Kirche, an der Uferstraße vor dem Hafenplatz, steht der **Palazzo Tadini.** In dem großen Gebäude mit seinem eindrucksvollen Bogengang ist neben städtischen

Ämtern auch eine sehenswerte Gemäldesammlung untergebracht. Der Eingang befindet sich auf der rechten Seite, wo
an einem kleinen Platz das Garibaldi-Denkmal errichtet ist.

Im nördlichen Teil der Stadt ist die **Kirche S. Maria** zu
erwähnen. Zu ihrem Haupteingang führt eine überdachte
Treppe tief hinunter. Der dreischiffige Bau ist durch riesige
Marmorsäulen unterteilt. Sehr schöne, große Gemälde im
Altarraum und die reiche Barockdekoration machen auch die-
ses Gotteshaus sehenswert. Um nach

Pisogne (199 m) zu gelangen, umfährt man in größerem
Abstand das Nordende des Sees und überquert den Oglio.
Die Entfernung beträgt sieben Kilometer. Auch hier finden
wir wieder Industrieanlagen. Malerisch ist die alte Häuser-
gruppe mit ihren Laubengängen an der Piazza Umberto. Daneben erhebt sich ein Uhrturm mit stark verwitterter Sonnenuhr. Über die Piazza Corna Pellegrini erreicht man den
breiten Treppenaufgang zur Pfarrkirche aus dem 18. Jahrhundert. Im Innern ist sehenswert ein wunderbarer Fußboden aus verschiedenfarbigem Marmor.

Von der Piazza Umberto erreicht man in etwa 10 Minuten
die beim Hospital liegende **Kirche S. Maria della Neve** aus
dem 15. Jahrhundert. Über dem mit Ornamenten verzierten
Portal befindet sich eine kleine Rosette, darüber ein Fresko.
Auch links und rechts des Eingangs treten stark verwitterte
Fresken in Erscheinung. Der Dachkante entlang ziehen sich
Skulpturen mit Köpfen verschiedener Heiliger. In der seit-
lichen Säulenhalle links außen sind Wände und Decken
ebenfalls reich mit Fresken verziert. Das Innere der Kirche
ist sehr eindrucksvoll. Die Wände sind mit großen Fresken
des Romanino geschmückt. Den Schlüssel zur Kirche kann
man in dem daneben liegenden Hospital erhalten.

Außerhalb, in südlicher Richtung, wo sich die Eisengieße-
reien befinden — man sieht sie auch von der Straße aus links
oberhalb, etwas am Hang —, liegt die Kirche S. Anna mit
einem Glockenturm aus dem 15. Jahrhundert. An der Turm-
seite entdeckt man noch drei alte Fresken, die jedoch stark
verwittert sind.

Während man nun zunächst noch etwa drei Kilometer bis
Toline — ganz kleiner Weiler linker Hand — noch
an grünen Berghängen vorbeifährt, beginnt anschließend der
Teil der Uferstraße, der wie auf der gegenüberliegenden Sei-

te als wildromantisch bezeichnet werden kann. An steilen Felsabstürzen und Felsüberhängen vorbei durch mehrere Galerien führt die oft eng zwischen Wand und See eingezwängte Straße über die kleine Siedlung

Vello mit einer kleinen Freskengeschmückten Friedhofskapelle nach dem zehn Kilometer südlich Pisogne liegenden

Marone am Torrente Opolo am Abhang des Monte Guglielmo. Die steilen Felshänge lassen dem kleinen Industrieort aber genügend Raum, so daß man sich auch als Feriengast hier wohlfühlen kann. Vor allem ist es als Standquartier für Bergwanderungen geeignet. Von hier aus führt auch ein Seitensträßchen zu dem 800 m hoch gelegenen

Zone. Auch dieses Dörfchen ist ein Erholungs- und Ausflugsort. Ein Besuch lohnt wegen der dortigen interessanten **Erosionspyramiden.** Auch die Pfarrkirche aus dem 16. Jahrhundert besitzt sehenswerte Holzschnitzereien und schöne Altarbilder.

Sala Marasino (190 m) liegt wieder am See und drei Kilometer von Marone entfernt. Zum Ort gehört eine lange, ziemlich schmale, aber aussichtsreiche Uferpromenade. Links, kurz vor der Promenade, steht ein altes Haus mit Laubengang und einem schönen Fresko. Es ist heute ein Restaurant. Etwas weiter, ebenfalls auf der linken Seite, erhebt sich die stattliche Kirche mit breitem Treppenaufgang, ein dreischiffiger Barockbau, mit reicher Innenbemalung, vor allem Illusionsmalereien.

Nach vier Kilometern aussichtsreicher Straße — zur Rechten hat man jetzt wieder im See die Monte Isola vor sich — erreicht man

Sulzano mit seinem abwechslungsreichen Panorama. Der kleine Erholungsort bietet nette Ausblicke auf die nahe liegende Insel und die hochragenden Berge am Seeufer. Das sehr geschützt liegende Dörfchen — es wachsen hier auch Orangenbäume — liegt im Gegensatz zu der im Norden etwas schroff wirkenden Szenerie an einer äußerst lieblichen Stelle des Sees. Es folgt nach zwei Kilometern

Pilzone, vor einer kleinen Halbinsel gelegen, und

Covelo, einen weiteren Kilometer entfernt, am Hang. Hier ist die Uferlandschaft wieder flacher. Fahren wir nochmals zwei Kilometer weiter, so gelangen wir wieder nach Iseo.

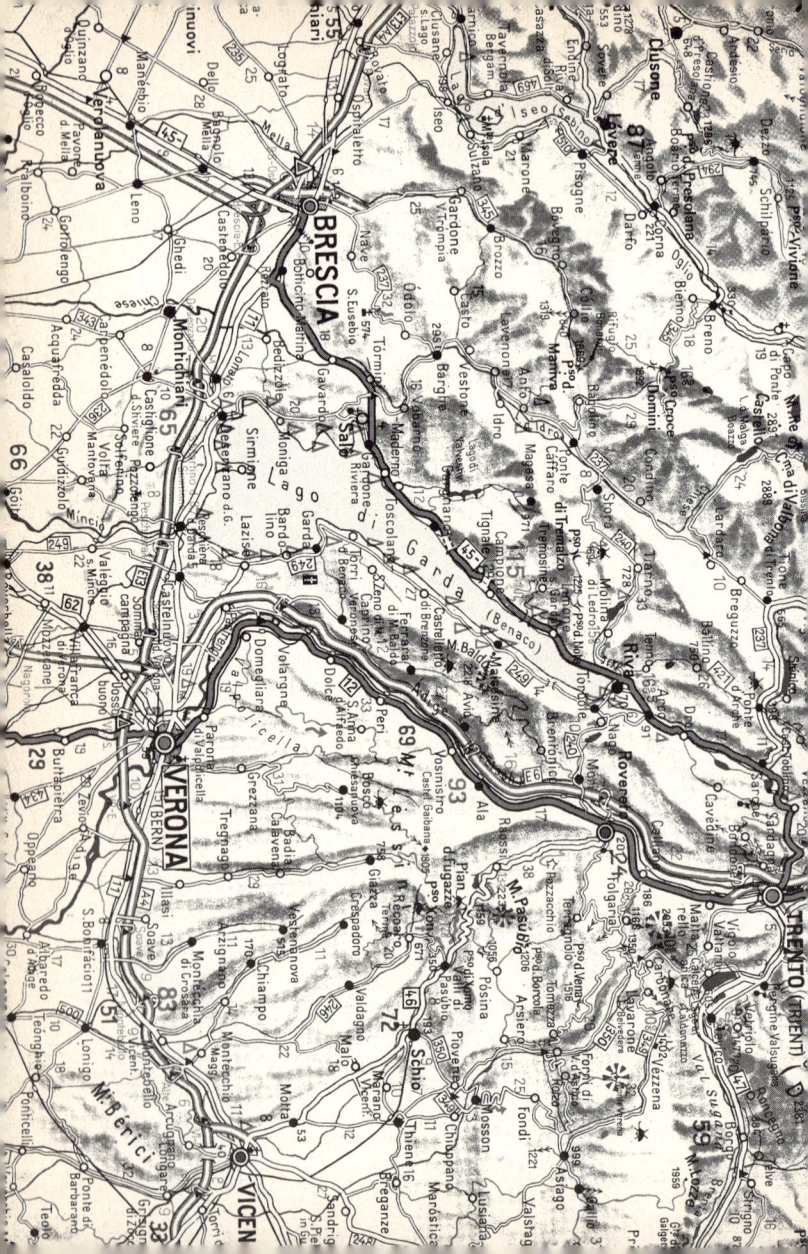

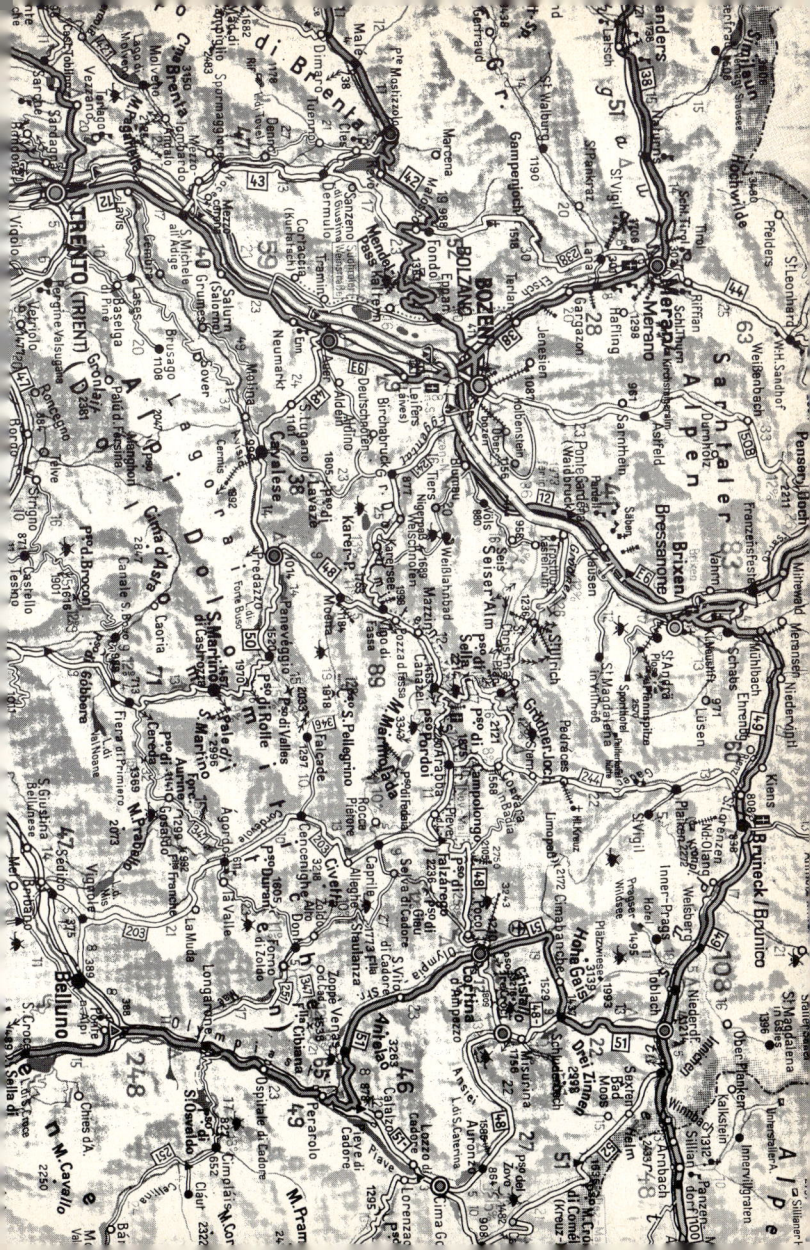

3. Die Insel Monte Isola

Wie ein direkt aus dem Wasser aufsteigender Berg erhebt sich die 3 km auf 2 km große Insel aus dem See. Sie erreicht eine Höhe von 599 m, und von oben grüßt die kleine Wallfahrtskirche Madonna della Seriola. Von diesem Punkt aus genießt man eine selten schöne Aussicht. Während das Ostufer des Berges oder der Insel ziemlich steil ansteigt, gleicht die Westseite mehr einem sanften Berghang. Sulzano gegenüber liegt an der südöstlichen Ecke der Insel

Peschiera Maraglio, ein kleines Fischerdorf. Oberhalb von **Sensole** am Westende der Insel, einem malerischen kleinen Dorf, erhebt sich die Ruine der Festung Martinengo. An der Nordwestseite liegen etwas oberhalb vom See

Siviano, mit eigenem kleinen Hafen, und im Nordosten **Carzano,** ebenfalls mit Hafen und auch einem Strandbad. Die einzige Ansiedlung ohne Hafen, im Innern der Insel, ist **Cure,** von dem aus man zur Wallfahrtskirche aufsteigen kann. Dort sind noch Fresken erhalten. Das Schönste aber ist wohl die Aussicht, auch auf die kleinen vorgelagerten Inseln, die Isola di S. Paolo im Süden und die Isola di Loreto im Norden.

4. Ausflug Monte Baldo I
Torbole - Brentonico - S. Valentino - Avio - Torbole
(ca. 80 km)

Ausgangspunkt ist **Torbole.** Man fährt auf der Hauptstraße Richtung Torbole. Hinter **Nago** kommt man an dem ausgetrockneten Lago di Loppio vorüber. Vor **Loppio,** einem Ortsteil der Gemeinde Mori, sind linker Hand einige Schloßruinen. In **Mori** erreicht man die Abzweigung nach rechts, nach Brentonico und zur Höhenstraße zum Monte Baldo. Diese führt jetzt an den Osthängen dieses Bergmassivs entlang.

Die Straße ist verhältnismäßig breit, gut ausgebaut und gewinnt rasch an Höhe. Man hat schöne Ausblicke auf das Etschtal bzw. das weite Talbecken von Mori. Das erste malerisch gelegene Dorf ist **Besagno.** Es liegt einerseits an steilen Felshängen, hat aber andererseits vor sich eine hügelige Voralpenlandschaft ausgebreitet. Die Ausblicke werden immer schöner. Auch der nächste Ort, **Brentonico,** hat eine herrliche Aussichtslage. Die Ausläufer der südlichen Dolomiten bieten einen Panoramablick.

Die Straße wird etwas schmaler und steigt auch etwas mehr an. Man hat schöne Rückblicke auf das durchfahrene Brentonico. Teilweise ist die Straße jetzt nicht mehr bzw. noch ohne Belag. Sie ist aber nach wie vor gut befahrbar. Aus den grünen Berghängen steigen die Felsen oft senkrecht empor. Man erreicht die kleine Siedlung **S. Giacomo** auf einer kleinen Hochfläche mit einer Kapelle. Man hat jetzt eine Höhe von rund 1200 m erreicht. Ab und zu sieht man Skilifteinrichtungen.

Hinter S. Giacomo wird die Straße wieder etwas breiter. Sie hat jetzt auch wieder festen Untergrund. Man kommt an einer Abzweigung vorüber, die nach links zu einem größeren Wintersporthotel führt. Nach einigen Kehren erreicht man das 1314 m hoch gelegene **S. Valentino.** Hier zweigt eine Straße ohne Belag, die Monte-Baldo-Höhenstraße, in Richtung Monte Baldo ab (s. Monte Baldo II). Auf der Straße in Richtung Avio kommt man immer wieder an kleinen Siedlungen oder an einzelnen Häusern vorbei. Auch sieht man wiederum Einrichtungen für Skilifte. Dieses unterhalb der Felsen gelegene hügelige Mattengebiet ist gut für Skilauf geeignet und ungefährlich. Außerdem ist aber dieses Gebiet auch wegen seiner herrlichen Alpenflora bekannt.

Mit verschiedenen Serpentinen fällt die Straße jetzt wieder ab. Man sieht viele Almen. Langsam beginnen die Hänge steiler abzufallen. Tief unten liegt der Stausee **Lago Pra da Stua,** dessen Ostufer bzw. Talsperre man später erreicht. Kurz dahinter zweigt wieder ein kleines Steitensträßchen zur Wallfahrtskirche **Madonna della Neve** ab. Man fährt in Richtung Avio jetzt in einem schluchtartigen Tal abwärts. Die Ausblicke sind großartig. Mehrere Serpentinen — insgesamt 13 — führen durch eine Wald- und Buschlandschaft, aus der die Felsen hunderte von Metern hoch ansteigen. Vor **Avio** liegt rechter Hand die Kirche Madonna della Pieve. Von Avio aus kann man auf der rechten Etschseite auf einer kleinen Verbindungsstraße über **Chizzola** nach Mori, dem Ausgangspunkt, zurückkommen. Man kann aber auch hinter Avio die Etsch überqueren, um nun am linken Ufer über **Ala** und evtl.

Rovereto * und anschließend über Mori wieder an den Gardasee gelangen.

5. Ausflug Monte Baldo II
Torbole - Mori - Brentonico - S. Valentino - Passo Canalette - Ferrara di Monte Baldo - Spiazzi - Caprino Veronese - Garda (ca. 100 km)

Diese Strecke möchten wir vor allem wegen des mittleren Teils nur geübten Bergfahrern empfehlen, da dort das Sträßchen manchmal nur drei bis vier Meter breit ist und keinen festen Belag hat. Aus diesem Grund ist es auch ratsam, diese Strecke nur bei trockenem Wetter zu fahren.

Man fährt wie bei Monte Baldo I angegeben bis **San Valentino.** Hier zweigt die Höhenstraße ab, die zunächst bis zum 1617 m hohen **Passo Canalette** führt. Vom Pass aus, der unterhalb des **Monte Altissimo di Nago** liegt, kann man den Gipfel dieses 2 078 m hohen Berges erreichen. Es zweigt auch hier eine sehr schmale frühere italienische Kriegsstraße dorthin ab, die man allerdings besser zu Fuß benutzt. Unterhalb des Gipfels befindet sich das **Rifugio Chiesa,** eine Schutzhütte.

Unsere Straße bzw. unser Fahrweg führt jetzt unterhalb der Ostseite des Monte Baldo mit seinen verschiedenen Gipfeln entlang. Den Gardasee kann man lediglich bei der 1430 m hohen **Bocca di Navene** sehen. Anschließend fährt man an der **Bocca Tratto Spini** (1 720 m) vorüber, wo von der anderen Seite, von Malcesine aus, eine Seilbahn hinaufführt. Auf einem Bergpfad kann man zur Bergstation gelangen. Es folgen die **Cima delle Pozette** (2128 m), **Cima del Longi** (2180 m), **Cima Val Finesta** (2098 m), **Cima Valdritta** (2218 m), die höchste Erhebung des Massivs, und der **Monte Maggiore** (2199 m). Nach einigen Kehren und nach wenigen Kilometern mit einem Gefälle von 14 % erreicht man das jetzt nur mehr 856 m hoch gelegene **Ferrara di Monte Baldo.** Dieser Ort ist besonders bekannt als Ausgangspunkt für Bergwanderungen.

Ab hier hat die Straße wieder festen Belag. Im folgenden Dörfchen **Spiazzi,** sollte man die etwas abseits liegende Wallfahrtskirche **Madonna della Corona** aufsuchen. Es sind knapp 10 Gehminuten. Die an steiler Felswand im 16. Jahrhundert erbaute Kirche zeigt im Innern als Heiligtum eine bemalte steinerne Pietà. In und unterhalb der Kirche findet man Votivtafeln, außerdem mumifizierte Eremiten in Glassärgen.

Das nächste größere Städtchen ist **Caprino Veronese,** das jetzt nur noch 254 m hoch liegt. Das Rathaus, die frühere Villa Carlotti, zeigt Fresken und Stuckarbeiten. Auch die Pfarrkirche ist sehr eindrucksvoll. Über **Boi** und **Pesina,** kleine Ortschaften in hügeliger Landschaft, kommt man nach **Costermano.** Hier sollte man unbedingt dem großen deutschen **Heldenfriedhof** einen Besuch abstatten, in dem 22 000 Gefallene des Zweiten Weltkriegs ihre letzte Ruhe gefunden haben. Anschließend erreicht man nach wenigen Kilometern das etwas unterhalb gelegene Garda.

6. Ausflug Idrosee
Salò - Lago d'Idro - Lago di Ledro - Riva (ca. 90 km)

Ausgangspunkt dieser Fahrt ist **Tòrmini,** oberhalb **Salò.** Kommt man aus Richtung **Desenzano,** kann man schon in **Cunettone** nach dort abzweigen. Unterwegs bieten sich einige schöne Ausblicke auf den See.

Man fährt durch das **Valle delle Chiese,** das Tal der Kirchen, bzw. durch das **Val Sabbia.** Zunächst reihen sich Fabrikanlagen und Industrieorte aneinander. Man kommt vorbei an **Collio,** dann durch **Vobarno.** In **Sabbio Chiese** erhebt sich nahezu mitten im Ort auf steilem Fels eine große Kirche. Dann kommt man an den Felswänden des Monte Cingolo vorüber. In **Barghe** zweigt eine Straße nach **Brescia *** ab. Der Taleinschnitt bleibt verhältnismäßig eng. Die Felsen ragen ziemlich steil empor. Es folgen bewaldete aber immer noch steile Berghänge. Bei **Nozza,** kurz vor **Vestone,** stehen wieder eine Burgruine und eine Kirche auf den Felsen. Das Tal wird etwas breiter. Man hat einen schönen Blick auf **Lavenone,** das ebenfalls von alten Festungsmauern überragt wird.

Es folgt die Siedlung **Idro** mit einer Pfarrkirche, in der schöne Schnitzarbeiten zu sehen sind. Hier beginnt der ungefähr 12 km lange, zunächst recht schmale **Idrosee.** Eine Seitenstraße zweigt nach rechts ab zu dem am östlichen Seeufer gelegenene **Crone.** Auf dieser östlichen Seeseite liegen mehrere Campingplätze.

Von Idro, bzw. Crone aus kann man am östlichen Ufer entlang fahren bis **Vantone,** wo sich ebenfalls Campingplätze befinden. Dieses Sträßchen führt dann weiter über **Capovalle** durch das **Valle di Vestino,** am Stausee **Lago di Valvestino** vorüber nach **Navazzo** und endlich nach **Gargnano** am Gardasee. Die Straße ist sehr kurvenreich, bietet aber immer wieder herrliche Ausblicke und stellt eine direkte, wenn auch etwas mühsame, langsame und manchmal etwas schwierige Verbindung zwischen Idrosee und Gardasee her.

Auf unserer Hauptstrecke, die etwas oberhalb des Sees entlang führt, kommt man an einer schön gelegenen Feriensiedlung vorüber. Nach einem Straßentunnel folgt **Anfo,** das sich größtenteils rechts der Straße auf einer kleinen Halbinsel ausbreitet. Auch hier gibt es mehrere Campingplätze. Überreste einer Burg und einer Befestigungsanlage aus der Zeit der Venezianer und die Kirche S. Antonio mit einigen Fresken kann man besichtigen.

Der See wird jetzt merklich breiter. Daß Seeende erreicht man bei **Ponte Caffaro,** einer sehr weit gestreuten Siedlung. Hier oben verlief die Grenze zwischen Italien und Österreich. Das Ortszentrum von Ponte Caffaro liegt bereits etwas vom See entfernt. Man kommt über ein kleines Nebenflüßchen des Fiume Chiese, der hier in den Idrosee mündet, fährt durch das Dorf **Lodrone** und erreicht kurz darauf **Darzo,** das inmitten von Obst- und Weingärten liegt. Kurz nach dem Dorf steht eine kleine Kapelle mit einigen Fresken.

Etwas später zweigt man von der durch das Chiese-Tal weiter führenden Straße, die uns nach 26 km nach **Tione di Trento** bringen würde, nach rechts ab und benutzt nun die Straße 240, die Ponale-Straße, die uns nach Riva führt. Man fährt über den Chiese-Fluß und erreicht kurz darauf **Storo,** das sich unterhalb von steilen Felshängen ausbreitet. Es ist ein Bauerndorf, das seine Ursprünglichkeit teilweise bewahrt hat. Es folgt linker Hand eine große Forellenzüchterei, wo man gleich einkaufen kann, und dann beginnt die Straße sich in einigen Serpentinen zum Ampola-Tal hinaufzuziehen. Die Straße ist etwas eng, aber gut ausgebaut. Man kommt durch eine Schlucht. Links und rechts bauen sich die Felsen in riesigen Quadern auf. Das Tal öffnet sich, es wird lieblicher. Rechter Hand liegt die Locanda Ampola, ein kleiner Gasthof.

Hier zweigt ein Seitensträßchen, eine frühere österreichische Kriegsstraße, zum Passo di Tremalzo ab, auf der man bis zum gleichnamigen Schutzhaus gelangen kann.

Auf der Hauptstrecke kommt man am kleinen nahezu versumpften **Lago di Ampola,** der von Schilfgewächsen umstanden und von Seerosen bedeckt ist, vorüber. Man erreicht **Tiarno di Sopra** mit einer hochaufragenden Kirche, gleich darauf fährt man durch **Tiarno di Sotto.** Es folgt das etwas größere **Bezzecca** und anschließend das auseinander gezogene **Pieve di Ledro** wo es einige kleinere Hotels gibt. Am Ortsrand beginnt der **Lago di Ledro.**

Das Wasser des Sees wird vom Ponale-Kraftwerk in Riva zur Elektrizitätsgewinnung benützt. Deshalb ist der Wasserspiegel meist abgesunken. Anläßlich der Bauten für das Kraftwerk kamen am Südufer des Sees viele Holzpfähle zum Vorschein. Auf Grund auch weiterer Funde konnte man schließen, daß sich hier viele Pfahlbauten befunden haben, und diese Gegend also schon sehr früh besiedelt war. Trotz des manchmal niedrigen Wasserstands hat der See eine schöne blau-grüne Färbung. An der Straße, die etwas oberhalb entlang führt, sind einige Parkplätze.

Man kommt an **Mezzo Lago,** das, wie sein Name sagt, an der Mitte des Sees liegt, vorüber und erreicht, nachdem man mit schönem Rückblick die kleine Ostbucht umfahren hat, das Dörfchen **Molina di Ledro.** Auch dieser Ort hat wie die vorher genannten einige Unterkunftsmöglichkeiten und ist Ausgangspunkt für Bergwanderungen. Gerühmt wird hier vor allem die üppige Gebirgsflora.

Ab hier fällt die Straße ziemlich steil ab. Immerhin erfolgt jetzt die Abfahrt von dem etwa 650 m hoch gelegenen Ledrosee zu dem nur etwa 80 m hoch gelegenen Riva. Man kommt an der rechts liegenden Ortschaft **Pre** vorüber, durchfährt **Biacesa,** und während zunächst links und rechts der Straße noch üppiger Strauch- und Baumbestand vorherrscht, kommt man geradewegs zu einer wilden Felslandschaft. Vor dem ersten Tunnel hat man einen schönen Ausblick auf den Gardasee. Die Straße wird schmaler, ab und zu gibt es Engstellen, man passiert einige Serpentinen. Bei einer führt eine Abzweigung nach rechts zu dem bereits unter Riva erwähnten Dörfchen Pregasina. Hin und wieder gibt es Parkmög-

lichkeiten neben der manchmal in den Fels direkt hinein-
gehauenen Straße. Mit prächtigen Ausblicken erreicht man
den Gardasee und kurz darauf **Riva**.

7. Ausflug Tonalepass — Val Camonica
**Riva - Sarche - Tione di Trento - Madonna di Campiglio -
Dimaro - Tonale-Paß - Edolo - Val Camonica - Iseosee -
Brescia - Desenzano** (ca. 300 km)

Diese schöne, abwechslungsreiche Strecke erfordert viel
Zeit. Man benötigt einen ganzen Tag. Es ist außerdem ratsam, sehr früh aufzubrechen, damit man unterwegs auch anhalten und aussteigen kann.

Von Riva, bzw. Torbole aus fährt man nach **Arco** * im
Sarcatal. Zunächst ist dieses Tal noch verhältnismäßig breit.
Es wird viel Obst, aber auch Wein angebaut. Man kommt
durch **Ceniga** und kurz darauf nach **Dro,** wo ein Seitensträßchen nach **Cavedine** und zum **Lago di Cavedine** abzweigt. Im
Sarcatal sieht man immer wieder riesige Schutt- und Fels-
ablagerungen, die durch Bergstürze verursacht wurden. Hinter Dro sieht man auf der rechten Seite die Burgruine **Drena.**
Dann kommt man an dem großen Elektrizitätswerk der Stadt
Trient vorüber. Man erreicht das hübsch gelegene **Pietramu-
rata.** Auch von hier zweigt ein Sträßchen zum Lago di Cavedine ab. Unterwegs im Sarcatal wird immer wieder der Vino
Santo angeboten, ein ausgezeichneter Süßwein, der hier ge-
wonnen wird.

Kurz vor **Sarche** erreicht man eine Abzweigung nach
links, von der seither befahrenen Straße, die weiter nach
Trient * führt. Wir folgen der Abzweigung Richtung Tione
di Trento. Sie führt nach eingen Serpentinen oberhalb der
eindrucksvollen, wildromantischen **Sarcaschlucht** (Passo della
Morte) entlang. Wir kommen an einer Abzweigung zu dem
kleinen **Terme di Comano,** einem Heilbad mit warmem radio-
aktivem Wasser vorüber. Dann erreichen wir **Ponte delle
Arche.** Hier ist eine große Straßenkreuzung. Nach links führt
eine Straße vorbei am kleinen **Lago di Tenno** bis Riva. Nach
rechts kann man über eine große Brücke über die Sarca entweder zu dem hübsch gelegenen **Stenico** oder aber zum **Lago**

di Molveno und nach **Andalo,** einem Sommerkurort und Wintersportplatz gelangen. Wir aber fahren weiter, immer entlang bzw. oberhalb des Flusses durch die wilde **Gola della Scaletta** (Treppenschlucht). Später ist rechter Hand die Sarca zum **Lago Ponte Pia** aufgestaut. Nach 13 km hinter Ponte delle Arche erreichen wir **Tione di Trento,** den Hauptort und Knotenpunkt der Landschaft Valli Giudicárie. In seiner Pfarrkirche aus dem 13. Jahrhundert befindet sich ein schöner Schnitzaltar.

Wir halten uns rechts und fahren das schöne **Val Rendena,** immer noch dem Sarcafluß entlang, aufwärts. Es folgen **Villa Rendena** und **Vigo Rendena.** Bei **Pelugo,** einem Dorf an der Einmündung des **Val di Borzago,** kann man links durch einen Einschnitt den Gletscher des Crozzon di Lares (3354 m) sehen. In **Borzago** ist die rechts der Straße stehende **Kapelle S. Antonio** mit Fresken aus dem 15. Jahrhundert sehenswert. Während die Straße ansteigt, durchfährt man einige schöne kleine Siedlungen und erreicht 17 km hinter Tione di Trento das größere Städtchen **Pinzolo,** das als Sommerferienort und Wintersportplatz bekannt ist. Etwas außerhalb liegt links die sehenswerte **Kirche San Vigilio** mit den berühmten Totentanzfresken von Simone Bascheni aus dem 16. Jahrhundert.

Die Straße steigt mehr an. Man kommt an der Kirche **Sant' Antonio di Mavignola** vorüber und erreicht 14 km hinter Pinzolo den berühmten Luftkurort und Wintersportplatz **Madonna di Campiglio** (1 553 m). Den schönsten Blick auf die Brentagruppe mit der Cima Brenta (3 150 m) und der Cima Tosa (3 173 m) hat man, wenn man etwas vor dem Ortsbeginn bei dem Café und Aussichtspunkt Bellavista anhält und aussteigt. Der Ort selbst ist heute eine ausgesprochene Hotelsiedlung. Verschiedene Sesselbahnen und Lifte führen u. a. auf den Monte Spinale (2 093 m).

Gleich nach dem Ferienort steigt die Straße wieder an. Nach 2 km erreicht man den Bergsattel **Campo Carlo Magno** (1 682 m). Auch hier ist eine moderne Hotelsiedlung entstanden. Außerdem befindet sich hier ein Golfplatz. Weite Almen inmitten von Nadelwäldern bieten ein schönes Spaziergangs- und Wandergebiet. Durch schöne Waldlandschaft mit zeitweise schönen Ausblicken kommt man an der **Enzianhütte** vorüber, später am Restaurant **Belvedere** und gelangt nach einigen Serpentinen durch das Meledrio-Tal dann nach **Dimaro.**

In Dimaro halten wir uns links und fahren talaufwärts. Man kommt an den kleinen Ortschaften **Piano, Mezzana, Pellizzano** vorüber und erreicht bei **Cusiano** eine Straßenabzweigung nach rechts, die nach **Cogolo, Peio** und **Peio Terme** führt. Peio Terme oder Fonte di Peio ist durch seine eisenhaltigen Quellen als Kurort für Anämie und innere Krankheiten bekannt. Es hat aber auch einen guten Ruf als Ausgangspunkt für Bergwanderungen zur Ortlergruppe. Unsere Straße führt weiter über die schön gelegenen Dörfer **Fucine** und **Vermiglio.** Von hier ab beginnt die Straße wieder mehr zu steigen. Man hat nach Süden, nach links, schöne Ausblicke auf die Presanella-Gruppe (3 556 m) und erreicht dann 11 km hinter Vermiglio den 1884 m hohen **Passo del Tonale.**

Der **Tonale-Paß,** eine Einsenkung zwischen den Ausläufern der Presanello-Gruppe im Süden und der Ortlergruppe im Norden, wird in den letzten Jahren dank des günstigen Geländes mehr und mehr für den Skilauf erschlossen. Außer einer Hotelsiedlung steht hier auch ein Kriegerdenkmal zum Gedenken an den 1. Weltkrieg. Auch ein österreichischer Soldatenriedhof befindet sich hier.

Die Straße führt nun ziemlich rasch bergab nach **Ponte di Legno.** Dieser schön am Flüßchen Oglio gelegene Gebirgsort ist bekannt als Ausgangspunkt für Bergtouren und als Wintersportplatz. Liftanlagen und gute Hotels sind vorhanden. Von Ponte di Legno zweigt eine Gebirgsstraße ab, die nach 42 km über den 2 620 m hohen Gavia-Paß und San Caterina Valfurva bis Bormio führt.

Wir aber fahren weiter talabwärts, kommen durch **Temu, Vezza d' Oglio** und **Incúdine** und erreichen 19 km nach Ponte di Legno das Städtchen **Edolo** mit etwa 6000 Einwohnern. Am nördlichen Ausgang des Val Camonica und als Ausgangspunkt der Straße, die westwärts über den Aprica-Paß nach Sondrio führt, ist es ein Handelszentrum, gleichzeitig aber auf Grund seiner hübschen Lage auch ein Sommeraufenthaltsort.

In Edolo halten wir uns links Richtung Iseosee und Brescia. Immer entlang dem Flüßchen Oglio kommen wir durch **Sonico** und **Malonno,** immer mit schönen Blicken auf die Adamello-Gruppe. In **Forno d' Albione,** einer weiteren kleinen Industrie-Siedlung, zweigt ein Sträßchen ab, das über den 1828 m hohen Vivionepaß und anschließend durch die großartige Dezzo-Schlucht nach Boario-Terme zu unserer Hauptstrecke zurückführt. Da dieses Sträßchen verhältnismäßig schmal ist, der Umweg allein weitere 40 km ausmacht, und wir es nur geübten Bergfahrern empfehlen möchten, sollte dieser Abstecher nur wenn genügend Zeit vorhanden ist unternommen werden.

Im Tal erreichen wir über **Cedegolo** den Ort **Capo di Ponte,** der durch seinen **Parco Nazionale delle Incisione Rupestri** bekannt ist. Die hier entdeckten Felszeichnungen aus vorgeschichtlicher Zeit treten an den meist glatten Felsen nur bei bestimmtem Sonnenstand oder wenn Wasser darüber gegossen wird, hervor. Auf der Weiterfahrt sieht man links und rechts an den Hängen verschiedene Ansiedlungen und erreicht nach weiteren 10 km **Breno,** den heutigen Hauptort mit ziemlich viel Industrie. Oberhalb liegt eine stattliche Burganlage.

Kurz hinter Breno folgt **Malogno,** anschließend **Cividate Comuno,** der frühere Hauptort des Tales, auf dessen einstige Bedeutung Reste einer Therme und eines Klosters hinweisen. Kurz dahinter kann man, falls noch Zeit zur Verfügung steht, nach **Esine** abzweigen. Dort ist die Kirche mit Gemälden und Fresken von Pietro da Cemmo und Romanino sehr sehenswert. Auf der Hauptstraße, 9 km weiter, erreicht man **Boario Terme,** einen Kurort mit schwefel- und magnesiumhaltigen Quellen mit Heilanzeigen für Magen-, Darm- und Leberleiden. Hier zweigt übrigens die Straße zu der bereits oben erwähnten **Dezzo-Schlucht** ab. Diese etwa 10 km lange Strecke ist äußerst eindrucksvoll. Manchmal ist die Strecke in den Fels direkt eingehauen. Die Schlucht ist außerdem sehr wasserreich.

Auf der Straße folgen Industrieansiedlungen. Von **Corna** aus erreicht man den Iseosee bei Lovere und fährt dann die Westuferstraße entlang. Überquert man den Fluß Oglio und fährt über **Darfo** kommt man auf der Ostuferstraße des Iseosees über Pisogne und Iseo nach rund 60 km nach **Brescia *.** Von dort aus sind es bis Desenzano am Gardasee noch 30 km Entfernung.

8. Ausflug Madonna di Campiglio — Molvenosee
Riva - Sarche - Tione di Trento - Madonna di Campiglio - Dimaro - Clès - Lago di Tovel - Tuenno - Andalo - Molveno - Riva (ca. 230 km)

Bei dieser landschaftlich abwechslungsreichen Fahrt sollte man nicht mit der Zeit geizen müssen. Zwar bedeuten heute 230 km keine allzu große Entfernung mehr, doch die angegebene Route führt über einige Nebenstrecken, die manchmal eng und kurvenreich sind, so daß man die gewohnte Durchschnittsgeschwindigkeit nicht immer einhalten kann.

Falls Sie die Strecke über Madonna di Campiglio bis Dimaro schon kennen, können Sie die Kilometerzahl auf rund 190 reduzieren. Die Anfahrt wird dann größtenteils über die rasche Brennerstraße Nr. 12 durchgeführt. In diesem Fall fahren Sie über Torbole - Rovereto - Trient nach S. Michele dell' Adige. Von dort benutzen Sie die Straße Nr. 43 über Mezzolombardo nach Dermulo. Von hier aus geht es weiter wie unten beschrieben über Tuenno an den Tovelsee. Falls Sie den Abstecher an den Tovelsee nicht unternehmen wollen, können Sie auch von Mezzolombardo über Spormaggiore Richtung Andalo fahren.

Unsere in der Überschrift angegebene Strecke verläuft bis Dimaro wie bei Ausflug Tonalepaß. Dort wenden wir uns nach rechts und fahren jetzt das Val di Sole, das Sonnental, abwärts. Man kommt an den Orten **Monclassico** und **Croviana** mit einem Schloß aus dem 17. Jahrhundert vorüber, berührt Malè, den Hauptort des Tales mit einer romanisch-gotischen Kirche, anschließend Caldés mit einer renovierten Burg aus dem 13. Jahrhundert und erreicht nach 15 km bereits **Ponte Mostizzolo.** Die Straße Nr. 42, die wir seit Dimaro befahren haben, führt von hier aus weiter über den Mendelpaß nach Bozen. Wir aber zweigen nach rechts ab und überqueren auf einer hohen Brücke das Flüßchen Noce, das uns ebenfalls seit Dimaro begleitet hat. Nach weiteren 5 km kommt man nach **Clès.**

Schon auf der Anfahrt hat man schöne Ausblicke auf den großen Stausee, den **Lago di San Giustina** oder den Lago di Clès. Auch von Clès selbst, einem lebhaften Städtchen mit ca. 7000 Einwohnern, das oberhalb des Sees liegt und eine Festung aus dem 11. Jahrhundert hat, bekommt man einen schönen Überblick über den See. Von hier aus kann man jetzt die Straße 43 benutzen, die weiter ins Etschtal führt. Etwa 13 km hinter **Dermulo,** ca. 3 km vor **Mezzocorona,** zweigt man nach rechts in Richtung Spormaggiore - Andalo ab.

Will man zum **Lago di Tovel** (Tovelsee), dann zweigt man in Clès ab, Richtung **Tuenno.** Dort ist der Ausgangspunkt der ca. 11 km langen Toveltalstraße, die schmal, kurvenreich und nur zum Teil asphaltiert ist. Höchststeigungen betragen bis zu 12 %.

Die Besonderheit des Tovelsees, seine eigenartige braunrote Färbung, die meist in der Zeit zwischen Juli und September auftritt, konnte noch bis vor wenigen Jahren regelmäßig beobachtet werden. Durch Umweltverschmutzung ist diese Erscheinung ausgeblieben. Es wird z. Zt. versucht durch verschiedene Maßnahmen, wie Anlage von weiter entfernten Parkplätzen und Kanalisierung, den vorherigen Zustand zurückzugewinnen. Verursacht wurde die Färbung durch das starke Auftreten des Mikroorganismus Glenodium Sanguineum. Auf einem Fußweg kann man den See umrunden.

Man muß auf derselben Stichstraße nach Tuenno zurück. Von dort fährt man über **Flavon** und **Denno.** Ca. 16 km hinter Tuenno zweigt man nach rechts ab. Die kurvenreiche Straße läßt uns rasch Höhe gewinnen. Man erreicht **Spormaggiore,** eine kleine Sommerfrische in schöner Lage. Die Straße steigt weiter, führt teilweise durch Tannenwald. Man kommt an den Überbleibseln des Castel Belfort vorüber, durchfährt **Cavedago** und erreicht das 1041 m hoch gelegene **Andalo,** das als Luftkurort und Wintersportplatz gerne aufgesucht wird. In zwei Abschnitten führt von hier eine Gondelbahn auf die 2125 m hohe Paganella.

Die Straße führt durch schönen Waldbestand abwärts. Nach 4 km erreicht man **Molveno,** das sich am Nordufer des gleichnamigen Sees ausbreitet. Der hübsch gelegene Ort ist Ausgangspunkt für Bergtouren in die Brenta-Dolomiten. Ein Sessellift ist am Ort. In Seenähe liegt die Vigilkirche mit sehenswerten Fresken. Der an und für sich sehr schöne See dient aber zur Gewinnung elektrischer Energie. Sein Wasserspiegel liegt deshalb vor allem in den Frühjahrsmonaten meist sehr tief, und Molveno vor der Kulisse der Brenta-

Dolomiten präsentiert sich dann von der Ostseite des Sees aus, an der man weiterfährt, leider nicht mehr ganz so prächtig wie bei normalem Wasserstand.

Kurz nach dem Molvenosee kommt man am kleinen **Nembia-See** vorüber. Es folgt eine Tunnelstrecke. Teilweise ist die Straße in den Fels gehauen. Dann erreicht man **San Lorenzo in Banale** mit den Weilern **Prato** und **Tavodo,** die alle recht malerisch liegen. Ab und zu sieht man noch strohgedeckte Bauernhäuser mit eigenartigen Balkonen. Nach dem Banale-Plateau senkt sich die Straße bald mit stärkerem Gefälle, und man erreicht ca. 20 km hinter Molveno **Ponte delle Arche** im Sarca-Tal. Von hier aus kann man über Sarche nach Riva gelangen.

Man kann aber auch in südlicher Richtung Riva direkt ansteuern. Diese Straße ist nicht allzu stark befahren und führt durch eine liebliche Landschaft. Dabei kommt man über den 750 m hohen **Ballino-Sattel.** Dahinter berührt man das Westufer des kleinen **Lago di Tenno** mit seinem Inselchen. Von hier aus kann man entweder über Pranzo und die Varone-Schlucht oder über Tenno nach Riva gelangen. U. E. ist die Strecke über **Tenno,** das von einer mächtigen Burg beherrscht wird, schöner und vor allem aussichtsreicher. Über eine kurvenreiche Strecke gelangt man nach **Foci del Varone,** wo man die **Cascata del Varone,** den interessanten Wasserfall, aufsuchen kann. Von hier aus sind es dann nur noch 4 km bis Riva.

9. Dolomitenrundfahrt

Torbole - Rovereto - Trento - Ora - Cavalese - Pozza di Fassa - Canazei - Passo di Sella - Ponte Gardena - Bolzano - Rovereto - Torbole (ca. 280 km)

Es gibt viele Möglichkeiten, vom Gardasee Rundfahrten durch das Dolomitengebiet zu unternehmen. Wir wollen im folgenden eine besonders interessante und eindrucksvolle Route vorschlagen. Alle angegebenen Straßen sind sehr gut ausgebaut.

Man fährt ab Torbole in Richtung Rovereto*. Man kann von hier aus entweder die Etschtalstraße über Trento*, oder wenn man rasch voran kommen will, die gebührenpflichtige Autobahn bis Ora (Auer) benutzen.

Ora ist ein lebhaftes, größeres Dorf mit ca. 3000 Einwohnern. Beachtenswert ist die St. Peterskirche aus dem 11. Jahrhundert, außerdem die Ruinen von Castelfeder, die ursprünglich zu einer rätischen Befestigungsanlage, später zu einer römischen gehört haben. In Ortsmitte zweigt die Straße nach Cavalese nach rechts ab.

Man gewinnt rasch an Höhe. Von der schön geschwungenen Straße hat man immer wieder prächtige Ausblicke hinunter in das fruchtbare Etschtal. Man kommt an der **Burg Enn** aus dem 13. Jahrhundert und dem Weiler **Montagna** vorüber. Immer noch wird die Straße von Obstanlagen begleitet. Langsam beginnt Mischwald. Man kommt an dem einzeln stehenden Gasthof Brückenwirt vorüber. Hier zweigt eine Seitenstraße nach Aldein (Aldino), Petersberg und dem Wallfahrtsort Maria Weissenstein (Pietralba) ab.

Auf unserer Strecke kommt man nach **Fontanafredda** (Kaltenbrunn), anschließend durch das Reihendorf **San Lugano.** Auf der Weiterfahrt bieten sich jetzt schöne Ausblicke auf das sich öffnende Fleimstal. Rechts liegt das malerische Dörfchen **Castello di Fiemme,** und etwa 25 km hinter Ora kommt man nach **Cavalese.**

Dieser Hauptort des Fleimstales mit ca. 4000 Einwohnern ist ein beliebter Sommerferienort, hat sich aber in den letzten Jahren, insbesondere seit die Cermis-Alpe durch eine Seilbahn erschlossen ist, als Wintersportort einen Namen machen können. Sehenswert ist der ehemalige Palast der Bischöfe von Trient mit einer freskengeschmückten Fassade. Die Pfarrkirche aus dem 11. Jahrhundert hat ein schönes Marmorportal und birgt im Innern Gemälde aus dem 18. Jahrhundert. In Cavalese zweigt eine Seitenstraße ab, die über den Passo Lavazé nach Ponte Nova im Eggental führt.

Über die Dörfer **Tesero,** von wo eine Straße zu der neuerdings im Winter gern aufgesuchten Pampeago-Hochalpe führt, **Panchia** und **Ziano** erreicht man **Predazzo** mit ebenfalls etwa 4000 Einwohnern. Die Umgebung dieses Ortes ist bekannt als vulkangeologisches Forschungsgebiet, weil sich hier das Gebirge aus den verschiedensten Gesteinsarten zusammensetzt. Im Museum kann der Interessierte eine Gesteinssammlung besichtigen. Von Predazzo zweigt eine Straße zum Rollepaß ab, die dann weiter nach San Martino di Castrozza führt.

Wir aber fahren über **Forno** weiter nach **Moena,** einem hübsch gelegenen Luftkurort und Wintersportplatz mit rund 3000 Einwohnern. Seine Pfarrkirche stammt aus dem 13. Jahrhundert. Von hier zweigt eine Straße zum San Pellegrino-Paß ab, einem Bergsattel, der durch mehrere Skilifte zum zusätzlichen, von Moena aus leicht erreichbaren Wintersportgebiet ausgebaut worden ist.

Ab Moena fahren wir das Fassatal aufwärts. Nach etwa 6 km mündet bei der Kirche **San Giovanni di Fassa** eine Straße ein, die in ihrem weiteren Verlauf über den Karerpaß und Karersee, Nova Levante (Welschnofen) und Ponte Nova (Birchabruck) durch das Eggental zum Eisacktal und nach Bozen führt.

Etwas oberhalb der erwähnten Abzweigung liegt der hübsche Ferienort **Vigo di Fassa** mit verschiedenen Liftanlagen, insbesondere einem Sessellift auf den Ciampediè (1938 m), einem schönen Aussichtspunkt. Hinter der Straßeneinmündung durchfährt man **Pozza di Fassa,** einen Ortsteil von Vigo di Fassa. Die Rund- und Ausblicke, insbesondere jetzt auch auf die Sellagruppe, werden immer großartiger. Über die Siedlungen **Mazzin** und **Fontanazzo** erreicht man das bereits 1430 m hoch gelegene **Campitello.** Der kleine Ort präsentiert sich recht malerisch unterhalb der wilden Felszacken der Langkofelgruppe. Sehenswert sind die Fresken im Innern der aus dem 16. Jahrhundert stammenden Kirche. Ein Sessellift führt auf den 2 380 m hohen Col Rodella.

Nur noch knapp 3 km sind es, dann hat man **Canazei,** den bekannten Sommer- und Winterferienort erreicht. Im Norden erhebt sich die bis zu 3150 m hohe Sellagruppe, im Osten die Marmolada, die mit ihrem 3342 m hohen Gipfel die höchste Erhebung des Dolomitengebiets ist. Der Ort kann eine Fülle von Spaziergängen und Bergwanderungen anbieten. Durch Sessellifte und im Winter zusätzlichliche Skischlepplifte ist das Gebiet für den Fremdenverkehr sehr gut erschlossen.

Von dem 1460 m hoch gelegenen Canazei beginnen wir jetzt die Bergfahrt zu dem 2240 m hoch gelegenen Passo di Sella. Wenige Kilometer hinter Canazei ist eine Straßentei-

Dolomitenrundfahrt: Blick auf die Langkofelgruppe.

lung. Hier führt die große Dolomitenstraße nach rechts weiter über den 2239 m hohen Passo Pordoi nach Arabba, dem Falzarego-Paß bis Cortina d'Ampezzo. Wir halten uns links. Während die Straße steigt und man einige Serpentinen zu überwinden hat, hat man immer wieder die schönsten Ausblicke. Auf der Paßhöhe lohnt es sich, einige Schritte zu gehen. Es präsentieren sich die Marmolada, der Langkofel und die Geislerspitzen. Es lohnt sich auch, beim etwas tiefer liegenden Sellajochhaus auszusteigen. Eine Gondelbahn führt von dort zur 2 681 m hohen Langkofelscharte. Unterhalb der Mauern der Sella liegen die Trümmer eines Bergsturzes, die sogenannte „Steinerne Stadt". Auch die Bergstation des unter Campitello erwähnten Sesselliftes zum Col Rodella kann man bequem zu Fuß erreichen. Vorausgesetzt man hat noch etwas Zeit zur Verfügung.

Die Straße führt jetzt abwärts. Bald erreicht man eine Abzweigung nach rechts, die über den Passo Gardena, das Grödner Joch, nach Colfosco (Colfuschg) und Corvara im Val Badia führt. Auf unserer Strecke ins Grödnertal erreicht man die Hotelsiedlung **Plan de Gralba,** nach einigen Serpentinen **Plan** und endlich, ca. 10 km nach der Abfahrt vom Sellajochhaus, dann **Selva** (Wolkenstein), das 1560 m hoch liegt, rund 2000 Einwohner hat und als Sommerfrische und Winterkurort bekannt ist. Durch eine Reihe von Liften und Bergbahnen ist dieser Ort wie auch die folgenden im Grödnertal hervorragend für den Tourismus erschlossen.

Die Straße fällt ständig. Man sieht die 1490 m hoch gelegene Fischburg aus dem 17. Jahrhundert, ein früheres Jagdschloß. Dann erreicht man **Santa Cristina,** das sich an einem Berghang aufbaut, und ebenfalls als Urlaubsort einen Namen hat. Lifte führen zum Monte Pana (1637 m), zum Monte de Soura (2056 m), zur Fermeda (2100 m) und zum Col Reiser (2100 m).

Nach weiteren 3 km kommt man zum Hauptort des Grödnertals, **Ortisei** (St. Ulrich), 1230 m hoch gelegen. Mit etwas mehr als 3000 Einwohnern ist es ein lebhaftes Ferienziel. Außerdem ist hier das Zentrum der ladinischen Holzschnitzkunst. In der Pfarrkirche sieht man schöne Holzschnitzarbeiten. Sehenswert ist die Ausstellung der Fachschule für Bildschnitzerei. Auch ein ladinisches Heimatmuseum kann man besichtigen. Eine Schwebebahn führt zur Alpe di Siusi (Seiser Alm) (2 000 m), eine Seilbahn zur Secéda (2450 m), ein Lift zur Raschötz (2163 m) und nach St. Jakob (1566 m).

Auf der Weiterfahrt, bei der sich das Tal langsam verengt, kommt man an verschiedenen Häusergruppen, darunter der Siedlung **Pontives,** vorüber. Ab und zu hat man größeres Gefälle zu überwinden. Manchmal hinterläßt das Tal einen schluchtartigen Eindruck. 13 km hinter St. Ulrich erreicht man **Ponte Gardena** (Waidbruck). Über dem Dorf erhebt sich die aus dem 12. Jahrhundert stammende Trostburg. Man überquert die Eisack, hält sich Richtung Bozen*. Von hier aus kommt man am schnellsten zum Gardasee zurück, wenn man die gebührenpflichtige Autobahn bis Rovereto benützt, um dann auf der bereits bekannten Straße nach rund 10 km nach Torbole bzw. Riva zu gelangen.

C
STADT- UND ORTSBESCHREIBUNGEN

Arco

Das Städtchen mit 11 000 Einwohnern liegt 6 km nördlich von Riva im Sarcatal und ist schon seit langem als heilklimatischer Kurort bekannt. Seine windgeschützte Lage — es ist im Westen, Norden und Osten von hohen Bergen umgeben, und auch die oft kräftig wehende Ora vom Gardasee, sie wird durch den Monte Brione abgelenkt, verhalf ihm schon vor der Jahrhundertwende zu einem Ruf auch als Winterkurort. Darüber hinaus ist es Ausgangspunkt für Bergwanderungen und Hochtouren.

Das günstige Klima ist an der dort besonders üppigen Vegetation zu erkennen. Palmen, Agaven, Zedern, Kakteen und Zitronenbäume wachsen hier. In der Umgebung konnte man rund 2000 verschiedene Pflanzenarten bestimmen. Nördlich des Städtchens, auf 126 m hohem Felsen, thront das **Castello,** die Ruine eines im Spanischen Erbfolgekrieg von den Franzosen zerstörten Schlosses.

Die Stadt — und es wird angenommen auch die Burg — sind römischen Ursprungs. Urkundlich wird das Kastell allerdings erst im 12. Jahrhundert erwähnt, als im Jahr 1126 die Grafen von Bogen aus Bayern vom Bischof von Trient mit diesem Gebiet belehnt wurden. Eine andere Version besagt, daß die Goten im 5. Jahrhundert auf dem Felsen eine Festung errichtet haben. Die oben erwähnten

Grafen von Bogen, die sich später von Arco nannten, blieben bis 1773 im Besitz der Burg. Mit dem Sturz Napoleons kam die Stadt, wie auch das Fürstbistum Trient, zu Österreich und gehört seit Ende des 1. Weltkriegs zu Italien.

Die Ruine erreicht man durch die kleine Vorstadt hinter den Kuranlagen in ca. 30 Gehminuten. Von der Burg hat man einen großartigen Ausblick, vor allem auf Riva, den Monte Brione und den Gardasee, aber auch auf das hier noch breite Sarcatal.

In der Via S. Anna ist der **Palazzo Marchetti** (früher Palazzo Marcabruni) bemerkenswert. Es ist einer der drei Paläste der Grafen von Arco. Auffallend sind die turmartigen Schornsteine. Sehr dekorativ wirken auch die vom vorstehenden Dach geschützten Fresken. Zwischen dem Palazzo und dem heutigen Municipio — früher ebenfalls ein Palast und mit dem ersten durch eine Straßenüberdachung verbunden — führt eine kleine Seitengasse zur **Cantina Marchetti,** einer gepflegten Weinstube mit einem Bild des Nicolo d' Arco, der als Dichter bekannt geworden ist (1479—1546).

Gegenüber dem Palast steht der **Barockdom S. Maria dell' Assunta** aus dem Jahr 1618. Die zwei Seiteneingänge haben noch sehr alte, reliefverzierte Holztüren. Neu, sehr schön, und ebenfalls aus Holz ist die Tür des Hauptportals. Im Inneren des mächtigen Tonnengewölbes befinden sich mehrere Altäre und Gemälde aus der Barockzeit, u. a. von Domenico Ricci, Giovanni da Udine, Romanino und Zanoni.

Rechts vom Dom steht der **Mosesbrunnen** aus dem 17. Jahrhundert. Der ganze Platz (Piazza III Novembre) ist mit seinen Barock-Rokoko-Bauten und der Domfassade sehr eindrucksvoll. Am Ende des Platzes, schon beim Übergang in die Via del Dosso, steht ein weiterer Palast mit den gleichen eigenartigen Schornsteinen und weiteren Fresken wie beim Schloß der Herren von Arco.

Unmittelbar hinter dem Dom beginnt der **Kurpark** mit einem Denkmal des in Arco geborenen Malers Giovanni Segantini (1858 bis 1899), der vor allem als Maler des Hochgebirges bekannt geworden ist. Dank des milden Klimas können im Kurpark botanische Besonderheiten gepflegt werden. Eine Palmenallee führt zum Casino. Durch die Palmen hindurch hat man schöne Ausblicke auf den hochaufragenden Felsen von Arco.

BERGAMO

0 200 400 600 mt

Bergamo

Trotz seiner 130 000 Einwohner und seiner Lebhaftigkeit ist Bergamo eine so liebenswürdige italienische Mittelstadt, daß man dort ruhig seine Ferien verbringen könnte. Es gibt ohnehin sehr viel zu sehen. Der Gegensatz seiner zwei Stadtteile — Ober- und Unterstadt (alta und bassa) —, der Vergangenheit und der modernen Zeit, verleiht ihr zusätzliche Reize.

Als bedeutende Handels- und Industriestadt zählt sie mit zu den reichsten oberitalienischen Städten. Vielleicht kann man sie auch als eine der gepflegtesten bezeichnen. Die breiten Straßen, die großen Ladengeschäfte, die Gartencafés, der lebhafte Verkehr — am Ende der Viale Roma steht ein mustergültiger, riesiger Omnibushof, wie wir ihn vorher kaum gesehen haben — und dann die enge, winklige Altstadt voller Kunstschätze hoch oben auf dem Berg, diese Trennung, dieser Gegensatz, und doch diese Einheit hinterläßt einen Eindruck, wie wir ihn selten erleben.

Bergamo soll eine keltische Gründung sein. Fest steht, daß die Stadt 200 v. Chr. als Bergomum von den Römern erwähnt wird. Römisches Municipium wurde sie im Jahr 49 v. Chr. durch Cäsar. Während der Langobardenzeit war sie Sitz eines Herzogs. 1166 schloß sie sich als selbständige Stadt dem Lombardischen Bund an und kämpfte gegen Barbarossa. Im 13. Jahrhundert geriet sie unter die Herrschaft der delle Torre und der Visconti. Es gelang ihr, 1428 diese Herrschaft abzuschütteln und sich Venedig anzuschließen, das ihr die Selbständigkeit ließ. In den folgenden Jahrhunderten blühte die Stadt auf. 1561—1591 wurde sie stark befestigt. 1797, mit dem Niedergang Venedigs, kam Bergamo zur Cisalpinischen Republik. 1799 wurde die Stadt von österreichischen Truppen besetzt. Die Franzosen kehrten 1800 zurück, und ab 1804 gehörte die Stadt zum napoleonischen Königreich Italien. Nach dem Sturz Napoleons kam die Stadt ab 1814 wieder unter österreichische Herrschaft, bis 1859 Garibaldi einzog. Von dieser Zeit ab teilt Bergamo das Geschick und die Geschichte Italiens.

Bergamo hat für seine Besucher, beginnend schon in der Viale Roma, durch die ganze Stadt Richtungsweiser angebracht, die dem Touristen auf kürzestem Weg die wichtigsten Sehenswürdigkeiten in der Stadt zeigen. Sie leiten ihn bequem durch die winkligen und engen Gassen der Oberstadt und lassen nur links und rechts der Durchgangswege ab und zu ein Bauwerk liegen.

Der Bahnreisende betritt die Viale Roma nach Überschreiten der **Piazza Marconi.** Der Autofahrer — kommt er nun von Osten oder Westen — wird sie spätestens vor der Porta Nuova überqueren. Die **Porta Nuova** erinnert an die Wachen am Brandenburger Tor in Berlin. Es sind zwei Zollgebäude links und rechts der Straße. Vor der Porta Nuova erhebt sich auf der rechten Seite die große **Kuppelkirche delle Grazie** aus dem vorigen Jahrhundert. Hinter der Porta Nuova der früheren Stadtgrenze, breitet sich die **Piazza Matteotti** aus. Daran schließt sich an die **Piazza Veneto,** an deren linker Seite sich der **Torre dei Caduti** (Gefallenenturm) erhebt. Von der Piazza Matteotti zweigt der Sentierone nach rechts ab. Auch dies ist eine schöne, breite Allee. Dort steht das **Teatro Donizetti** und gleich daneben ein **Denkmal** für den in Bergamo geborenen Komponisten **Gaetano Donizetti** (1797—1848). Der Sentierone geht in die Via Torquato Tasso über. Beim Anfang dieser Straße steht links die **Kirche San Bartolomeo** aus dem 13. Jahrhundert (im 17. Jahrhundert erneuert, Fassade 1901). In der Kirche ein Gemälde, Madonna mit Kind und Heiligen, von Lorenzo Lotto (1480—1555). Von der Kirche erreicht man links durch Bogengänge die **Piazza Dante** mit einem Brunnen, der Fontiera della Fiera. Der Platz ist wie dieser ganze Stadtmittelpunkt umrahmt von schönen, modernen Gebäuden.

Von der Piazza Dante kommt man zum Sentierone und zur Piazza Matteotti zurück. Geht man nun in Verlängerung des Sentierone, so erreicht man die Via XX Settembre und kommt an der Einmündung der Via Silvio Spaventa an der kleinen **Kirche S. Lucia** vorüber. Bei der Piazza Pontida geht man rechts die Via S. Alessandro bis zur **Kirche S. Alessandro in Colonna** aus dem 15. Jahrhundert. Vor der Kirche eine einzelne Säule. Im Innern u. a. wieder Gemälde von Lorenzo Lotto.

Man kann von hier aus weiter über die Via S. Alessandro in steilem Anstieg die **Porta S. Giacomo,** eines der vier Stadttore der Oberstadt, erreichen. Bequemer aber und auch unter evtl. Weglassung dieses Abstechers, ist der Weg von der Piazza Vittorio Veneto weiter durch die Viale Vittorio Emmanuele. Dort, wo diese Straße nordöstliche Richtung einschlägt, ist die Talstation einer Drahtseilbahn (Funicolare), die zur **Piazza Mercato delle Scarpe** (Schuhmarkt) in der

Oberstadt führt. Der Autofahrer erreicht die Oberstadt weiter durch die Viale Vittorio Emmanuele und die **Porta S. Agostino** und fährt dann immer den Hinweiszeichen nach bis zur **Piazza Vecchia.** Hier besteht Parkmöglichkeit. Er fährt dabei schon ein Stück entlang der venezianischen Befestigungsanlagen, die aus der Mura di S. Agostino, Mura di S. Giacomo, Mura di S. Grata und Mura delle Fara bestehen. Die Tore, die dieses alte Befestigungswerk behüten, sind außer den bereits erwähnten die Porta S. Alessandro und die Porta Garibaldi. Es ist empfehlenswert, ein Stück auf der Mura di S. Giacomo und Mura di S. Grata zu promenieren. Die Ausblicke von den Wällen sind sehr schön.

Von der Piazza Mercato delle Scarpe gelangt man rechts durch die Via della Rocca hinauf zur **Rocca** (Befestigungsanlage aus dem 14. Jahrhundert) und dem anschließenden Parco della Rimembranza (Krieger-Gedächtnis-Anlage). Von hier hat man wieder schöne Ausblicke. In der Burg ist das Museo Romano und das Museo Risorgimento (römische und archäologische Sammlung und Museum des Unabhängigkeitskriegs) untergebracht.

Geht man von der Piazza Mercato delle Scarpe ebenfalls nach rechts die Via Porta Dipinta hinunter, so kommt man an der Kirche S. Andrea (Gemälde) vorbei zur Kirche **S. Michele al Pozzo Bianco.** Die Kirche, heute zwischen andere Häuser eingebaut, hat außen und innen sehr schön erhaltene Fresken aufzuweisen. Bei der Porta S. Agostino, die man — immer noch durch die Via Porta Dipinta — wieder erreicht, steht links die **Kirche** und das **Kloster S. Agostino.** Das ursprünglich schöne, romanische Bauwerk wurde renoviert.

Von der Piazza Mercato delle Scarpe geht man durch die Via Gombito. Links der 52 m hohe **Torre Gombito** aus dem 11. Jahrhundert. Auf der Piazza S. Pancrazio ein kleiner Brunnen aus dem Jahr 1548 und die Kirche S. Pancrazio. Am Ende der ziemlich steilen Straße erreicht man die **Piazza Vecchia.**

Hier befinden sich die bedeutendsten Bauten der alten Stadt. Rechts (Nordseite) erhebt sich der **Palazzo Nuovo.** Der

Bergamo: die eindrucksvolle Piazza Vecchia (alter Platz)
mit der Fontana Contarini

Renaissance-Palast mit seiner Marmorfassade aus dem 17. Jahrhundert war lange Zeit Sitz der Gemeindeverwaltung. Heute ist eine bedeutende Bibliothek mit rund 500 000 Bänden dort untergebracht. An der Westseite, also links vom Palazzo Nuovo, ist das Naturwissenschaftliche Museum. Das Haus war früher der Sitz des Bürgermeisters. In der Mitte des Platzes steht die eindrucksvolle **Fontana Contarini** (1780). An der Südseite erhebt sich der **Palazzo della Ragione** (Palazzo Vecchio) mit dem Markuslöwen über der Fassade. Ursprünglich aus dem 12. Jahrhundert, wurde er nach einem Brand in der Mitte des 16. Jahrhunderts neu aufgeführt. Seitlich befindet sich ein Denkmal des Dichters Torquato Tasso (1544—1595). Rechts erhebt sich der wuchtige **Torre del Comune** aus dem 12. Jahrhundert. Durch die Säulenhalle des Palazzo della Ragione kommt man zur **Piazza del Duomo.** Man stößt direkt auf die **Capella Colleoni,** ein Mausoleum im Renaissance-Stil, das sich der Heerführer Bartolomeo Colleoni (1400—1475) erbauen ließ. Die prächtige Fassade wird links und rechts durch eine senkrechte Medaillonreihe und oben durch zwei verschieden dicht gesetzte Säulenreihen abgeschlossen. Über dem Portal ist eine Rosette tief eingelassen. Links und rechts vom Eingang je ein reich verziertes Fenster mit verschiedenfarbigen und verschieden geformten Marmorsäulen. Eine Kuppel krönt die Kapelle. Im Innern das Grabmal des Feldherrn und das seiner Tochter Medea. Die meisten Ausschmückungen stammen aus späterer Zeit, sind aber sehr eindrucksvoll. So vor allem die Fresken in der Kuppel von Tiepolo, dann aber auch Intarsien von Caniana und Sanzi. Im Altarraum rechts fallen ebenfalls die schönen Gemälde und Intarsien auf. Rechts vom Mausoleum steht das achteckige **Baptisterium,** das früher im Innern der Kirche S. Maria Maggiore seinen Platz hatte. Jede Dachkante der aus dem 14. Jahrhundert stammenden Taufkapelle ist mit einer Statue verziert. Jede Seite ist aufgelockert durch acht schlanke Säulen.

Neben der Capella Colleoni ist der Nordeingang zur **Kirche S. Maria Maggiore.** Zwei auf Löwen ruhende Säulen tragen einen Baldachin. Der ganze Eingang wird gekrönt von einer Marienstatue, darunter ein Reiterstandbild des hl. Alexander. Auch der Südeingang ist ein Löwenportal und stammt wie der Nordeingang aus der Mitte des 14. Jahrhunderts. Mit dem Bau der dreischiffigen, in Form eines griechischen Kreuzes angelegten Basilika wurde 1137 begonnen, die Innenausstattung aber erst Ende des 16. Jahrhunderts vollendet. Am Eingang links ist eine ganze Freskenwand. Die riesigen Gemälde wirken schon deshalb besonders, weil nur immer eines eine Wand schmückt. Außerdem ist die Kirche mit wertvollen Gobelins aus dem 16. Jahrhundert ausgestattet. Die Intarsien am Altareingang, die Schnitzarbeiten im Chorgestühl und am Beichtstuhl, der überreiche Deckenschmuck machen die Kirche mit zu einer besonderen Sehenswürdigkeit. Unter den prunkvollen Grabmälern ist auch das des Komponisten Donizetti zu erwähnen.

Links dieser Kirche, am Palazzo della Ragione, liegt der Dom mit einer Fassade aus dem Jahr 1886. Fast möchten wir empfehlen, diesen aus dem Jahr 1483 stammenden imposanten Dom zuerst zu besichtigen. Er tritt mit seiner, wenn auch prächtigen Ausstattung gegenüber der Kirche S. Maria Maggiore zurück. Der dem hl. Alessandro geweihte Dom birgt im Innern einige schöne Gemälde und Bildhauerarbeiten. Reliquien, alte Gebetbücher, ein mit Edelsteinen verzierter Kelch und ein sehr schönes silbernes Kreuz werden hier aufbewahrt.

Hat man noch Zeit und will man noch einen Gesamteindruck der Stadt mitnehmen, so kann man von der Piazza Vecchia durch die Via Bartolomeo Colleoni über die Piazza Cittadella zum Colle Aperto, einem offenen Platz, und zur Porta S. Alessandro gelangen. Gleich hinter dieser führt eine Standseilbahn (Funicolare) zum **Colle San Vigilio,** den man allerdings auch auf steiler Straße erreichen kann (schöner Ausblick).

Vom Colle Aperto kann man entweder zur Porta S. Giacomo (kürzester Weg zurück in die Unterstadt) oder zur Porta S. Agostino über die Festungsanlagen, die Mura S. Grata, S. Giacomo, di S. Agostino, immer mit schöner Aussicht, zurückgelangen. Und als dritte Möglichkeit geht man wieder durch die Altstadt bis zur Piazza Mercato delle Scarpe und dann links die Via Porta Dipinta hinunter (siehe dort).

Durch die links von der Viale Vittorio Emmanuele abzweigende Via Pignolo erreicht man die **Piazza del Delfino** mit dem **Renaissancebrunnen Fontana del Delfino.** Etwas weiter in der Via Pignolo steht die **Kirche S. Alessandro in Croce** aus dem 18. Jahrhundert mit einigen sehenswerten Gemälden. Von der Via Pignolo zweigt vor der Kirche die Via S. Tomaso ab, die zur **Accademia Carrara** hinaufführt. Dies ist eine der schönsten Gemäldesammlungen Oberitaliens. Sie wurde von dem Grafen Carrara gegründet. Andere Sammlungen und Stiftungen kamen hinzu. Die Galerie zeigt Werke vieler italienischer und ausländischer Maler, so z. B. von Lorenzo Lotto, Bellini, Carpaccio, Tiepolo, Tizian, Raffael, Dürer, Rubens, Velasquez und Breughel.

Rechts von der Galerie gelangt man durch die Via C. Battisti und die anschließende Via S. Giovanni wieder zur kreuzenden Via Pignolo mit der **Kirche S. Bernardino.** Im Innern schöne Gemälde, vor allem das Altarbild, Madonna mit Kind, von Lotto. Links weiter durch die Via Pignolo kommt man zur **Kirche S. Spirito** am gleichnamigen Platz. Die sehenswerte Kirche wurde 1309 erbaut, 1521 und 1850 erneuert und birgt Gemälde von Bergognone und eine Madonna mit Heiligen von Lotto. Durch die rechts abbiegende Via Torquato Tasso kommt man zum Sentierone und zum Mittelpunkt der neuen Stadt zurück.

Wenn man nur wenig Zeit hat oder sich nur für die Altstadt mit ihren schönen Bauwerken interessiert, kann man auch gleich die Seilbahn, Talstation (Stazione Funicolare) an der Viale Vittorio Emmanuele nehmen. Man beginnt dann den Rundgang bei der Piazza Mercato delle Scarpe. Der Autofahrer hat außerdem die Möglichkeit, direkt zur Altstadt hochzufahren und an der Piazza Vecchia zu parken.

Bozen (Bolzano)

Die Hauptstadt der gleichnamigen Provinz hat rund 107 000 Einwohner. Sie ist das wichtigste Zentrum des Hochetschgebiets und trotz der rasanten Entwicklung der letzten Jahre nach wie vor auch kultureller Mittelpunkt des deutschsprachigen Südtiroler Gebiets. Sie liegt geschützt und umgeben von einem Kranz von Bergen in einem weiten Talkessel. Die Talfer (Talvera) mündet hier in den Eisackfluß (Isarco). Zwischen Eisack und Talfer breitet sich die Altstadt aus. Rechts der Talfer liegt der Stadtteil Gries. In südlicher Richtung, vor allem auf dem linken Eisackufer, erstreckt sich das beachtlich große Industriegebiet. Noch etwas weiter südlich mündet die Eisack dann in die Etsch (Adige).

Der Talkessel war schon in vorgeschichtlicher Zeit besiedelt. Der römische Feldherr Drusus errichtete dann um 15 v. Chr. das Kastell Pons Drusi, um die Räter abzuwehren. Als um 700 zuerst die Langobarden, dann die Franken über den Brenner nach Süden zogen, bestand bereits die römische Siedlung Bauzanum. Im Jahr 740 war Bozen Sitz eines bayrischen Gaugrafens. Als im Jahr 1004 König Heinrich II. die Grafschaft Bozen an die Bischöfe von Trient verlieh, war die Stadt bereits ein Treffpunkt von Kaufleuten aus Deutschland, der Schweiz und Italien. Im 13. Jahrhundert ging die Herrschaft an die Grafen von Tirol. Als 1363 Margarete Maultasch Tirol an Habsburg abgab, kam auch Bozen zu Österreich.

Bozen entwickelte sich mehr und mehr zur Handelsstadt. Im Jahr 1635 erhielt sie eine neue Wechsel- und Marktordnung. In den Napoleonischen Kriegen um das Jahr 1800 wurde auch Bozen in Mitleidenschaft gezogen. Gleichzeitig ging ihre Bedeutung als Handelsstadt zurück. 1809 kam es zum napoleonischen Italien, 1814 zu Österreich. Wie das ganze Südtiroler Gebiet kam die Stadt dann 1919 zu Italien.

Bei der Durchfahrt vom Brenner Richtung Gardasee merkt man im allgemeinen von Bozen nur, daß es sich um eine recht verkehrsreiche Stadt handeln muß. Man fährt am linken Eisackufer entlang, durchfährt in einem Straßentunnel den Virgl (Virgolo) 460 m, den man als schönen Aussichtsberg mit einer Schwebebahn vom rechten Eisackufer aus, (Talstation östlich der Loretobrücke) erreichen kann, und fährt auf der Via Claudia Augusta weiter Richtung Trient. Etwas weiter südlich zweigt eine gekennzeichnete Straße nach rechts durchs Industrieviertel ab, die dann zur Anschlußstelle der Autobahn, oder aber auch über die Eisack nach Meran führt.

Ausgangspunkt eines Stadtrundgangs ist am besten der **Waltherplatz**, der entweder vom Bahnhof aus über die Bahnhofstraße oder von der Loretobrücke über den Verdi-Platz und die Tiroler Etschlandstraße zu erreichen ist. Auf dem Waltherplatz, benannt nach Walther von der Vogelweide, dem Dichter und Minnesänger dieses Landes, stand früher auch sein Denkmal, das man aber jetzt in den Anlagen bei der Dantestraße nahe der Drususbrücke aufgestellt hat.

Im Süden des Platzes steht das bedeutendste gotische Bauwerk Südtirols, die **Stadtpfarrkirche.** 1180 urkundlich erwähnt, 1224 durch Brand teilweise zerstört war sie ursprünglich eine romanische Kirche. Doch daran erinnert nur noch der Haupteingang. In der heutigen Form stammt sie aus dem 14. Jahrhundert. Der schöne spätgotische Turm, das Wahrzeichen Bozens, stammt aus dem Anfang des 16. Jahrhunderts. Er wurde erbaut von Hans Lutz aus Schussenried und von Burghard Engelberg aus Augsburg. Der bereits erwähnte Haupteingang, das sogenannte Löwentor, läßt lombardischen Einschlag erkennen. Beachtenswert ist auch das Leitachertörl an der Nordseite, das zwar zugemauert ist, aber schöne Steinfiguren zeigt. Im zweiten Weltkrieg wurde die Kirche durch Bomben stark beschädigt, ist aber heute wieder hergestellt.

Im Innern der dreischiffigen Kirche zeigt eine prächtige Sandsteinkanzel ein weiteres Werk des bereits erwähnten Hans Lutz. Der barocke Hochaltar stammt von Ranghieri und Domenico Allio. Eine romanische Madonnenstatue aus Marmor aus dem 12. Jahrhundert steht in der Gnadenkapelle „Unsere liebe Frau im Moos". Im rechten Seitenschiff sind Fresken aus dem 14. und 15. Jahrhundert freigelegt.

Nördlich vom Waltherplatz kommt man zum **Kornplatz** (Piazza del grano). Durch eine kleine Gasse rechts erreicht man das im Jahr 1907 erbaute Rathaus. Vom Rathausplatz wieder nach links also nach Westen, führt die **Laubengasse** (Via dei Portici) mit ihren Häusern aus dem 17. Jahrhundert und ihren vielen Läden. Dort ist der **Merkantilpalast** (Haus Nr. 39), ein schöner Barockbau, der auch von der parallel verlaufenden Silbergasse aus erreichbar ist. Heute ist er Sitz der Handelskammer. Früher saß dort der Merkantilmagistrat. Der Bau wurde 1708—1727 von dem Veroneser Perotti erbaut und hat einen schönen Arkadenhof. Vormittags kann man den Prunksaal mit wertvollen Gemälden, Teppichen und Skulpturen besichtigen. Fast gegenüber, der Piazza Erbe zu, steht das alte Rathaus mit einem Säulenhof aus dem 15. Jahrhundert.

Nach der Laubengasse kommt man zum Obstplatz oder **Obstmarkt** (Piazza delle Erbe), der mit seinen schönen Bauten und seinem Leben und Treiben im Verein mit den Lauben einer der Hauptanziehungspunkte der Stadt ist. Durch die nördlich anschließende Franziskanergasse (Via Frances-

Bozen: der schöne Turm der gotischen Stadtpfarrkirche gegen das Massiv des Rosengarten

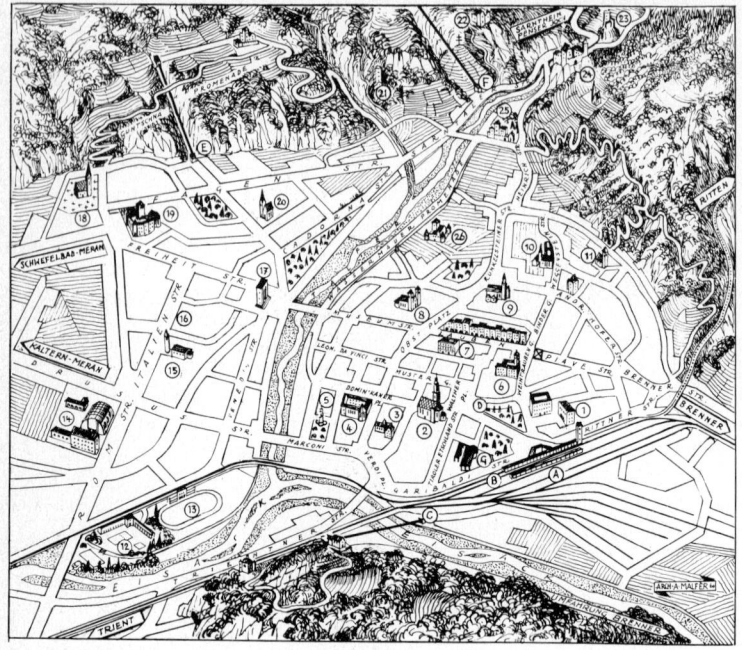

Bozen

A Hauptbahnhof
B Überetscher-u.
   Mendelbahn
C Schwebebahn zum
   Virgl
D Rittner-Zahnradbahn
E Guntschna-Seilbahn
   (aufgelassen)
F Schwebebahn nach
   Jenesien
G Autobahnhof

1 Landhaus
2 Pfarrkirche

3 Hauptpostamt
4 Dominikaner-
   Kreuzgang
5 Denkmal Walther von
   der Vogelweide
6 Rathaus
7 Handelskammer
8 Herz-Jesu-Kirche
9 Franziskaner-Kirche
10 Deutschhaus
11 St.-Johann-Kirche
12 Lido
13 Sportplatz
14 Messe (Eispalast)

15 Christ-König-Kirche
16 Ital-Automobil-Club
17 Sieges-Denkmal
18 Alte Pfarrkirche
   (Pacher-Altar)
19 Benediktinerabtei
   Muri
20 Evangel. Kirche
21 Gescheibter Turm
22 Ruine Rafenstein
23 Schloß Ried
24 Schloß Runkelstein
25 Schloß Klebenstein
26 Schloß Maretsch

cani) erreicht man rechts das **Franziskanerkloster** aus dem 14. Jahrhundert. Die Kirche wurde nach schweren Kriegsschäden wieder hergestellt. In einer Seitenkapelle, der Marienkapelle, befindet sich ein gotischer Schnitzaltar von Hans Klocker, der um 1500 entstanden ist. Ein schöner spätromanischer Kreuzgang schließt sich der Kirche an.

Von der Franziskanergasse zweigt vor dem Kloster die ebenfalls sehenswerte Dr. Streitlergasse und nach dem Kloster die Vintlergasse nach rechts ab. Man erreicht über beide die Bindergasse (Via Bottai), die ihrerseits wieder südwärts auf den Rathausplatz einmündet. Beim Übergang der Vintlergasse in die anschließende Andreas Hofer-Straße und am Ende der Bindergasse steht das Haus, in dem Andreas Hofer gefangen gehalten wurde. Gegenüber befindet sich ein Gebäude, das Kaiser Maximilian I. im Jahr 1512 erbauen ließ. Bereits in der Andreas Hofer Straße liegt die berühmte Weinstube Batzenhäusl (Cá de Bezzi). In der Bindergasse stehen einige weitere altberühmte Gasthöfe mit ihren schönen Wirtshausschildern. Auch dies verleiht dem ganzen Viertel ein mittelalterliches Gepräge.

Vom oben erwähnten Obstmarkt zweigt die Museumstraße nach Osten ab. An der Kreuzung mit der Sparkassenstraße (via cassa di risparmio) steht das sehr sehenswerte **Städtische Museum.** Hier sind frühgeschichtliche, etruskische und römische Funde und stadtgeschichtliche Sammlungen untergebracht. Auch Gemälde, Skulpturen usw. aus der Gotik, der Barockzeit, aber auch Trachten sind zu sehen. Die Öffnungszeiten sind 10—12 Uhr und 15—17 Uhr sonn- und feiertags nur vormittags, montags nur von 15—17 Uhr.

Vor der Talferbrücke geht man am Ufer der Talfer die **Bozner Wassermauer Promenade** (Passegiata Lungo Talvera Bolzano) entlang. Von dort hat man den berühmten Rosengartenblick und erreicht, wenn man weitergeht, das fünftürmige Schloß Maretsch aus dem 13. Jahrhundert. Ganz am Nordende der Promenade, bereits bei der St. Antonbrücke (Ponte S. Antonio), steht das Schloß Klebenstein. Noch weiter dahinter thront auf einem Felsen die sehenswerte **Burg Runkelstein.** Da es einiger Zeit bedarf, sie zu Fuß über die Runkelstein- und Heinrichstraße zu erreichen, kann man ihren Besuch bei einem Rundgang, für den man nicht allzu viel

Zeit eingeplant hat, eventuell auch aussparen. Wie aber auch immer, ein Besuch der Burg lohnt auf jeden Fall. Sie liegt 421 m hoch, stammt aus dem 13. Jahrhundert und ist mit eine der größten und schönsten Burganlagen Südtirols. Im 14. Jahrhundert wurde sie von Niklas von Vintler ausgebaut. Ende des vergangenen Jahrhunderts wurde sie restauriert. Zahlreiche Fresken aus dem 14. bis 16. Jahrhundert, die sich mit mittelalterlichen Lebensumständen und Sagen befassen — auch Tristan und Isolde sind darunter — kann man dort bewundern.

Auf der anderen Seite der Talferbrücke findet man längs des Westufers zunächst flußabwärts die Quireiner und flußaufwärts die Grieser Wasserpromenade. Am Siegesplatz steht das gewaltige italienische **Siegesdenkmal** (Monumento del Vittoria). Weiter über die Freiheitsstraße (Corso Liberta) kommt man zum Grieser Platz. Hier steht die **Benediktiner Abtei Muri** (Abbazia dei Benedittini Muri), eine ehemalige Burg, deren Bergfried als Glockenturm dient, und anschließend die schöne Stiftskirche, die im Spätbarockstil von Giuseppe Sartori Ausgang des 18. Jahrhunderts erbaut wurde. Die Altarbilder, Decken- und Wandgemälde stammen größtenteils von Martin Knoller. An der von dort weiterführenden Knollerstraße steht die **Alte Grieser Pfarrkirche.** Sie wird zwar bereits um die Mitte des 12. Jahrhunderts erwähnt, stammt aber in ihrer heutigen Form aus dem 15. Jahrhundert. Sehenswert ist hier vor allem der geschnitzte Altar von Michael Pacher, der in der Erasmuskapelle steht.

Von der Grieser Pfarrkirche kann man den gleichen Weg zurück zur Talferbrücke nehmen. Man kann aber auch von der Freiheitsstraße an der Duca d' Aosta Straße oder der Italienstraße nach Süden abzweigen, um die Drususallee zu erreichen. Nimmt man die Italienstraße, dann kommt man am Justizpalast (rechts) und an der Christ-König-Kirche (links) vorüber. Überquert man die Drususallee in Richtung Rombrücke, kommt man zum Messepalast, der auch als Kunsteislaufbahn dient. Dort gelangt man über den Neustifterweg zum Kloster Neustift. Zwischen Rombrücke und Drusus-Brücke, an der Mündung von Talfer und Eisack, ist der Lido, Badeanstalt und Hallenbad, Sportplatz und Sporthalle.

Geht man auf der Drususallee in östlicher Richtung und überquert die Drususbrücke, dann kommt man zu dem bereits erwähnten Denkmal Walthers von der Vogelweide. Man geht weiter die Marconi-Straße entlang. Die zweite Querstraße links ist die Kapuzinergasse. Dort kommt man an der Kapuzinerkirche (rechts) vorüber und erreicht den Dominikanerplatz. Die **Dominikanerkirche,** ursprünglich aus dem 13. Jahrhundert, mußte nach schweren Zerstörungen im 2. Weltkrieg wieder renoviert werden. Erhalten geblieben aber ist die Johanneskapelle aus dem 14. Jahrhundert mit schönen Fresken. Der spätgotische Kreuzgang weist ebenfalls Fresken aus dem 15. Jahrhundert auf. Vom Dominikanerplatz ist es nach rechts durch die Poststraße nicht mehr weit zum Waltherplatz und zu unserem Ausgangspunkt.

Hat man mehr Zeit zur Verfügung, dann kann man außer den bereits aufgeführten Zielen, dem schönen Aussichtspunkt Virgl und dem interessanten Schloß Runkelstein, auch mit der Seilbahn **Jenesien** (San Genesio Atesino) aufsuchen. Das als Höhenluftkurort gern besuchte Dorf liegt 1180 m hoch und bietet einen schönen Ausblick auf das Dolomitengebiet. Die Talstation der Bergbahn findet man talferaufwärts an der Sarntaler Straße. Auch eine Fahrt mit der Rittner Schwebebahn (Talstation Rittnerstraße, nicht weit vom Bahnhof) ist sehr empfehlenswert. Sie führt nach **Oberbozen.** Bei Oberbozen auf dem **Ritten** findet man außer den berühmten schönen Ausblicken auch interessante Erdpyramiden, durch Erosion stehen gebliebene Erdsäulen oder -nadeln, die durch einen Stein auf der Spitze vor Zerstörung geschützt sind. Das Hochplateau des Ritten ist allerdings auch auf einer ziemlich gut befahrbaren Autostraße, die von der Rentscherstraße (östliche Stadtausfahrt Richtung Brenner) abzweigt, zu erreichen.

Brescia

Brescia, mit ca. 220 000 Einwohnern, ist heute nach Mailand die wichtigste Stadt der Lombardei. Sie liegt sehr schön am Fuß des Colle Cidneo und der Vorhügel der Brescianer Alpen. Bereits im Mittelalter als Waffenschmiede bekannt, ist die Stadt auch heute noch ein bedeutendes Industriezentrum. Außerdem ist sie ein bedeutender Handelsplatz.

Für den Fremden ist vor allem die Altstadt mit den vielen Zeichen der Vergangenheit von Interesse. Hinzu kommt, daß im Herzen der Altstadt, äußerst kontrastreich, ein moderner Mittelpunkt in den Jahren des Faschismus errichtet wurde. Außerdem lockern viele Laubengänge und Renaissancebauten das Stadtbild auf.

Brescia, das römische Brixia, wahrscheinlich aber eine Gründung der Etrusker, wurde um das Jahr 200 vor Chr. römisch. Nach dem Untergang des Ostgotenreiches fiel es den Langobarden, später Karl dem Großen zu und erhob sich im 11. Jahrhundert zur freien Stadt. Im 12. Jahrhundert trat sie dem lombardischen Städtebund bei. Die folgende Zeit war sehr unruhig. Friedrich II. belagerte die Stadt 1238. Ezzelino da Romano erstürmte sie 1258, und Heinrich VII. eroberte sie 1311. Im 14. Jahrhundert war sie der Zankapfel der verschiedenen oberitalienischen Herrschaftshäuser. 1428 kam sie für dreieinhalb Jahrhunderte an Venedig und teilte dann ab 1797 das wechselnde Schicksal der oberitalienischen Städte. Dabei setzten sich die Brescianer besonders für die Freiheit ein. Berühmt ist das Zwischenspiel, die „Zehn Tage" (Dieci Giornate), ein Aufstand im Jahr 1849 gegen die Österreicher. Dies brachte der Stadt den Ehrentitel „Löwin Italiens" ein. Ab 1859 kam sie dann endgültig zu Italien.

Zu erwähnen ist noch, daß Brescia auch in der Kunstgeschichte eine Rolle gespielt hat. Vor allem waren es im 16. Jahrhundert die Maler Alessandro Bonvicino, der als il Moretto bekannt ist, und il Romanino, der eigentlich Girolamo Romano hieß. In diesem Zusammenhang können auch die Maler Foppa, Savoldo und Gambara genannt werden.

Von Desenzano kommend fährt man über die Piazza Venezia mit dem Arnaldo da Brescia Denkmal (Kirchenrevolutionär, im Jahr 1155 in Rom als Ketzer verbrannt) und weiter über die Via Trieste direkt zum Zentrum. Kommt man von der Autobahn, dann fährt man durch die Via Cassala über die Piazza Repubblica, den Corso Martiri della Libertà (linkerhand die schöne **Barockkirche S. Maria dei Miracoli)** und die Via Porcellago zur Stadtmitte. Dort, an der **Piazza della Vittoria,** von modernen Verwaltungsgebäuden und Hochhäusern umstanden, besteht Parkmöglichkeit. Genauso an der sich nördlich hinter dem Postamt anschließenden **Piazza della Loggia.**

Dieser Platz ist der alte Mittelpunkt, und hier erhebt sich im Westen der **Palazzo della Loggia** (das Rathaus), 1492—1579, mit einer mächtigen Säulenvorhalle. Der Entwurf soll von Bramante stammen, teilweise auch von Sansovino. Die Fenster sind von Palladio (1508—1580). Links vom Rathaus steht der **Monte Vecchio** (Monte di Pietà) oder Leihhaus mit einer schönen Frührenaissanceloggia von 1484 in venezianischem Stil und der **Monte Nuovo** von 1597 ebenfalls ein Palast, an dem der Einfluß des venezianischen Stils zu erkennen ist. Auch diese ganze Südseite mit dem Durchgang Vicolo Monte Nuovo ist sehr eindrucksvoll. Genauso ist der Blick vom Rathaus auf die gegenüber liegende Seite (Ostseite), die Fassade und den Bogengang mit dem beherrschenden **Torre del' Orologio** (Uhrturm) von 1552 sehr malerisch. Links vor dem Uhrturm steht ein Denkmal zur Erinnerung an die Dieci Giornate vom Jahr 1849. Der Durchgang durch den Uhrturm und die anschließende kleine Straße rechts führt zum **Domplatz.** Hier steht linkerhand der **Broletto,** das alte Rathaus (1187—1250) mit einer Säulenfassade, malerischen Innenhöfen und dem **Torre del Popolo** (Glockenturm). Am Eingang zum Hof ist rechts ein schönes Fresko. Der Bau wurde im 17. Jahrhundert erneuert und ist heute Verwaltungssitz.

Rechts vom Broletto steht der **Duomo Nuovo** mit mächtiger Säulenvorhalle und riesiger Kuppel (82 m) aus dem Jahr 1825. Es schließt sich an der **Duomo Vecchio** (Rotonda), die alte Kathedrale, ein Rundbau aus dem 11. Jahrhundert. Man gelangt in den äußerst interessanten Bau auf halber Höhe und sieht gegenüber auf den Hauptaltar. Um zu ihm zu gelangen, muß man die Stufen zum Gemeinderaum hinuntersteigen. Dort bemerkt man, daß die Kirche in drei Zeitepochen entstanden ist. Der älteste Teil ist eine Basilika aus dem 8. Jahrhundert, die Basilika S. Filiastro, die sogar Säulen aus dem 1. Jahrhundert unserer Zeitrechnung aufzuweisen hat. Es ist die heutige Krypta, denn der Fußboden dieser alten Basilika liegt unter der im 11. Jahrhundert erbauten Rotonda. Im 14. Jahrhundert kam dann über der Krypta der Teil, in dem sich heute der Hauptaltar befindet, hinzu. Im Innern sind außerdem zu erwähnen das Grabmal eines Bischofs und Bilder des Moretto (1498—1555) und Romanino (1485—1559).

Vom Broletto aus geht man in östlicher Richtung durch die Via dei Musei. Man kommt vorbei an der **Piazza Speri** (Aufstandsführer 1849) mit seinem Denkmal. Hier besteht die Möglichkeit, zum **Kastell** hinauf zu gelangen. Von der ursprünglichen Visconti-Burg, die später wesentlich erweitert wurde, und dem schön angelegten Park hat man einen Überblick über Stadt und Umgebung. Geht man in der Via dei Musei weiter, so kommt man am Tunnel vorbei, der unter dem Kastell zum nördlichen Stadtteil führt, und erreicht bei der **Piazza del Foro** teilweise freigelegte römische Bauten, u. a. das **Kapitol** (Tempio Capitolino) einen dem Jupiter, der Juno und der Minerva geweihten Tempel in korinthischem Stil und das **Römische Theater.** Hier befindet sich auch das **Museo Civico dell' Età Romana** (römisches Museum) in der u. a. die berühmte geflügelte Victoria, eine fast 2 m hohe Bronzestatue aus der Erbauungszeit des Kapitols zu sehen ist. In der unweit links abzweigenden Via Piamarta steht das **Museo dell' Età Cristiana e Medieovale** (Museum christlicher und mittelalterlicher Kunst). Auch dieses ist sehr interessant, u. a. befindet sich hier das berühmte Kreuz der Galla Placidia aus dem 5. Jahrhundert. Beim Museum ist die **Kirche S. Salvatore** aus dem 8. Jahrhundert mit schöner Krypta. Geht man südlich vom Forum durch die Via Galla bis zur Piazza Giovanni Labus und zweigt die erste Seitenstraße nach links ab, dann erreicht man die **Kirche S. Clemente,** die auf unbemalten Wänden viele wertvolle Gemälde von Moretto zeigt. Durch die Via Cattaneo kommt man zur Innenstadt zurück.

Man kann aber auch, wenn man Zeit hat, in südlicher Richtung, also von der Via Cattaneo nach links abbiegend, durch die Via Gallo und Via Crispi zur **Piazza Moretto** mit einem Denkmal des Malers gelangen. Hier steht die bedeutende **Pinacoteca Tosio-Martinengo,** die Städtische Gemäldesammlung, mit Werken von Foppa, Moretto, Romanino, Lotto und Raffael. Nahe bei der Pinakothek steht an der Via Francesco Crispi die **Kirche Sant' Afra** mit Werken von Tintoretto und Veronese.

Die Rückkehr erfolgt durch die Via Crispi dann links über den Corso Magenta und den Corso Zanardelli mit schönen Bauten, eine der Hauptgeschäftsstraßen der Stadt. Auf der rechten Seite des Corso Zanardelli steht das Teatro Grande aus dem 18. Jahrhundert. Man kann aber auch von der Piazza Moretto die gleichnamige Straße nach links entlang gehen. Man kommt dann an der **Kirche Sant' Alessandro**

Brescia: Tempio Capitolino, das Kapitol aus dem 1. Jahrhundert

mit schönen Bildern, u. a. von Bellini, vorbei. An der San Lorenzo Kirche vorüber erreicht man die Via Gramsci, auf der man in nördlicher Richtung, nach rechts, wieder die Piazza Vittoria erreicht.

An der Nordseite der Piazza Vittoria steht die eigenartige einschiffige **Kirche S. Agatha.** Sie ist vollständig ausgemalt, auch die Säulen und Ballustraden sind nur in plastischer Malerei dargestellt.

Man kann von hier aus noch folgenden Rundgang durch den südlichen und westlichen Stadtteil anschließen. Durch den südwestlich führenden Corso Martiri della Libertà, vorbei an der rechts stehenden kleinen **Kirche Madonna dei Miracoli** mit einem sehr schönen Renaissancevorbau gelangt man, nach rechts abbiegend, in die Via Fratelli Bronzatti mit der **Kirche SS. Nazarro e Celso** mit Bildern von Moretto und Tizian. Auf dem Rückweg biegt man hinter der Kirche Madonna dei Miracoli nach links ab und kommt in der Via S. Francesco d' Assisi zur Kirche **S. Francesco.** Sie stammt aus dem 13. Jahrhundert und hat ein eindrucksvolles Portal. Sie ist dreischiffig und weist an den Wänden, vor allem rechts vom Eingang, schöne alte Fresken auf. Rechts vom Altar führt ein Durchgang zu einem kleinen gotischen Kreuzgang. Nördlich weiter durch die Via della Pace, vorbei an der **Kirche della Pace** auf der linken Seite bis zu einem alten Turm, dem **Torre della Pallato.** Dort zweigt man nach rechts in den Corso Mameli ab. Von dieser ziemlich engen, malerischen Straße biegt man an dem linker Hand in ein Eckhaus eingebauten Brunnen in die Seitenstraße ab und kommt zur **Kirche S. Giovanni Evangelista,** die zwar aus dem 15. Jahrhundert stammt, ein schönes Portal im Renaissancestil hat, jedoch im Innern erneuert ist. Allerdings birgt sie dort einige Gemälde von Moretto und Romanino.

Durch eine östlich führende Seitengasse erreicht man die Via S. Faustino, die nach wenigen Schritten zur Piazza della Loggia führt. Bei der Via S. Faustino, machen wir auf zwei Abzweigungen nach links aufmerksam. Die erste ist die Via Capriolo und führt zur **Kirche S. Maria delle Grazie** aus dem 16. Jahrhundert mit schöner Ausstattung und mit Bildern Morettos. Durch die zweite Abzweigung links, die Contrada del Carmine, gelangt man zur Kirche **Madonna del Carmine** aus dem 15. Jahrhundert mit schöner Fassade, und geht man die Via S. Faustino in nördlicher Richtung weiter, so erreicht man die Kirche SS. Faustino e Giovità aus dem 17. Jahrhundert, die den Schutzheiligen der Stadt geweiht ist.

Hat man nur wenig Zeit — der oben aufgeführte Rundgang dürfte nahezu einen Tag in Anspruch nehmen —, dann kann man auch nur die drei Plätze im Stadtzentrum und ihre nächste Umgebung durchstreifen. Einen Eindruck erhält man auf jeden Fall, obwohl natürlich ein Besuch der Kirchen S. Giovanni Evangelista und San Clemente, des Kapitolinischen Tempels und der beiden Museen, wie auch der Pinacoteca Tosio-Martinengo das Bild abrunden würden.

Einige Kilometer außerhalb von Brescia, an der Straße Richtung Desenzano, ist im Vorort Sant'Eufemia die Talstation einer Seilbahn, die nach Cavrelle bzw. zum **Monte Maddalena** (875 m) führt. Man hat von dort einen schönen Ausblick. Auf einer Autostraße, der sogenannten Hügelstraße, ist der Aussichtsberg ebenfalls zu erreichen.

Cremona

Die Hauptstadt der gleichnamigen Provinz hat 85 000 Einwohner. Obwohl etwas abseits der üblichen Touristenwege — man fährt meist vorbei, weil der Süden lockt — lohnt ein Besuch trotzdem. Von Desenzano am Gardasee sind es auf guten Straßen ohnehin kaum mehr als 80 Kilometer. Bei Benutzung der Autobahn Brescia — Piacenza wird die Fahrzeit noch kürzer. Berühmt und bekannt ist die Stadt auch als Geburtsort von Monteverdi (Komponist), Amati, Stradivari und Guarneri (Geigenbauer).

Die ursprünglich keltische Siedlung kam im Jahr 220 vor Chr. unter römische Herrschaft. U. a. soll hier der in der Nähe von Mantua geborene Dichter Vergil einen Teil seiner Studienjahre verbracht haben. Auch soll der Feldherr Quintilius Varus, der von Hermann dem Cherusker im Teutoburger Wald geschlagen wurde, hier geboren worden sein. Zur Zeit der Völkerwanderung hatte die Stadt durch die Hunnen, Goten, Langobarden und Franken zu leiden. Mehrere Male wurde sie zerstört. Im Kampf gegen Mailand stand die Stadt auf der Seite von Friedrich Barbarossa. Für seinen Enkel, Friedrich II., war die Stadt ein Lieblingsaufenthalt, außerdem ein Hauptstützpunkt!

Im Jahr 1334 kam Cremona zu Mailand. Es folgte die Herrschaft der Visconti und Sforza. Vorübergehend, von 1439—1509, unterstand sie der Republik Venedig. Nach der spanischen Besetzung kam sie 1713 zu Österreich. Der weitere Geschichtsablauf entspricht dem des ganzen oberitalienischen Gebietes. Zu erwähnen ist noch, daß die Stadt im 16. und 17. Jahrhundert ein bedeutender Mittelpunkt geistigen und vor allem künstlerischen Lebens gewesen ist.

Die Stadt hat verschiedene mittelalterliche und Renaissance-Bauwerke aufzuweisen. Trotzdem liegen die wichtigsten Sehenswürdigkeiten, der Dom, das Baptisterium, das Rathaus und der Palazzo dei Militi im Zentrum an der **Piazza del Comune.** Der **Torrazzo,** ein 111 m hoher Glockenturm, ist das Wahrzeichen der Stadt. Es ist der höchste Campanile Italiens und wurde in der 2. Hälfte des 13. Jahrhunderts erbaut. Anfang des 14. Jahrhunderts erhielt er den eigenartigen achtkantigen Aufbau mit der Turmspitze. Über rund 500 Stufen kann man zur Galerie aufsteigen. Es bietet sich von dort eine weite Aussicht über Stadt und Umgebung.

Durch die **Loggia della Bertazzola,** einen Renaissance-Säulengang, Ende des 15. Jahrhunderts begonnen, aber erst 1738 vollendet, ist der Turm mit dem **Dom** verbunden. Dieser lombardisch-gotische Dom, der auf das 12. Jahrhundert zurückgeht, hat eine überaus prächtige Fassade mit einem schönen Renaissancegiebel. Die Rosette stammt aus dem Jahr 1274. Im dreischiffigen Innenraum findet man Fresken aus dem 16. Jahrhundert u. a. von Cordenone und Boccaccino, flämische Gobelins aus dem 17. Jahrhundert, zwei Kanzeln und ein Chorgestühl aus dem 15. Jahrhundert und in der Krypta ein Grabmal von Briosco.

Neben dem Dom steht das achteckige **Baptisterium** aus dem Jahr 1176, das allerdings später abgeändert wurde. Das Taufbecken stammt aus dem 16. Jahrhundert. Die gegenüber liegende **Loggia dei Militi** aus dem Jahr 1292 zeigt eine spitzbogige Säulenhalle und dreibogige Fenster. Sie diente den Offizieren der Stadtwache als Versammlungsraum. Der vierte interessante Bau ist der Anfang des 12. Jahrhunderts erbaute **Palazzo del Comune** (Rathaus). Das mit Terrakotten, die allerdings später hinzukamen, verzierte Gebäude, wird auch als Palazzo dei Ghibellini bezeichnet.

Nördlich vom Dom ist das heutige Zentrum der Stadt, die **Piazza Roma** mit Gartenanlagen. Über den Corso Mazzini gelangt man zum **Palazzo Fodri,** einem Renaissancebau aus dem

16. Jahrhundert mit einem sehr schönen Innenhof. Auch der **Palazzo Afaitati** in der Via Ugolati Dati, die man vom Corso Mazzini in nordwestlicher Richtung durch die Galleria XXV Aprile und über den Corso Campi und die Via Palestro erreicht, hat einen schönen Innenhof mit einem Treppenhaus. Er stammt aus dem Jahr 1561. Heute ist dort das **Museo Civico,** das Städtische Museum, untergebracht. Zahlreiche Gemälde der Cremoneser Schule aus dem 16. Jahrhundert u. a. von Boccaccino, Campi und Gatti sind dort neben Werken der venezianischen, emilianischen, neapolitanischen und flämischen Malschule untergebracht. Auch ein Stradivari-Saal mit Erinnerungsstücken kann besichtigt werden.

In der bereits erwähnten Via Palestro steht außerdem der **Palazzo Stanga,** der einen mit Terrakotten geschmückten Innenhof hat. Am Corso Garibaldi in nördlicher Richtung steht der **Palazzo Belloni.** Geht man in südlicher Richtung, dann erreicht man an der Piazza Garibaldi den **Palazzo del Popolo** aus dem Jahr 1256, der auch Palazzo dei Guelfi genannt wird. Gegenüber steht die Kirche Sant' Agata mit einem romanischen Glockenturm. Über den Corso Campi erreicht man rechts den Corso Vittorio Emmanuele. Beim Teatro Ponchielli zweigt man nach links ab zur **Kirche San Pietro al Po** aus dem 16. Jahrhundert. Hier findet man reiche Stuckornamente und wiederum Werke aus der Cremoneser Malschule.

Für Interessenten ist u. U. noch der Besuch des **Stradivari-Museums** empfehlenswert. Alte Instrumente, Zeichnungen und Modelle sind dort zu sehen. Das Museum im Palazzo dell' Arte, das von 9—12 und von 15—17 Uhr, an Sonn- und Feiertagen nur vormittags, geöffnet ist, steht an der Piazza Marconi, die sich in südwestlicher Richtung nicht weit von der oben beschriebenen Piazza del Comune befindet.

Mantua (Mantova)

Die Stadt Mantua hat heute rund 65 000 Einwohner, ist Provinzhauptstadt und gehört zur Region Lombardei. Der Unterlauf des aus dem Gardasee kommenden Mincio bildet hier drei flache seenartige Becken. Es sind dies im Nordwesten der Lago Superiore, im Norden der Lago di Mezzo, im Osten der Lago Inferiore. Teilweise ist die alte Stadt noch von Bastionen und Befestigungsmauern umgeben. Dank der großartigen Bauten aus der Gonzagazeit zählt Mantua mit zu den schönsten und interessantesten oberitalienischen Städten. Ein Besuch ist sehr lohnend.

Mantua ist eine Gründung der Etrusker und bekannt als Heimatstadt Vergils (70—19 v. Chr.), derin dem nahe liegenden Virgilio geboren wurde. Nach dem Fall Roms kam es unter die Herrschaft der Goten, der Langobarden und Franken. Unter den Staufern gewann die Stadt im 12. und 13. Jahrhundert an Bedeutung und erlebte dann ihre größte Zeit unter der Herrschaft der Gonzaga, die es von 1328, zuerst als Markgrafen, dann als Herzöge, bis zu ihrem Aussterben im Jahr 1708 regierten. 1708 kam die Stadt zu Österreich. Von 1797 bis 1799 und von 1801 bis 1814 war sie französisch. In diese Zeit (1810) fällt auch die Erschießung Andreas Hofers unter Napoleon I. Bis 1866 gehörte dann die Stadt noch zu Österreich.

An der **Piazza Sordello** steht der riesige **Palazzo Ducale,** die Residenz der Gonzaga. Die Führung durch den Palast, der aus mehreren Bauten verschiedener Perioden besteht und allein 15 Höfe und mehr als 500 Räume umfaßt, nimmt längere Zeit in Anspruch (Zutritt nur mit Führung). Hier die Fülle des Sehenswerten in Stichworten: Intarsientische aus dem 16. Jahrhundert. Flämische und französische Gobelins, teilweise nach Entwürfen Raffaels. Hauskapelle, Decke mit Sternbildern. Schlafzimmer Napoleons I. Flüsse-Saal mit Allegorien der Flüsse. Speisesaal mit großem Dachgarten. Wohnung Maria Theresias mit Bett aus dem 18. Jahrhundert. Gestickte Seidentapeten. Mohrenzimmer mit Decke nach Entwurf Tintorettos. Spiegelsaal mit Decke in pompeianischem Stil, Wände barock, diente auch als Theater. Zwergenhaus mit eigener Kapelle, diente als Wohnung der Liliputaner (Hofnarren). Saal mit Kassettendecke und griechischen und römischen Skulpturen. Aufgang zur Burg, ältester Teil, aus dem 14. Jahrhundert, über Pferdetreppen. Camera degli Sposi mit Fresken Mantegnas. Ausstellungsgalerie, 60 m lang, mit holzgeschnitzter Decke. Witwenwohnung der Isabella d'Este (Studierstube, Musikzimmer, Intarsien, Wandschränke, geschnitzte Decken).

Gegenüber dem Palazzo Ducale liegt der **Dom.** Ursprünglich aus dem 11. Jahrhundert, wurde er nach einem Brand im 16. Jahrhundert nach Plänen des Giulio Romano erneuert. Die Fassade ist aus dem 18. Jahrhundert. Der Glockenturm ist romanisch (12. Jahrh.). Im Innern Deckenbemalungen in

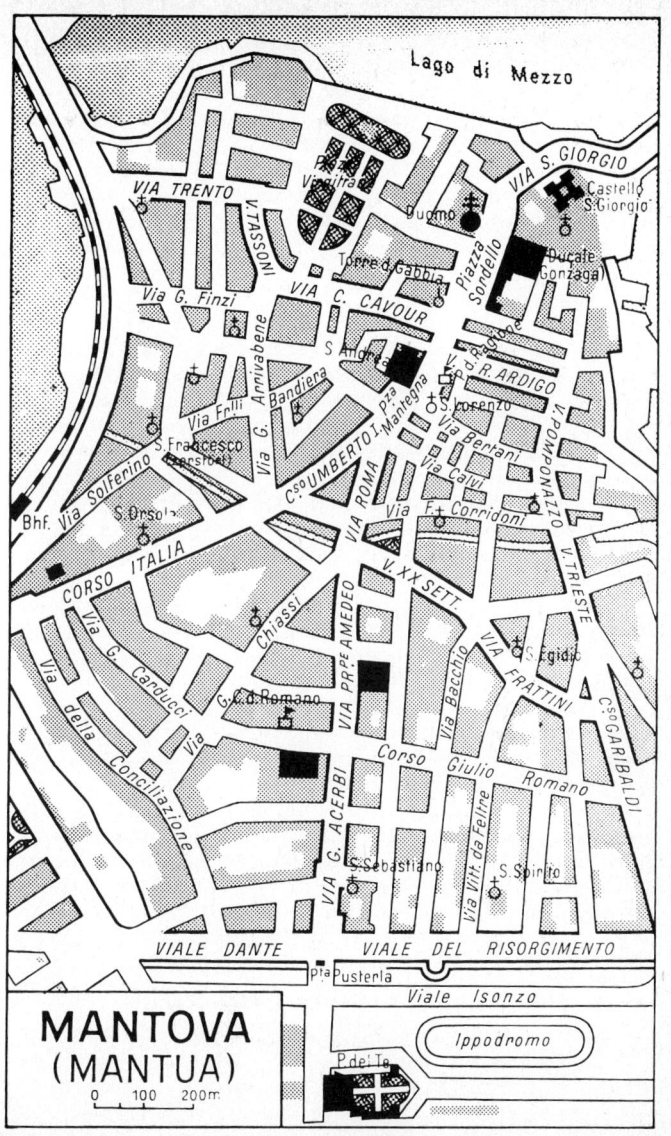

Lago di Mezzo

VIA S. GIORGIO

VIA TRENTO

P.za
Virgiliana

Duomo

Castello
S.Giorgio

Ducale
Gonzaga

Piazza
Sordello

INSOSSALT

Torre d.Gabbia

Via G. Finzi

VIA C. CAVOUR

Via Frlli

Via G. Annvabene

Via G. Bandiera

S.Angelo

P.za
Mantegna

V. d. G.
R. ARDIGO

S.Lorenzo

V. POMPONAZZO

Via Bertani

Via Calvi

S.Francesco
(Karsténf)

Bhf. Via Solferino

S. Ursola

CORSO ITALIA

Via G. Carducci

Via della Conciliazione

Via

Cso UMBERTO I -Mantegna

VIA ROMA

Via F. Corridoni

V. XX SETT.

VIA PPE AMEDEO

Chiassi

G.d.Romano

Via Bacchio

V. TRIESTE

VIA FRATTINI

S.Egidio

Cso GARIBALDI

Corso Giulio Romano

VIA G. ACERBI

S.Sebastiano

Via Vitt. da Feltre

S.Spirito

VIALE DANTE

VIALE DEL RISORGIMENTO

P.ta Pusterla

Viale Isonzo

Ippodromo

P.del Te

MANTOVA
(MANTUA)

0   100   200 m.

Apsis und Kuppel. Vom Seitenschiff aus gelangt man durch Seitengang zur Kapelle Incoronata mit einem alten Madonnenbild.

Südlich des Doms, noch an der Piazza Sordello, der **Palazzo Vescovile**, Bischöfliches Palais (18. Jahrh.), der **Palazzo Bonacolsi** (jetzt Castiglioni) aus dem 13. Jahrhundert, und der Palazzo Cadenazzi mit dem imposanten **Torre della Gabbia** (Käfigturm), ebenfalls aus dem 13. Jahrhundert. Im Eisenkäfig an der Seite des 55 m hohen Turmes sollen früher die Gefangenen zur Schau gestellt worden sein.

An diesem Turm vorbei, unter einer Straßenüberdachung hindurch, gelangt man zur Piazza del Podesta. Hier steht der **Palazzo del Podesta** und der **Torre del Comune** (Rathausturm). Am Palazzo del Podesta ist die sitzende Statue eines lesenden Mannes aus dem 12. Jahrhundert eingelassen, die den Dichter Vergil darstellen soll. Links an dieses Gebäude schließt sich eine Straßenüberbrückung mit einer Loggia mit acht Doppelsäulen über vier einfachen Säulen an. Es ist der frühere **Arengario.** An der Decke des Durchgangs sieht man noch vier eiserne Ringe, die Aufhängevorrichtung für die Sträflinge. In der Mitte des Platzes steht ein kleiner Fischbrunnen.

Immer noch in südwestlicher Richtung folgt unmittelbar darauf die Piazza delle Erbe. Hier erhebt sich links der **Palazzo della Ragione** (Gerichtsgebäude) aus dem 13. Jahrhundert (erneuert) mit Arkaden und einem Uhrturm aus dem 15. Jahrhundert. Die Uhr wurde im Jahr 1473 von dem Astronomen Manfredi hergestellt. Neben dem Uhrturm das älteste Bauwerk der Stadt, die **Rotonda di S. Lorenzo,** eine kleine romanische Rundkirche aus dem 11. Jahrhundert. Auf der rechten Seite der Piazza Erbe, die auch hier von Arkadenhäusern begrenzt wird, erhebt sich die **Kirche Sant' Andrea.** Der Zugang zur Basilika ist von der anschließenden Piazza Mantegna aus. Begonnen im 15. Jahrhundert nach Plänen des Leon Battista Alberti, Kuppel 18. Jahrhundert. Der links neben der Kirche stehende gotische Glockenturm aus dem Jahr 1414 gehörte zu der vorher dort stehenden Kirche.

Mantua: Blick durch den Säulengang des Palazzo Ducale zum Dom

Im Innern fällt vor allem die Kassettendecke auf. In der Kuppel sehr schöne Deckengemälde. In der ersten Kapelle links das Grab des Andrea Mantegna.

Links, schräg gegenüber vom Eingang zur Basilika, praktisch am Südende der Piazza delle Erbe, steht die **Casa di Boniforte,** ein Haus über einem von Säulen getragenen Bogengang mit terrakottaverzierten Fenstern und Gesimsen aus dem 16. Jahrhundert.

Weiter in südlicher Richtung durch die Via Roma am Municipio vorbei zur Piazza Martiri, links davon der Fischmarkt und der in einer Anlage stehende **Turm San Domenico** aus dem 15. Jahrhundert. Hier ist gegenüber auch die Hauptpost. Nur wenige Schritte entfernt ist das Stadttheater aus dem Jahr 1822. Weiter durch die Via Marangoni kommt man zur **Kirche San Francesco** in gotischem Stil aus dem 14./15. Jahrhundert. Vom Stadttheater westlich am Corso Vittorio Emmanuele steht die **Kirche Sant'Orsola** mit achteckigem Grundriß nach Entwürfen von A. M. Viani aus dem 17. Jahrhundert und von der Piazza Martiri in südwestlicher Richtung steht an der Via Giovanni Chiassi die **Kirche San Maurizio,** ebenfalls von Viani mit einigen schönen Gemälden.

Von der Piazza Martiri geht man weiter durch die Via P. Amadeo, an der Präfektur vorbei und gelangt zur Straßenkreuzung mit der Via Roma. In dieser Straße, auf der linken Seite der **Palazzo della Giustizia** im Barockstil, früher Palazzo Colloredo von Giulio Romano, gegenüber das Haus, das sich Romano selbst erbaute. Links, am Ende der Straße, die Kirche S. Barnaba. In der gleichen Richtung wie die Via Amadeo weiter durch die Via G. Acerbi, vorbei an dem rechts stehenden Haus des Mantegna, einem schönen Renaissancegebäude aus dem Jahr 1476, dann links die **Kirche S. Sebastiano** aus dem 15. Jahrhundert (restauriert 1925 und seither Ehrenhalle für die Gefallenen), dann weiter durch die Viale Te zum **Palazzo del Te.**

Der einstöckige Palast, im Auftrag der Gonzaga von Giulio Romano in den Jahren 1525—1535 erbaut, ist gleichzeitig dessen Hauptwerk. Das Bauwerk besteht aus einem Quadrat mit je 65 m Seitenlänge. In der Mitte befindet sich ein Innenhof. Von diesem Innenhof besteht durch einen Portikus der Zugang zu dem schön angelegten Garten. Diese prunkvoll mit Mosaikfußböden ausgestatteten Räume sind mit Fresken und Reliefs geschmückt. Zu erwähnen sind der Pferdesaal, der Saal der Psyche, der Monatssaal mit Tierkreiszeichen, und besonders wirkungsvoll der Saal mit dem Sturz der Giganten.

Östlich vom Palazzo del Te, am Hippodrom vorbei, oder über die Viale Risorgimento, erreicht man bei der Porta Cerese den nach Norden führenden Corso Giuseppe Garibaldi. Dort steht rechts die **Kirche Santa Caterina** aus dem 14. Jahrhundert, im 18. Jahrhundert erneuert, und nicht weit dahinter die sehenswerte Kirche **Santa Maria Gradaro** mit frühgotischer Fassade bzw. Portal aus dem 13. Jahrhundert.

Im Norden der Stadt kann man von der Piazza Sordello in westlicher Richtung durch die Via Cairoli die Piazza Vergiliana erreichen, eine große Parkanlage mit einem riesigen **Vergildenkmal.** Man berührt diese Anlage auch, wenn man vom Gardasee aus Richtung Verona kommend in die Via Trento nach links abbiegt und weiter über die Via Cairoli dann zur Piazza Sordello gelangt. Dort gibt es auch Parkmöglichkeiten.

Meran (Merano)

Mit 35 000 Einwohnern zählt Meran zu den meistbesuchten Kurorten Oberitaliens. Umgeben von großartigen Bergen, ausgebreitet auf weitem Talboden, der durch den Zusammenfluß von Passer und Etsch gebildet wird, hat es nicht nur eine herrliche Lage, sondern bietet auch den Vorteil eines milden Klimas. Für Rekonvaleszenten ist ein Aufenthalt dort besonders geeignet. Im Gegensatz zu den meisten übrigen Ferienorten ist dort das Frühjahr und der Herbst die Hauptsaison (Traubenkur). So bekannt wie das milde Meraner Klima mit seiner geringen Luftfeuchtigkeit, so bekannt ist außerdem das Gemüse und das Obst aus dieser Gegend. Eine zusätzliche besondere Komponente erhält das ohnehin schon günstige Heilklima Merans durch die im Talbecken wirksame Radioaktivität.

Meran und der ganze Vintschgau waren schon sehr früh besiedelt. Der heutige Name Vintschgau wird von den Venosten, einem Illyrer-Stamm, abgeleitet. Um 15 vor Chr. eroberte Drusus das Gebiet. Es entstand das Castrum Maiense im Gebiet der heutigen Zenoburg. Gegen Ende des 5. Jahrhunderts wurde das Land durch den Räterapostel St. Valentin christianisiert. Während sich bayerische und langobardische Einflüsse langsam geltend machten, lebte hier im 8. Jahrhundert der Bischof Korbinian von Freising. Um das Jahr 1000 wurde die Herrschaft den Bischöfen von Trient vom König Heinrich II. übertragen. Im 12. Jahrhundert wurde das Schloß Tirol Sitz der Grafen von Tirol. Um diese Zeit taucht auch erstmals der Name Meran auf.

Im 13. Jahrhundert kommt Meran als Burggrafenamt an die Grafen von Tirol. 1317 erhält Meran Stadtrecht. 1438 erhebt sie der Habsburger Friedrich II. zur Landeshauptstadt. Als die Residenz nach Innsbruck verlegt wurde, verlor Meran an Bedeutung. Aus der Zeit der Franzosenkriege ist zu erwähnen, daß Andreas Hofers Aufgebot auch am Küchelberg gekämpft hat. Die Bayern blieben bis 1813 in Meran. Von da ab kam die Stadt wieder zu Österreich und teilte dann die Geschichte des ganzen Gebietes. Als Kurort wurde Meran erst im Lauf des letzten Jahrhunderts bekannt.

Wenn man vom Gardasee her, entweder über Bozen oder über das Gampenjoch und Lana bzw. Marling, nach Meran einfährt, findet man entweder vor der Theaterbrücke nach rechts abzweigend, noch am linken Passerufer an der Thermenstraße, einen Parkplatz, oder nach Überquerung der Brücke bei der am Kornplatz abzweigenden Mainhardstraße. Auch über die Postbrücke von der Romstraße herkommend gibt es rechter Hand beim Sandplatz Parkmöglichkeiten.

Vom Parkplatz an der Thermenstraße geht man über die Postbrücke. Nach links führt die **Passerpromenade** am rechten Passerufer mit schönen Anlagen am Kurhaus vorbei. Die Parallelstraße ist die Freiheitsstraße. Sie endet am **Sandplatz** (Piazza della Rena). Man sieht das **Bozener Tor** aus dem 14. Jahrhundert das mit einem Doppeladler aus dem 15. Jahrhundert geschmückt ist. Auf der anderen Seite des Turms sieht man Wappen von Meran, Tirol und Österreich. Durch das Tor kann man direkt zur Pfarrkirche gelangen.

Wendet man sich vom Sandplatz aus nach rechts, dann kommt man an der Kirche der englischen Fräulein (Anfang unseres Jahrhunderts) und der **Mariensäule** aus dem 18. Jahrhundert vorbei in das malerische Gartengäßchen. Nach links abzweigend kommt man durch das Kallmünzgäßchen zum Steinachplatz. Durch die Turmgasse sieht man das Passeiertor einen hohen, schlanken Torturm mit viereckigem Pyramidendach. Dahinter erhebt sich die **Zenoburg,** eine Wehrburg, die zu Beginn des 12. Jahrhunderts erbaut wurde. 1347 wurde sie zerstört. Erhalten ist der Bergfried und teilweise die Burgkapelle, deren Portal sehr sehenswert ist.

Den Besuch der Zenoburg kann man sich für einen zweiten Rundgang vormerken, wenn man vom Kurhaus die **Winterpromenade** (am andern Ufer ist die **Sommerpromenade)** am **Steinernen Steg** aus dem Jahr 1620 vorbei zum **Tappeiner Weg,** dem berühmten Aussichtsweg am Hang des Küchelbergs, hinaufgehen will. Der Name stammt von Dr. Franz Tappeiner, der ihn zunächst auf eigene Kosten anlegen ließ. Verschiedene Male wurde er erneuert und endet jetzt in Gratsch. Einen der schönsten Blicke auf Meran mit seiner Stadtkirche hat man vom mittelalterlichen Pulverturm aus. Ganz bequem kann man den Tappeiner Weg und den von ihm abzweigenden **Tiroler Steig,** der direkt zum Dorf und Schloß Tirol führt, mit dem Sessellift erreichen. Die Talstation ist bei der Landesfürstlichen Burg in der Galilei-Straße.

Doch zurück zum kleinen Stadtrundgang. Von der Turmgasse nach links durch die Hallergasse oder die Passeiergasse kommt man zur **Stadtpfarrkirche St. Nikolaus.** Im dreischiffigen Hallenbau aus dem 14./15. Jahrhundert befinden sich ein schöner Flügelaltar, Fresken, Skulpturen und Gemälde. Der charakteristische schöne Turm ist das Wahrzeichen der Stadt. Gleich hinter der Kirche ist die achteckige zweigeschossige **St. Barbara-Kapelle** aus dem 15. Jahrhundert. Auch hier befindet sich ein Flügelaltar aus dem 15. Jahrhundert und zwei sehenswerte barocke Seitenaltäre, außerdem eine Pietà aus dem 16. Jahrhundert.

Vom Pfarrplatz zweigt die **Laubengasse** ab. Diese sehenswerte mittelalterliche Straße zieht sich bis zum Kornplatz. Die Bogengänge der Nordseite, dem Küchelberg zu, heißen Berglauben, die dem Fluß zu gelegenen Wasserlauben. Die Frontseiten der Gebäude sind schmal, umso tiefer sind die Grundstücke, auf denen oft außer kleinen Innenhöfen auch Hinterhäuser stehen. An der Ecke zur Galileistraße steht das Rathaus aus den dreißiger Jahren unseres Jahrhunderts. Durch einen Durchgang oder über die Galileistraße erreicht man die **Landesfürstliche Burg.** 1450 von Herzog Sigismund erbaut, gleicht sie eher einem Bürgerhaus, auch wenn sie zinnengekrönt ist und einen kleinen Turm hat. Das Innere ist sehr sehenswert. U. a. Mobiliar und ein Majolika-Ofen aus dem 15. Jahrhundert, Skulpturen, Gemälde und Rüstungen. Öffnungszeiten werktags 9—12 und 15—18 Uhr.

Gegenüber der Burg ist die Talstation des bereits erwähnten Sessellifts. Nicht weit davon, ebenfalls in der Galileistraße, steht links das **Städtische Museum** mit prähistorischen Sammlungen, Mineralien, Holzplastiken, Bildern und Trachten. Öffnungszeiten werktags 10—12 Uhr. Von der Galileistraße nach links durch das **Vintschgauer Tor** aus dem 14. Jahrhundert, das wiederum mit Wappen von Meran, Tirol und Österreich geschmückt ist. Rechts daneben ist die **Kapuzinerkirche,** ein Barockbau. Im Innern einige schöne Passionsbilder. Wieder wenige Schritte im lebhaften Rennweg weiter kommt man rechts zum Kornplatz. Dort kann man im Treppenhaus des etwas zurückgesetzten Gebäudes, der heutigen Sparkasse, Fresken sehen, die aus der ehemaligen Kirche des **Klarissinnenklosters** stammen. Weiter rückwärts befindet sich der Kreuzgang.

Vom Kornplatz über die Mainhardstraße oder am Ende des Rennwegs vom Theaterplatz nach rechts abzweigend über die Freiheitsstraße erreicht man den Bahnhof mit schönen Anlagen und einem Andreas Hofer-Denkmal. Hinter dem Bahnhof, vom Mazzini-Platz zur St. Josefstraße abzweigend, erreicht man den Städtischen Friedhof, dem ein Soldatenfriedhof angegliedert ist. In der Otto-Huber-Straße stand früher das Kurmittelhaus, das dem neuen Kurzentrum an der Thermenstraße gewichen ist. Am Theaterplatz an der Freiheitsstraße in Richtung Kurhaus — Sandplatz steht das **Stadttheater.** Über die Passerpromenade am Kurhaus vorbei kann man den Ausgangspunkt Sandplatz ebenfalls erreichen.

Am linken Passerufer, nach Verlassen der Postbrücke, steht am Anfang der Romstraße die **Spitalkirche zum Heiligen Geist.** Der spätgotische Bau aus dem 15. Jahrhundert hat ein zweiteiliges Spitzbogenportal und eine schöne Fensterrose. Sehenswert im Innern sind der neugotische Hochaltar mit Seitenflügeln, ein Fresko über dem Altar aus dem 15. Jahrhundert, eine Kreuzigungsgruppe und verschiedene Skulpturen und Gemälde. Über die an der Kirche abzweigende Cavourstraße, aber auch über die Sommerpromenade entlang der Passer, kommt man zur **St. Georgskirche.** Sie wird bereits im 13. Jahrhundert erwähnt. Chor und Turm stammen aus dem 14./15. Jahrhundert, eine Seitenkapelle aus den Anfängen des 16. Jahrhunderts. Anfang unseres Jahrhunderts wurde sie vergrößert. Außerhalb sind noch einige Wandgemälde zu erkennen. Im Innern hat sie einige schöne Gemälde — auch Gewölbemalerei — aus dem 18. Jahrhundert.

Meran hat dank seiner reizvollen Lage eine Fülle von Ausflugszielen anzubieten. Falls man beim Tagesausflug vom Gardasee noch etwas Zeit hat, sollte man wenigstens einen Teil des oben erwähnten Tappeiner Wegs begehen. Auch von dort kann man über den Tiroler Steig **Dorf und Schloß Tirol** besuchen. Mit dem Wagen fährt man vom Ortsausgang über die Jaufenstraße Richtung Passeiertal. Eine Abzweigung nach links führt nach kurzer Fahrt zum Dorf Tirol. Die Pfarrkirche stammt aus dem 13. Jahrhundert. Hinter dem Dorf kommt man durch einen Tunnel, der „Knappenloch" genannt wird, und sieht rechter Hand am Hang interessante **Erdpyramiden.** Das Schloß, das dem Land seinen Namen gegeben hat, war im 12. und 13. Jahrhundert Sitz der Grafen vom Vintschgau und der Grafen von Tirol. Interessante Portale, ein großer Palas, eine mit Fresken ausgemalte Burgkapelle mit schönen Altären und Glasmalereien und schöne Ausblicke, vor allem vom Kaisersaal aus, bietet die heute unter Denkmalschutz stehende Burg dem Besucher. Öffnungszeiten täglich außer montags.

Auf der linken Passer-Seite kann man über die Cavour- und Schenna-Straße etwa 4 km von Obermais entfernt das Dörfchen **Schenna** erreichen. Das dort im 14. Jahrhundert anstelle einer älteren Burg errichtete **Schloß** gehörte im 19. Jahrhundert dem österreichischen Erzherzog Johann. Interessant ist der schöne Innenhof, eine Waffensammlung, Möbel u. a. die Wiege Andreas Hofers, Bilder und Skulpturen. Etwas unterhalb vom Schloß, nicht weit von der Dorfkirche, ist das **Mausoleum** des Erzherzogs und seiner Gattin. Auch von Schenna aus hat man eine schöne Aussicht.

Ein weiterer sehr lohnender Aussichtsplatz ist die **Fragsburg.** Man fährt zunächst wie oben angegeben in Richtung Schenna, verläßt aber diese Straße und fährt über die Brücke über den Naifbach. Man läßt das **Schloß Labers** aus dem 14. Jahrhundert links liegen und fährt unter den Seilen der Haflinger Seilbahn hindurch. Unterhalb der 724 m hoch liegenden Fragsburg steht das Fragsburg-Hotel mit schöner Aussichtsterrasse. Die aus dem 14. Jahrhundert stammende Burg wurde im vorigen Jahrhundert erneuert und ist verhältnismäßig einfach ausgestattet. Der Ausblick jedoch ist prächtig. Ca. 20 Gehminuten entfernt kommt man zu einem hohen Wasserfall des Sinichbachs, der vom Haflinger Mittelgebirge herunterkommt.

Padua (Padova)

Etwas mehr als 100 km vom Gardasee entfernt, aber über die Autobahn rasch zu erreichen, liegt die heutige Provinzhauptstadt Padua. Die Stadt mit 240 000 Einwohnern wurde im 2. Weltkrieg durch Luftangriffe stark beschädigt. Trotzdem vermitteln einige Teile der Sadt noch einen mittelalterlichen Eindruck. Sie ist bekannt und berühmt durch ihre alte Universität. Gleichzeitig ist sie bekannt als Wallfahrtsort, denn hier wirkte der heilige Antonius. Außerdem ist sie eine bedeutende Kunststadt.

Der Sage nach soll Padua um 1200 vor Christus von den Trojanern gegründet worden sein. Schon im Jahr 89 vor Chr. wurde die Siedlung römische Kolonie. Als Patavium war sie zu Beginn der Kaiserzeit mit eine der reichsten Städte. Nach der Zerstörung durch die Hunnen im Jahr 452 blühte sie unter der Herrschaft der Langobarden und Franken erneut auf. Bereits während der Hohenstauferzeit errang sie 1164 eine Zeit lang die Unabhängigkeit, kam aber 1237 wieder unter die Herrschaft von Ezzelino da Romano, den Statthalter Friedrichs II. Anschließend beherrschten die Skaliger die Stadt. Ab 1318 übte das Geschlecht der Carrara die Herrschaft aus. 1405 kam die Stadt zur Republik Venedig. 1797 wurde sie von den Franzosen besetzt, gehörte von 1813—1866 zu Österreich und wurde von da ab mit dem neuen Königreich Italien vereinigt.

Um die Zeitenwende lebte in Padua der römische Geschichtsschreiber Livius. Der 1195 in Lissabon geborene, 1231 bei Padua gestorbene heilige Antonius, Franziskanermönch und Bußprediger, wirkte hier. Große Bedeutung erlangte Padua auch durch die 1222 gegründete und 1238 von Kaiser Friedrich II. erweiterte Universität. Im 14. Jahrhundert wirkten hier u. a. die Künstler Giotto und Pisano. Von Padua, dem Geburtsort des Malers Andrea Mantegna (1431—1506), breitete sich außerdem die Kunst der Renaissance über Norditalien aus.

Aus Richtung Verona — Vicenza kommend gelangt man über den Corso Milano, dann rechts in südlicher Richtung abbiegend, über die Via Dante zur Piazza Frutta und zur Piazza Erbe. Dort, wie auch auf dem nahe gelegenen Domplatz, gibt es Parkmöglichkeiten. Hier befindet sich auch das alte Stadtzentrum.

Tremosine, Blick von der Aussichtsterrasse auf die Westuferstraße.

Zwischen Piazza Erbe und Piazza Frutta steht der **Palazzo della Ragione,** der um 1200 als Gerichtsgebäude erbaut wurde. Wegen eines großen Saals, — 80 m lang, 27 m breit, 27 m hoch — der heute als Konzertsaal dient, wird das Bauwerk auch als Salone bezeichnet. Viele astrologische Fresken aus dem 14./15. Jahrhundert, allerdings öfters erneuert, findet man an den Wänden, außerdem ein überlebensgroßes Holzpferd, eine Nachbildung des Gattamaletapferdes von Donatello. (→ auch Reiterdenkmal an der Piazza del Santo.)

In östlicher Richtung schließt sich die Piazza dei Signori an mit der **Loggia del Consiglio,** auch Loggia della Gran Guardia genannt, eine zierliche offene Frührenaissance-Halle mit geschlossenem Obergeschoß. Erbaut wurde sie von 1496—1527. An der Westseite steht der **Palazzo del Capitanio,** früher Sitz der venezianischen Statthalter, umgebaut im Jahr 1532. Der Uhrturm stammt aus dem Jahr 1427. Durch einen Bogen gelangt man in einen Hof und in die Sala di Giganti, einen Überrest des früheren Carrara-Palastes.

Südwestlich davon erhebt sich der **Dom** im Renaissancestil aus dem 16. Jahrhundert mit unvollendeter Fassade. Daneben steht das **Baptisterium** aus dem 13. Jahrhundert. Von hier zurück zur Piazza Erbe. Dort erhebt sich die Rückseite des **Palazzo Municipale,** des Rathauses, aus dem 16. Jahrhundert. Die Fassade auf der Vorderseite stammt von 1930. Gegenüber, an der Via Otto Febbraio, steht die **Universität,** die zwar schon 1222 gegründet worden ist, in ihrer heutigen Form aber aus dem 16. Jahrhundert stammt. Sie hat einen schönen Innenhof und weist den ältesten Anatomie-Vorlesungssaal der Welt auf, das „Anatomische Theater" aus dem Jahr 1594. Im Auditorium sieht man Wappen von früheren Studenten bzw. Studentenschaften. Auch ist der Lehrstuhl des Physikers Galileo Galilei (1592—1610) noch erhalten.

Nahebei, an der Piazza Cavour, steht der berühmte Marmorbau des **Cafés Pedrocchi,** das 1831 in neoklassischem Stil erbaut, nach dem 2. Weltkrieg allerdings renoviert worden ist. Es hat in der Geschichte der Freiheitskämpfe eine Rolle gespielt und ist heute Treffpunkt von Künstlern, Literaten, Professoren und Studenten. Geht man in nördlicher Richtung, dem Bahnhof zu, den Corso Garibaldi entlang, dann kommt man zur Kirche **Eremitani,** einem romanisch-gotischen Bau, aus dem 13. Jahrhundert. In der zweiten rechten Kapelle, Capella Ovetari, sind Fresken von Mantegna. Leider wurden auch hier Kirche und Fresken im 2. Weltkrieg in Mitleidenschaft gezogen.

Eine der Hauptsehenswürdigkeiten von Padua findet man in der **Capella degli Scrovegni,** die auch als Madonna dell' Arena bezeichnet wird. Die Anfang des 14. Jahrhunderts erbaute Hauskapelle eines Anfang des 19. Jahrhunderts abgebrochenen Palastes steht nördlich der Kapelle Ovetári, zu erreichen über die Straßenkreuzung Corso Garibaldi — Via Giotto. Gegen Eintrittsgebühr — Öffnungszeiten werktags 9—12 und 14—18 Uhr, samstags und sonntags nur vormittags — sieht man in dem gewölbten Raum einen Freskenzyklus von Giotto aus den Jahren 1303—1306. Die Fresken zählen zu den umfangreichsten und besterhaltenen Werken Giottos, gleichzeitig zu den bedeutendsten in der Geschichte der Malerei.

Zurück zur Piazza Erbe und zur Universität. Dort zweigt man nach links in die Via San Francesco ab. An der Piazza Antenone steht vor der Präfektur ein Grabmal aus dem Jahr 1284. Der Sarkophag wird als Grab des legendären Stadtgründers Antenor, eines Trojaners, bezeichnet.

Von dort rechts ab durch die Via del Santo erreicht man die Piazza del Santo. Dort steht das 1447 von Donatello geschaffene **Reiterstandbild des Gattamelata,** das erste große Bronzestandbild der Renaissancezeit. Der dargestellte Reiter ist Erasmo da Narni, ein Heerführer der Republik Venedig. Großartig erhebt sich dahinter die **Basilica Sant' Antonio,** auch Il Santo genannt. Als Grabkirche des heiligen Antonius ist sie eine berühmte Wallfahrtskirche. Der imposante Bau wurde 1232—1307 als Pfeilerbasilika errichtet und ist 115 m lang und bis zu 55 m breit. Als Mischung aus romanischen, gotischen und byzantinischen Stilelementen hat sie 6 Rundkuppeln, eine kegelförmige Mittelkuppel und 2 schlanke minarettartige Türme.

Im linken Querschiff befindet sich in der Capella del Santo das Grab des Heiligen, außerdem Reliefs aus dem 16. Jahrhundert über Leben und Wirken des Heiligen. Der Hochaltar wurde zwar erneuert, ist aber ursprünglich ein Werk von Donatello. Die Bronzereliefs schuf er von 1446—1450. Von

der Schatzkammer, vom Santuario, sind besonders Goldschmiedearbeiten zu erwähnen. Der Basilika schließen sich
drei sehr schöne Kreuzgänge mit alten Grabinschriften und
Grabsteinen an.

An der Südseite des Platzes ist die **Scuola del Santo** mit
Fresken u. a. von Tizian, daneben ist die **Capella di San
Giorgio** mit Fresken von Altichiero und Avanzo aus dem
14. Jahrhundert. Rechts neben der Scuola del Santo ist das
Museo Civico, das Städtische Museum, mit einer Gemäldesammlung u. a. von Giotto, Bellini, Tintoretto und Tiepolo,
einer Altertumssammlung und einer Bibliothek. Südlich vom
Museum erstreckt sich der **Orto Botanico,** der im Jahr 1545
gegründete botanische Garten, der älteste Europas.

Etwas westlich davon ist der **Prato della Valle,** ein großer
Platz, in dessen baumbestandener Mitte viele Statuen zur Erinnerung an berühmte Bürger der Stadt aufgestellt sind. An
seiner Südostecke steht die **Kirche Santa Giustina,** ein Hoch-
renaissancebau aus dem 16. Jahrhundert. Im Innern ist das
Gemälde „Martyrium der heiligen Justina" von Veronese hinter dem Hochaltar zu erwähnen. Das Chorgestühl ist ebenfalls sehenswert. Über den weitläufigen Prato della Valle, wo
es im übrigen ebenfalls Parkmöglichkeiten gibt, kommt man
über die Via Umberto I. und die Via Roma zum Ausgangspunkt und Stadtmittelpunkt zurück.

Rovereto

Die Provinzstadt mit knapp 30 000 Einwohnern liegt im
Etschtal. Sie ist bekannt als Verkehrsknotenpunkt und Um-
steigestation für Bahnreisende, die zum Gardasee wollen. Hier
zweigt die Straße 240 nach Torbole und Riva ab, wohin stän-
dige Omnibus-Verbindungen und Anschlüsse bestehen. In östlicher Richtung führt die Straße 46 nach Vicenza. Die Stadt
wird von einem mittelalterlichen Kastell beherrscht, birgt
viele Erinnerungen an die Zeit des ersten Weltkriegs und ist
eine lebhafte Industrie- und Handelsstadt.

Im Mittelpunkt liegt die **Piazza Rosmini** (Philosoph, 1794
hier geboren) mit einer großen Fontäne vor dem Renaissance-
palast **Palazzo della Cassa Risparmio.** Er wurde allerdings im

Jahr 1903 erneuert, bietet aber mit seinem offenen Arkaden-
hof und den Decken- und Wandmalereien einen reizvollen
Anblick. Links unter den Arkaden sind die 12 Monate des
Jahres allegorisch dargestellt. Rechts steht außerdem ein
Denkmal für den Schriftsteller aus Rovereto, Clementino
Vannetti (1754—1795).

Etwas weiter südlich, fast am Fuß der Burg, ist das **Museo
Civico** mit einer geologischen Sammlung. Unweit davon, nun
direkt am Aufgang zur Burg, an der Piazza del Podesta, liegt
der **Palazzo Comunale,** ein von den Venezianern im 15. Jahrhundert errichteter, schöner Bau.

Das **Kastell** aus dem 14. Jahrhundert, das aber unter venezianischer Herrschaft erweitert wurde und zur Zeit der Österreicher als Kaserne diente, ist heute mit seinen vielen Räumen eines der bedeutendsten italienischen Kriegsmuseen mit
Sammlungen aus der Zeit der Befreiungskriege, des 1. Weltkriegs, vor allem des Alpenkriegs, und neuerdings des letzten
Weltkriegs.

Oberhalb der mächtigen Tore und Mauern hängt eine
riesige Glocke, die **Campana dei Caduti,** die jeden Abend zum
Gedächtnis der Gefallenen geläutet wird, an bestimmten Tagen auch für die Gefallenen von 19 kriegführenden Nationen
(z. B. am 14. 11. zu Ehren der deutschen Gefallenen).

Etwas südlich der Stadt sieht man einen Rundbau. Es ist
das **Ossario di Castel Dante,** ein Mausoleum und ein Krieger-
friedhof, der am Platz einer 1439 zerstörten Burg, dem Zu-
fluchtsort Dantes, errichtet wurde. Man hat von dem Platz,
auf dem heute 8000 Gefallene des ersten Weltkrieges beige-
setzt sind, eine schöne Aussicht.

Trient (Trento)

Trient, die Hauptstadt der Region Trentino — Alto Adige
hat rund 95 000 Einwohner. Es ist ein bedeutender Verkehrsknotenpunkt und gleichzeitig eine sehr interessante Frem-
denverkehrsstadt. Durch die neue Autobahn wird der Verkehr zwar um die Stadt herumgeleitet, trotzdem ist es eine
sehr verkehrsreiche Stadt, weil von der immer noch stark
befahrenen Brennerstraße Nr. 12 Straßen an den Gardasee
oder in die Brenta-Dolomiten und in westlicher Richtung ins

Fleims- und Fassatal und das Val Sugana abzweigen. Die Stadt liegt sehr schön am linken Etschufer. Die Altstadt mit vielen Türmen und Palästen ist eine Mischung zwischen alpenländischen und venezianischen Stilrichtungen. Trotzdem ist aber der italienische Charakter vorherrschend.

In Trient hatten die Römer schon eine von Augustus befestigte Niederlassung. Damals hieß es Tridentum. Dank seiner günstigen Lage im Etschtal war es schon immer Durchgangs- und vorübergehender Aufenthaltsort. Während der Völkerwanderung erlitt die Stadt manche Zerstörung, wurde jedoch von Theoderich wiederhergestellt. Unter Karl dem Großen wurde sie als wichtige Handelsstadt zum Markgrafensitz erhoben. 1024, unter Konrad II., wurden die Bischöfe von Trient in den Fürstenstand erhoben, und bis 1803 blieb die Stadt Sitz eines reichsunmittelbaren Fürstbischofs. Von 1545 bis 1563 tagte in der Stadt unter dem Bischof Cristoforo Madruzzo, von dem die Bewegung der Gegenreformation ausging, das Trientiner Konzil. Von 1803 bis 1918 — mit Unterbrechung der Jahre 1805—1814, als es zum Königreich Italien gehörte — unterstand es der österreichischen Monarchie. Seit 1918 gehört es zu Italien.

Der schönste Punkt der Stadt ist die **Piazza Cesare Battisti,** der großzügige Domplatz, der an der Südseite vom **Dom,** an der Ostseite vom **Palazzo Pretorio mit dem Uhrturm,** an der Westseite von malerischen alten Häusergruppen, und an der Nordseite, bei der Mündung der Via Belenzani, von der **Casa Rella** mit Arkaden und farbigen Bemalungen aus der Renaissancezeit umstanden ist. Der barocke Neptunbrunnen ist von 1769 (Gute Parkmöglichkeit).

Links und rechts vom Domportal stehen zwei Porphyrlöwen als Säulenträger. Der gewaltige Dom wurde zwar 1048 gegründet, in seiner jetzigen Form aber erst Anfang des 13. Jahrhunderts begonnen und im 16. Jahrhundert vollendet Die Kuppel stammt aus dem 18. Jahrhundert (19. Jahrhundert erneuert). Das Innere wirkt zunächst etwas düster. Rechts und links führen zwei Treppenaufgänge zur Empore. Gegenüber vom Altar ist eine sehr schöne Rosette. Verschiedene prächtige Grabmäler, sowie Fresken und Mosaikarbeiten in der Apsis sind zu erwähnen.

Die meisten Sitzungen des Konzils wurden hier abgehalten. In der Sakristei ein reichhaltiger Domschatz und flämische Wandteppiche.

Nordwestlich vom Domplatz durch die Via Cavour erreicht man die Kirche **S. Maria Maggiore** (Anfang des 16. Jahrh., italienischer Frührenaissancestil). Schöne Sängerempore und

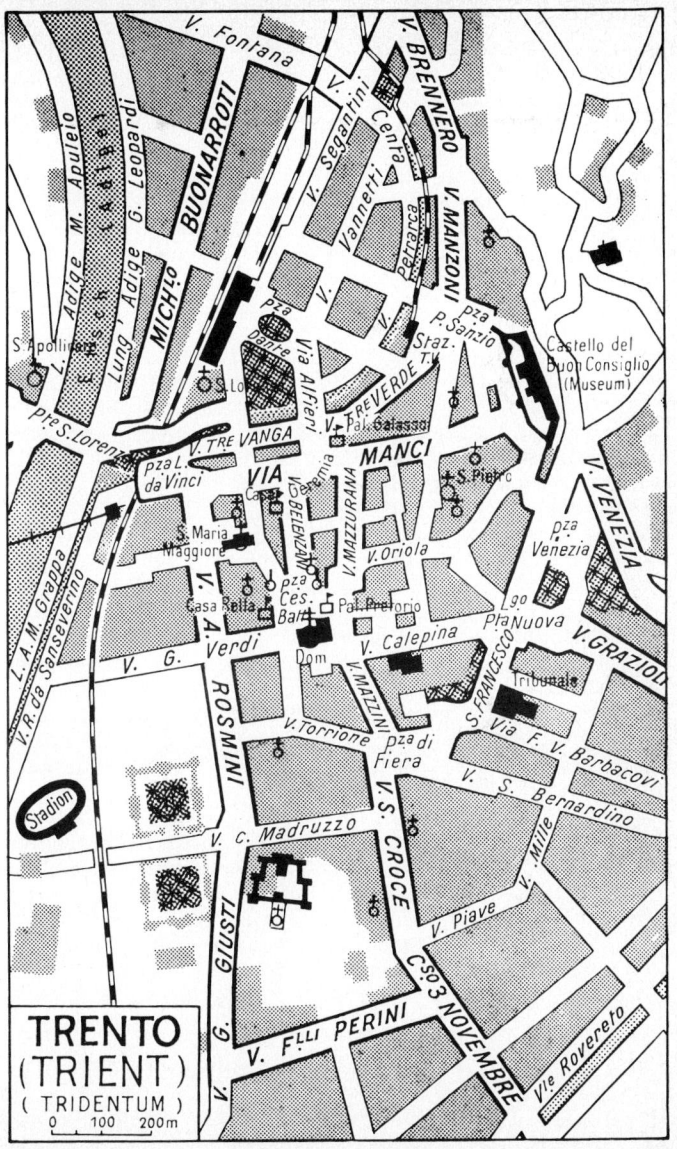

TRENTO
(TRIENT)
(TRIDENTUM)
0   100   200m

prachtvolle Orgelbrüstung. Teilweise fanden auch in dieser Kirche die Sitzungen des Konzils statt. Daran erinnert links vom Hochaltar ein Ölgemälde, das eine solche Sitzung darstellt.

In der oben erwähnten, nördlich vom Domplatz ausgehenden Via Belenzani steht rechts das **Municipio** (Rathaus) aus dem 16. Jahrhundert. Unter den übrigen sehr schönen Häusern dieser Straße fallen vor allem der **Palazzo Geremia** und das daneben stehende Haus mit seinen schönen Fresken auf. Die Fresken an der Fassade des Renaissancebaus stellen den Besuch Maximilians I. in Trient dar. Man stößt auf die Via Manci und findet hier die Barockkirche **S. Francesco Saverio** aus dem 17. Jahrhundert. Daneben steht die **Biblioteca** (Stadtbibliothek), Eingang von der Parallelstraße aus. Nach links führt die Via Roma. An deren Anfang, links der Bahnüberführung, steht der **Torre Vanga** aus dem 13. Jahrhundert, der zur Stadtbefestigung gehörte und unter dem Bischof Friedrich von Wangen errichtet wurde.

Geht man die Via Manci nach rechts, also in östlicher Richtung, so kommt man am **Palazzo Galasso** (links) vorbei, der im 16. Jahrhundert für Georg Fugger erbaut wurde. Sehenswert ist allerdings heute nur noch das großartige Portal. Nach rechts zweigt die Via Oss Mazzurana ab. Dort steht das **Cazuffi-Haus** mit schönen Verzierungen und der **Tabarelli-Palast,** der von 1510—1791 in drei Bauperioden errichtet wurde und auf der Vorderseite Reliefmedaillons verschiedener Herrscher zeigt. Beim Übergang der Via Manci in die Via San Marco steht rechts ein sehr hübsches Erkerhaus und links, an der gegenüber liegenden Straßenseite, in der Via Suffragio, der **Palazzo del Monte** aus dem 15. Jahrhundert.

Von hier aus hat man den ersten Blick auf das **Castello del Buon Consiglio,** das sich hinter der Piazza della Mostra erhebt. Es ist die ehemalige Residenz der Fürstbischöfe. Der älteste Teil mit dem Rundturm stammt aus dem 13. Jahrhundert. Der Magno Palazzo, ein Renaissancebau mit schönen Arkadenhöfen, ist aus dem 16. Jahrhundert, während im 17. Jahrhundert ein Zwischenbau, die Giunta Albertiani, hinzukam. Im Innern befindet sich das **Museo Nazionale**

Trient: Innenhof des Castello del Buon Consiglio

Trentino, ein archöologisches Museum mit Resten von Pfahl-
bauten, Funden aus der Bronzezeit, Handschriften, Altar-
schreinen, Skulpturen und Gemälden. Außerdem ist das
Museo del Risorgimento mit Erinnerungen an die italienischen
Freiheitskämpfe und den ersten Weltkrieg untergebracht. Beim
Rundgang lohnt es sich, ab und zu einem Blick durch die
Fenster in die Innenhöfe zu werfen. Auffallend ist auch die
Mannigfaltigkeit und Schönheit der Saaldecken. Rechts vom
Eingang kann man die Gefängniszellen besichtigen, in denen
die Freiheitskämpfer Battisti, Chiesa und Filzi 1916 inhaftiert
waren. Im Innern des Kastells, hinter den Museen, ist der
Burggraben, in dem diese Patrioten hingerichtet wurden.
Beide Stätten sind ein Nationalheiligtum der Italiener.

Nördlich vom Kastell, bei der anschließenden Piazza Raf-
faelo Sanzio ist der Torre Verde, ein mit grünlichen Ziegeln
gedeckter Turm. Durch die Via Torre Verde erreicht man den
Giardino Pubblico (Stadtpark). Hier erhebt sich gegenüber
dem Bahnhof ein 18 m hohes Dante-Denkmal.

Am rechten Ufer der Etsch kann man nach der Brücke
San Lorenzo rechter Hand noch die Kirche **San Apollinare**
aus dem 12. Jahrhundert besichtigen. Der einschiffige Bau ist
eine Mischung aus byzantinischen, romanischen und gotischen
Stilelementen. Weiter auf der Via Brescia, gleichzeitig Ausfallstraße Richtung Gardasee, kann man das **Mausoleum des
Cesare Battisti** auf dem **Doss Trento** erreichen. Von dem
Denkmal, das in wenigen Gehminuten zu erreichen ist, hat
man einen schönen Überblick über Stadt und Umgebung. Dieser etwas abgesetzte Berghügel mit aufgesetztem Rundtem-
pelchen ist weithin sichtbar und zieht, aus welcher Richtung
auch immer man die Stadt ansteuern mag, die Blicke auf sich.

Zu erwähnen ist bei Trient noch der **Monte Bondone,** der
2091 m hohe Aussichtsberg, der auch als Wintersportgebiet
einen Namen hat. Man kann die Ortschaften Candriai, Vaneze
und Vason auf einer von der Straße an den Gardasee abzweigenden Nebenstraße erreichen. Verschiedene Sessel- und
Gondellifte erschließen das aussichtsreiche Gebiet. Auch eine
Auffahrt auf die **Paganella** (2100 m) mit einer Seilbahn, deren
Talstation bei Lavis ca. 7 km nördlich von Trient ist, ist wegen der prächtigen Aussicht, die bis zum Gardasee und weit
ins Dolomitengebiet hineinreicht, empfehlenswert.

Venedig (Venezia)

Venedig, mit 370 000 Einwohnern, bestehend aus 118 Inseln, durch 180 Kanäle getrennt und mit 400 Brücken wieder verbunden, ist eine Stadt, man könnte fast sagen eine Welt für sich. Mehr als 100 Kirchen und mehr als 900 Paläste stehen verstreut über das Stadtgebiet an den Kanälen oder an den Gassen, die sehr oft an kleinen Plätzen oder als Sackgassen enden. Alle Gebäude dieser Stadt stehen auf hölzernen Pfahlrosten. Es ist eine reine Fußgängerstadt. Kraftfahrzeuge können dort nicht verkehren und sind aus ihr verbannt. Der Verkehr auf den Kanälen wird durch vaporetti und motoscafi (Dampfer und Motorboote) aufrecht erhalten. Die nicht ganz billigen aber stilechten Gondeln ersetzen in gewissem Sinn die sonst üblichen Taxis.

Schon diese kurze Aufzählung weist auf das ganz und gar Andersartige hin. Man sieht auch daraus, daß für die Vielzahl des Sehenswerten ein Tagesausflug vom Gardasee gar nicht ausreichen kann. Um alles nur einigermaßen sehen und studieren zu können benötigt man, Tage, ja Wochen. Trotzdem ist ein Abstecher in diese Stadt, wenn auch noch so kurz, immer etwas Besonderes. Deshalb werden auch von den Ferienorten am Gardasee Tagesausflüge mit dem Bus dorthin ausgeschrieben. Eine Führung ist meist dabei. Deshalb können wir für eine Stippvisite die Teilnahme an einem derartigen Ausflug ruhig empfehlen. Selbstverständlich kann man auch mit dem eigenen Wagen fahren. Übersehen Sie aber bei Ihrer Planung bitte nicht, daß Sie mehr als 100 km auf der Autobahn und insgesamt meist mehr als 150 km von ihrem Urlaubsort bis nach Venedig zurückzulegen haben.

Die Geschichte Venedigs beginnt mit der Völkerwanderung. Die illyrischen Veneter, die schon im 3. Jahrhundert vor Chr. mit den Römern ein Bündnis geschlossen hatten, flohen im 5. Jahrhundert vor den andrängenden Avaren, Hunnen und Goten auf die Laguneninseln. Bereits 796 wurde der erste Doge (Dux) Paulucius Anafestus von dem venetischen Seebund gewählt. 811 wurde von den Inseln Torcello, Malamocco und Rivus Altus (Rialto), die letztere Regierungssitz. 814 wurde von Karl dem Großen das venetische Inselreich als zum byzantinischen Reich gehörend anerkannt. Die ersten Handelsbeziehungen zum östlichen Mittelmeerraum wurden angeknüpft. Im Jahr 829 wurden aus Alexandrien in Ägypten die Gebeine des heili-

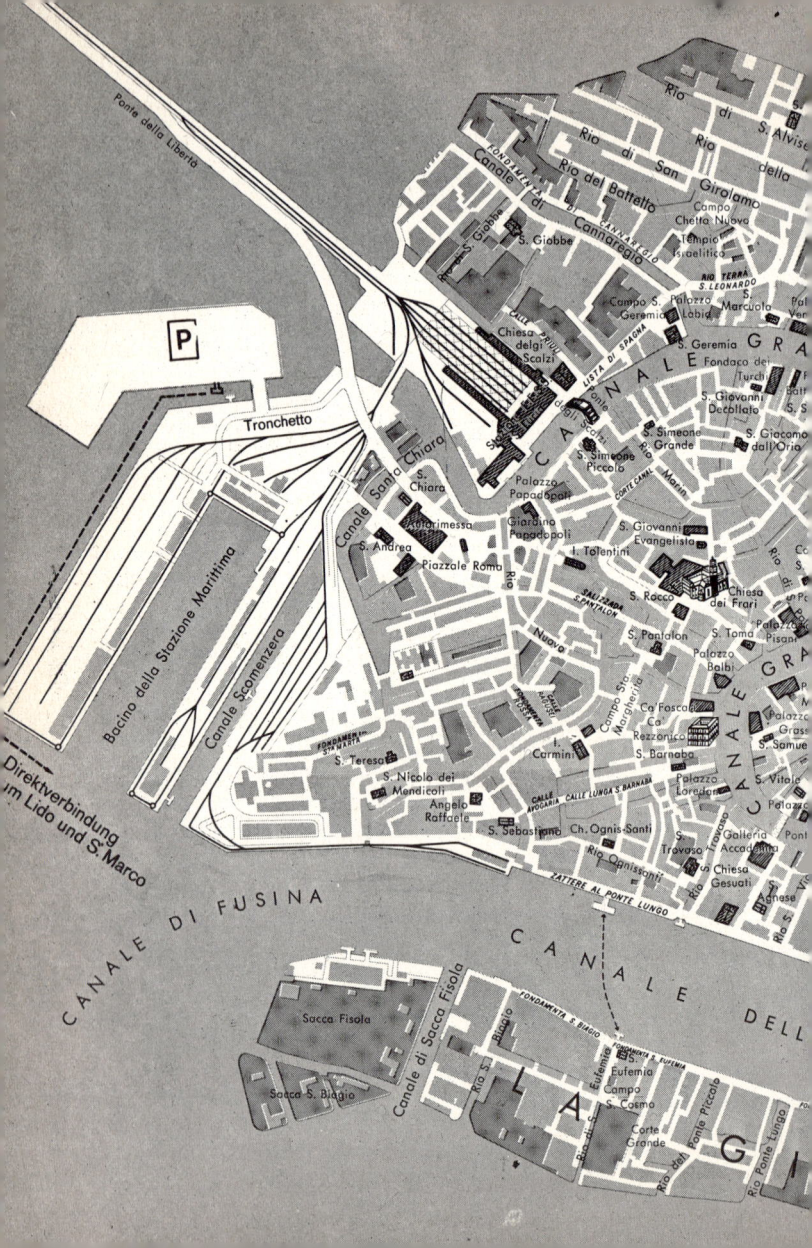

V

0

S. Michele

Isola
S. Michele

Chiesa Madonna
del'Orto

Palazzo
Mastelli

Abbazia della
Misericordia

Misericordia

S. Forca
Fosca

Palazzo
Giovanelli

S. Caterina

Chiesa
dei Gesuiti

Cav d'Oro

Palazzo
Corner

S.
Cassiano

Pescheria
(Fischmarkt)

Fabbriche Nuovo
di Rialto

Palazzo
Camerlenghi

S. Giacomo
di Rialto

Chiesa dei
Miracoli

Fondaco dei
Tedeschi

Ponte di
Rialto

S.
Silvestro
Palazzo
degoli

Poste Telegrafi

S.S. Apostoli

Rio della Panada

Murano - Burano
Torcello

Palazzo
van Axel

Monumento
a Colleoni

Ospedale
Civile

S.S. Giovanni
e. Paolo

S. Francesco
della Vigna

Rio S. Francesco d. Vigna

Rio Sta. Giustina

Arsenale

Municipio
Palazzo
Grimani

Palazzo
Spinelli
Campo
S. Angelo

S. Luca
Campo
Manin

Scala
del Bovolo

Ateneo Veneto

S. Salvatore

Sta. Maria
Formosa

Questura

Palazzo
Querini Stampalia

S. Giovanni
Nuovo

Palazzo
Trevisan

S. Lorenzo

S. Giorgio degli
Schiavoni

Rio di S. Lorenzo

S. Giorgio
dei Greci

Rio dei Greci

S. Giovanni
in Bragora

Museo
Navale

Torri
dell'Arsenale

Rio delle

Rio di San Daniele

Ca
Ri

S.
Stefano

Teatro
Lafinice

S. Fantin

S. Maria
del Giglio

Teatro
S. Moise

Palazzo
S. Marco

Prigioni

S. Zaccaria

Ch.
Pietà

S. Martino

RIVA

DEGLI

SCHIAVONI

Ponte della Pietà

Tana

Ca
R

RIVA CORINA - S. BIASO

Rio
della

VIA GARIBALDI

RIVA DEI 7 MARTIRI

Prefettura

Contarini Fasan

Palazzo
Giustinian

Ponte della
Paglia

Palazzo
Ducale

Ponte del Vin

Lido

SECCO

Rio di S

cademia
Palazzo
Dario

Chiesa di

Basilika S. M.
della Salute

Punta della
Dogana

Chioggia

Giardini
Pubblici

CANALE

DI

S.

MARCO

LATTERE AI SETONI

GIUDECCA

Canale della Grazia

Chiesa di
S. Giorgio

Fondazione
G. Cini

Teatro Verde

ISOLA
DI S. GIORGIO
MAGGIORE

Le Zitelle

FONDAMENTA DELLE ZITELLE

DECCA

DOMO
el
re

gen Markus nach Venedig geholt. Er wird zum Schutzheiligen der Stadt.

Bereits um das Jahr 1000 kann der Doge Pietro Orsoleo II. Dalmatien erobern. Im Jahr 1094 wird der Bau der Kirche San Marco, der 976 begonnen worden war, beendet. Unter dem Dogen Enrico Dandalo, der ein Kreuzfahrerheer anführt, kann 1204 Konstantinopel erobert werden. Die Macht der Stadt breitet sich über die Küsten Griechenlands und Kleinasiens aus. Von 1271 bis 1295 bereist der Venezianer Marco Polo den Fernen Osten. Gleichzeitig beginnt aber auch ein fast 100 Jahre währender Krieg gegen die anderen Seemächte. Er kann 1380 durch den Sieg über die Genuesen bei Chioggia entschieden werden. Dadurch kann Venedig seine Herrschaft auch auf dem Festland bis Bergamo und Brescia ausdehnen.

Unter dem Dogen Tomaso Mocenigo erreicht Venedig den Höhepunkt seiner Macht im 15. Jahrhundert. Die venezianische Kultur erreichte ihren Höhepunkt allerdings erst im 16. Jahrhundert. Dabei wurde die Vormachtstellung und Bedeutung dieser Stadt schon langsam durch das Vordringen der Türken und die Entdeckung Amerikas erschüttert. Auch die Verteidigung des Festlandbesitzes gegenüber Spanien, Frankreich und Österreich machte der Republik zu schaffen. So verliert Venedig im Jahr 1718 endgültig seine orientalischen Besitzungen an die Türkei. Nur noch im nördlichen Adriaraum verbleiben der Stadt einige kleinere Gebiete. Schließlich macht Napoleon im Jahr 1797 der tausendjährigen Republik ein Ende. Im Vertrag von Campoformio wird Venedig an Österreich abgetreten. 1848 und 49 versucht Venedig vergeblich, sich gegen die Österreicher zu erheben. 1866 kommt Venedig zu dem neuen Königreich Italien.

Die Anfahrt nach Venedig ist enttäuschend. Die riesigen Industrieanlagen von **Mestre**, dem Festland-Venedig, das selbst zur Großstadt wurde, lassen nicht ahnen, welch schöne Stadt man ansteuert. Man sieht die großen Anlagen des **Porto di Marghera,** des Industriehafens. Über einen etwa 4 km langen Damm durch die Lagune erreicht man die Piazzale Roma, einen Großen Parkplatz mit Garagenhochhaus. Dort muß man den Wagen abstellen. Außer dem 1933 fertiggestellten Straßendamm führt auch ein Eisenbahndamm, der schon 1846 errichtet wurde, bis zum Bahnhof Santa Lucia.

Um rasch zum Markusplatz zu gelangen, kann man mit dem schnellen Motorboot durch den Rio Novo und den Rio Foscari den Bogen des Canal Grande abschneiden. Länger, aber auch schöner ist die Fahrt durch den Canal Grande mit dem Vaporetto. Der Wasserlauf ist 3 800 m lang, zwischen 30 und 70 m breit und wird von rund 200 Palästen gesäumt. Von der Anlegestelle Santa Chiara beginnend präsentieren sich auf der Fahrt folgende Gebäude und Sehenswürdigkeiten:

Linkes Ufer:

Hauptbahnhof

Chiesa degli Scalzi, Barfüßer-
kirche, Barockbau (1649—89)

Durchfahrt Ponte degli Scalzi (Bahnhofsbrücke)

Kirche San Geremia (1760)
alter romanischer
Glockenturm
Einmündung Canale di
Cannaregio

Kirche San Marcuola (1736)

Anlegestelle San Marcuola
Palazzo Vendramin Calergi
(1509) schönster Renaissance-
palast der Stadt, Sterbehaus
Richard Wagners
Palazzo Erizzo (15. Jh.)
gotischer Bau

Anlegestelle Cà d' Oro

Cà d' Oro, Goldenes Haus
(15. Jh.) zierlichster gotischer
Palast der Stadt

Palazzo Michiel della Colonne
(17. Jh.)

Palazzo da Mosto (14. Jh.)
venezianisch-byzantinisch

Rechtes Ufer:
Papadopoli-Gärten
**Kuppelkirche San Simeone
Piccolo** (1718—1738)

Fondaco dei Turchi, 13. Jh.,
im 17. Jh. Türkenunterkunft,
voriges Jahrhundert erneuert

Anlegestelle San Staë
Kirche San Staë (17.-18. Jh.)
schöne Fassade
Palazzo Pesaro (1669—1710)
schönster Barockpalast der
Stadt
Palazzo Corner della Regina
(1724)

Pescheria, Fischmarkt,
neugotische Markthalle

Anlegestelle Erberia
Fabbriche Nuove di Rialto
(1552—1555) von Sansovino

Fabbriche Vecchie di Rialto
(16 Jh.) von Scarpagnino
Palazzo dei Camerlenghi
(1528) Palast der Schatzmeister

Linkes Ufer	Rechtes Ufer
Fondaco dei Tedeschi (12.-14. Jh.) Haus der deutschen Kaufleute, 1506 nach Brand neu erbaut, heute Hauptpost	

Durchfahrt Ponte di Rialto (Rialtobrücke) 1588—1592 anstelle alter Holzbrücke erstellt; 48 m langer Marmorbogen mit zwei Reihen von Ladengeschäften

Linkes Ufer	Rechtes Ufer
Palazzo Dolfin Manin (1560)	
Palazzo Bembo (gotisch)	
Palazzo Loredan (12.-13. Jh.) heute Rathaus	
Palazzo Farsetti (früher Dandolo, 12./13. Jh.)	Anlegestelle San Silvestro
	Palazzo Papadopoli (16. Jh.)
Palazzo Grimani (16. Jh.) Hochrenaissance von Sanmicheli heute Appelationsgericht	
Palazzo Corner-Spinelli (15. Jh.) Frührenaissance	**Palazzo Bernardo** (15. Jh.)
	Palazzo Grimani v. Lombardo
Anlegestelle Sant' Angelo	**Palazzo Pisani** (15. Jh.)
	Palazzi Tiepolo Valier, 2 Paläste gotisch und Renaissance
	Palazzi Giustiniani - Persico (16. Jh.)
	Anlegestelle San Toma
Palazzi Movenico, 3 Paläste (16. Jahrh.)	
Palazzo Contarini delle Figure (16. Jh.) Frührenaissance	
Palazzo Moro-Lin (17. Jh.)	**Palazzo Balbi** (16. Jh.)
	Palazzo Foscari (15. Jh.) heute Handelshochschule
	Palazzi Giustinian, 2 Paläste gotisch, 15. Jh.
Palazzo Grani (1745)	

Linkes Ufer	Rechtes Ufer
Kirche San Samuele mit romanischem Glocken- turm (12. Jh.)	**Palazzo Rezzonico** (1665—1750) von Longhena, letztes Stockwerk von Massari Anlegestelle Cà Rezzonico
Palazzo Malipiero (früher Palazzo Cappello)	**Palazzo Loredan** (Palazzo dell' Ambascatore, 15. Jh.)
Palazzo Giustinian-Lolin (17. Jh.)	**Palazzi Contarini degli Scrigni** (15. und 16. Jh.)

Durchfahrt Ponte dell' Accademia (Akademie-Brücke)

	Anlegestelle Accademia **Accademia di Belle Arti,**
Palazzo Cavalli-Franchetti (15. Jh.)	größte Gemäldesammlung Venedigs
	Palazzo Contarini-Angaran
Palazzi Barbaro, 2 Paläste 15. und 17. Jh.	(15. Jh.)
Palazzo Corner della Cà Grande von Sansovino (16. Jh.) heute Präfektur	**Palazzo Dario** (15. Jh.)
Palazzo Minotto (15. Jh.) Anlegestelle Santa Maria del Giglio	
Palazzo Gritti (gotisch)	**Palazzo Semitecolo** (gotisch)
Palazzo Contarini-Fasan (15. Jh.)	Anlegestelle Santa Maria della Salute
	Kirche Santa Maria della
Palazzo Treves dei Bonfili (17. Jh.)	**Salute** große Kuppelkirche 1631—87 von Longhena
Palazzo Giustiniani (15. Jh.) Anlegestelle San Marco	

Damit sind wir am Mittelpunkt Venedigs, am **Markusplatz,** der ganz mit Marmorplatten ausgelegt ist, angelangt. Mit 175 m Länge, 56—82 m Breite, umgeben von der Markuskirche, dem Uhrturm, den Prokuratorenpalästen, Arkadengängen und Cafés zählt er zu den schönsten Plätzen der Welt. Die **Basilica di San Marco,** deren Grundriß in Form eines griechischen Kreuzes aufgeführt ist, mit ihren 5 Portalen und 5 Kuppeln, den reichen Mosaiken und dem bronzenen Pferdegespann aus Konstantinopel, dem einzigen aus dem Altertum erhaltenen Vierergespann, ist wohl das prächtigste Bauwerk. Auch im Vorhof und Innern großartige Mosaiken. Am Hochaltar **Pala d' Oro** ein aus Gold und Edelsteinen gefertigter Altarvorsatz. Berühmte Schatzkammer. An der Südostecke des Platzes der **Campanile**, frei stehender Glockenturm mit vergoldetem Kupferengel auf der Spitze, anstelle eines im 10. Jahrhundert erbauten, 1902 eingestürzten Turms errichtet. Aufzug, schöne Aussicht. Östlicher Vorbau des Campanile **Loggetta** von Sansovino aus dem Jahr 1540. Ursprünglich Versammlungsraum der Adligen, dann Palastwache. Gegenüber **Procuratie Vecchie** (Alte Prokurazien), Sitz der höchsten Verwaltungsbeamten, erbaut 1418—1517, über 50 Bogen zwei übereinander gebaute Loggien-Reihen. Rechts daneben der **Torre dell' Orologio** (Uhrturm) erbaut 1496—99 mit Astronomischer Uhr. Auf der Spitze 2 Bronzefiguren (Mohren), die stündlich die Zeit anschlagen. Links der Alten Prokurazien **Fabbrica Nuova** mit Eingang zum **Civico Museo Correr** mit Sammlungen über Geschichte und Kultur Venedigs. An der Südseite **Procuratie Nuove** (Neue Prokurazien), erbaut 1584—1640), seit Napoleon Königspalast, heute Städtisches Museum (Zugang Fabbrica Nuova).

An den Markusplatz angeschlossen die **Piazzetta,** die bis zum Molo von San Marco, der Anlegestelle der Gondeln reicht. Auf der Piazzetta **zwei Säulen,** eine mit dem heiligen Theodor, dem alten Schutzpatron, die andere mit dem Markuslöwen, dem Symbol des heiligen Markus. An der Westseite die **Alte Bibliothek** (1536—1553) und die angebaute **Münze** (1536), beide von Sansovino. Beide Gebäude beherbergen heute die Markusbibliothek mit mehr als 500 000 Bänden.

An der Ostseite der **Palazzo Ducale** (Dogenpalast), Residenz des Dogen und Regierungs- und Gerichtsgebäude. Öffnungszeiten von 9—18 Uhr. Angeblich bereits 814 Sitz des

Venedig: Blick auf Dogenpalast, Markusplatz und Campanile

Dogen, heutiger ältester Teil Südflügel aus dem Jahr 1340, Westflügel an der Piazzetta aus dem 15. Jahrhundert. Bogengänge mit darüber liegenden Loggien, zinnengekrönter Oberbau. Durch **Porta della Carta** (Eingangstor) neben der Markuskirche zum **Cortile dei Senatori** (Innenhof). Vom Innenhof über **Scala dei Giganti** mit Statuen von Mars und Neptun zum 1. Stock. Über die **Scala d' Oro** (goldene Treppe) gelangt man zum 3. Stock. Besichtigung von oben nach unten, beginnend im 3. Stock. Viele Prachträume mit Deckenschmuck und vielen Gemälden: Sala delle quattro porte (Saal mit 4 Türen), Sala dell'Anticollegio (Warteraum), Sala del Collegio (Audienzsaal), Sala del Senato (Sitzungssaal des Senats), Chiesetta (Dogenkapelle), Sala del Consiglio dei Dieci (Saal des Rates der Zehn), Sala della Bussola (Briefkastensaal, durch ein Loch in der Wand konnten anonyme Anzeigen eingeworfen werden), Sala dei tre Capi del Consiglio dei Dieci (Saal der drei Vorsitzenden des Zehnerrats), Sala d' Armi (Rüstkammer, Waffensammlung). Im zweiten Stock: Appartemento Ducale (Dogenwohnung), Sala del Maggior Consiglio (Saal des Großen Rates), wohl der schönste und größte Raum, 54 m lang, 22 m breit, u. a. größtes Ölgemälde der Welt, 22 m breit, 7 m hoch, das „Paradies" von Tintoretto. Sala dell Scrutinio (Abstimmungs- und Wahlraum). Erster Stock: Galleria Foscara mit schönem Blick auf Markusplatz und Piazzetta. Durch Korridor zur **Ponte dei Sospiri** (Seufzerbrücke) aus dem Jahr 1595, die den Dogenpalast mit dem Prigioni, dem einstigen Gefängnis, verbindet.

Entlang dem Canale San Marco zieht sich die lebhafte **Riva degli Schiavoni,** eine Aussichtsstraße, die sich über die Riva dei 7 Martiri bis zu den **Giardini Pubblici** mit Gebäuden der **Internationalen Kunstausstellungen** fortsetzt. Gegenüber liegt de Isola **San Giorgio Maggiore** mit der gleichnamigen **Klosterkirche** aus dem 16. Jahrhundert. Vom 60 m hohen Campanile (Fahrstuhl vorhanden) hat man einen schönen Überblick über die Stadt.

Über die **Merceria,** eine Verbindungsstraße, die beim Uhrturm beginnt, erreicht man die **Kirche San Salvatore,** eine Renaissancekirche aus dem 15. Jahrhundert mit Barockfassade aus dem 16. Jahrhundert. Biegt man vorher schon bei der kleinen Kirche San Giuliano nach rechts, erreicht man den **Campo Santa Maria Formosa** mit der gleichnamigen **Kirche** aus dem 15. Jahrhundert mit den Palästen Priuli und Zorzi aus dem gleichen Jahrhundert. Hinter der Kirche der **Palazzo Querini Stampalia** mit einer Gemäldesammlung venezianischer Meister aus dem 14.—18. Jahrhundert.

Vom Platz durch die Calle Lunga, dann vierte Gasse links Calle Cigogna erreicht man den **Campo SS. Giovanni e Paolo** mit der gleichnamigen sehr schönen **Kirche** in gotischem Stil (1246—1430). Reichgeschmücktes Hauptportal, großer schöner Innenraum mit vielen Grabmälern früherer Dogen und anderer berühmter Venezianer. Neben der Kirche die **Scuola di San Marco,** ein sehr schöner Frührenaissance-Bau (1485—95), in dem heute ein Krankenhaus untergebracht ist. Vor der Kirche steht das großartige bronzene Reiterstandbild des **Bartolomeo Colleoni** von Verocchio und Leopardi.

Von den vielen weiteren Sehenswürdigkeiten seien noch einige herausgegriffen. Zunächst die **Accademia di Belli Arti,** die erwähnt worden ist. Sie ist im früheren Kloster Santa Maria della Carita (1561) untergebracht. Mehr als 800 Bilder berühmter Künstler kann man hier sehen. Öffnungszeiten 9—13 und 16—18 Uhr, sonntags nur vormittags.

Von der Anlegestelle San Toma am Canal Grande kommt man zur Kirche **Santa Maria Gloriosa dei Frari** (1330—1417), einer gotischen Steinbasilika mit schönem Glockenturm. Nach der Markuskirche ist sie die schönste Kirche der Stadt. Im Innern birgt sie Grabmäler und Gedenksteine von früheren Dogen und anderen berühmten Venezianern. Auch einige schöne Gemälde, u. a. von Tizian, sind zu sehen. Westlich davon steht die **Kirche San Rocco** aus dem 15. Jahrhundert und zeigt im Innern ebenfalls schöne Gemälde, u. a. von Tintoretto und Tizian. Am Campo San Rocco steht außerdem die **Scuola di San Rocco,** eine Malschule aus dem 16. Jahrhundert mit 56 großen Wandgemälden von Tintoretto mit Darstellungen aus der Biblischen Geschichte.

Ganz bewußt haben wir bei obiger Beschreibung versucht, nur die wesentlichen Sehenswürdigkeiten aufzuführen. Auch wenn man die Besichtigungen der Gemäldesammlungen ausklammert wird man höchstwahrscheinlich nicht alles Aufgeführte während eines einzigen Tagesbesuchs ansehen können. Das schadet trotzdem nichts. Wenn man den Canal Grande

entlang gefahren ist, Markusplatz, Markuskirche und Dogenpalast angesehen hat, vielleicht zum Colleoni-Denkmal ge-
gangen ist und noch eine kleine Rundfahrt mit einer Gondel
unternommen hat, dann sollte man sich treiben lassen. Venedig ist eine Stadt zum Schlendern und zum Flanieren, Venedig ist eine Stadt mit einer ganz besonderen Atmosphäre.
Davon etwas als Erinnerung mit zurückzubringen, erscheint
uns wesentlicher, als alles unbedingt gesehen haben zu müssen.

Verona

Die Stadt Verona mit rund 270 000 Einwohnern liegt am
Fuß der Lessinischen Berge. Mitten durch die Stadt fließt die
Etsch. der wichtigste und interessanteste Teil der Altstadt
nistet sich in eine große Schlaufe des Flußlaufs ein. Sie ist
heute genauso wie in den vergangenen Jahrhunderten dank
ihrer günstigen Lage am Kreuzungspunkt der Brennerstraße
mit der West-Ost-Verbindung Mailand-Venedig ein bedeutender Verkehrsknotenpunkt und eine wichtige Handelsstadt.
Auch als Umschlageplatz für Erzeugnisse aus der fruchtbaren
Po-Ebene, vor allem für Obst und Gemüse, ist sie bekannt.
Durch die vielen Denkmäler aus ihrer großen Vergangenheit
ist sie eine der interessantesten Städte des oberitalienischen
Gebiets.

Die Gründungszeit dieser uralten Stadt ist nicht bekannt. Anzunehmen ist, daß zuerst die Etrusker hier siedelten, und sicher ist,
daß schon im Jahr 216 v. Chr. Veroneser gegen Hannibal gekämpft
haben. Im Jahr 89 v. Chr. wurde sie römisches Municipium. Während der gotisch-lombardischen Zeit erreichte Verona schon große
Bedeutung. Es war Residenz des Ostgotenkönigs Theoderich, der in
der Sage als Dietrich von Bern(Verona) erscheint. Für die deutschen
Kaiser war sie ein wichtiger Stützpunkt. Ausschlaggebend dafür war
ihre günstige Lage als Zugang zum Brenner. Im 12. Jahrhundert war
Verona an der Entstehung des Lombardischen Bundes beteiligt. Im
13. und 14. Jahrhundert herrschten die Skaligerfürsten. Im Jahr 1387
fiel die Stadt in die Hände der Visconti, kam aber schon 1405 an
Venedig, bei dem es bis 1796 blieb. Nach dem kurzen Zwischenspiel
der französischen Herrschaft kam sie 1814 zu Österreich und wurde
dann 1866 von Österreich an Italien abgetreten.

Verkehrsmittelpunkt ist die **Piazza Bra** (Parkmöglichkeit).
Der vom Bahnhof kommende Reisende erreicht sie über den

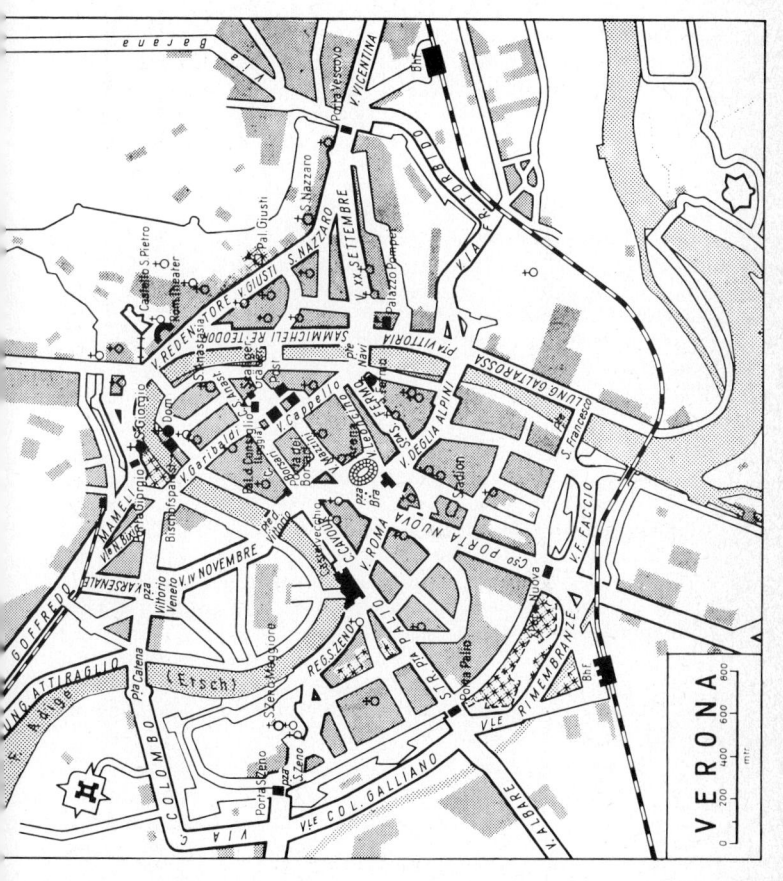

VERONA

0   200   400   600   800
mtr.

Corso Porta Nuova. In der Mitte des Platzes steht ein Reiterstandbild von Vittore Emmanuele II. Die Südwestseite des
Platzes bilden die **Portoni della Bra,** daneben das Museo La-
pidario Maffeiano (römische Skulpturen und Inschriften),
links, an die alte Stadtbefestigung anschließend, der **Palazzo
della Gran Guardia** (die alte Hauptwache, 1610), daneben,
links, freistehend, das Municipio, der Palazzo Barbieri, aus
dem vorigen Jahrhundert. An der Nordostseite des Platzes
erhebt sich die **Arena,** das **römische Amphitheater,** das, im
Jahr 290 unter Diokletian erbaut, zwar seiner Marmorver-
kleidung und seiner Rundbogenkrönung im Lauf der Jahrhunderte beraubt wurde, mit seinen 153 m Länge und 123 m
Breite, sowie seiner Höhe von 32 m aber noch immer eines
der imposantesten Bauwerke Veronas ist. Der Zuschauerraum
faßt 30 000 Menschen. Im Sommer werden in der Arena
Opernfestspiele veranstaltet. Hinter dem Kolosseum steht die
Kirche S. Nicolo, erbaut im 17. Jahrhundert auf den Resten
einer Kirche aus dem 12. Jahrhundert (einschiffiges Inneres
mit Seitenkapellen).

Von der Piazza Bra in nordöstlicher Richtung durch die
Via Mazzini (elegante Ladenstraße, kein Autoverkehr). Am
Ende der Straße stößt man auf die **Piazza Erbe.** Der langge-
zogene Platz, der eigentliche Mittelpunkt der Altstadt, ist seit
2000 Jahen das Herz Veronas und steckt auch heute noch
voller Leben. Hier wird der Obst- und Gemüsemarkt abgehalten. In der Mitte des Platzes steht eine Säule mit dem
Wappen der Visconti, dann das **Capitello,** ein Baldachin aus
dem 16. Jahrhundert, der als Pranger diente, der **Brunnen
Madonna di Verona,** den Cansignore della Scala 1368 errichten ließ, und eine **Marmorsäule mit dem Markuslöwen** (1523).
Sehr malerisch ist der Blick in Nordwestrichtung auf die San
Markus Säule zu. Hier kommen die mit Fresken bemalten,
alten Häuser besonders zur Wirkung.

An der Nordwestseite, hinter dem Markuslöwen, erhebt
sich der **Palazzo Maffei** (1688), ein prächtiger Barockbau, dem
sich links der **Torre del Gardello** (1370) — Wach- und Uhrturm — anschließt. Auf der linken Seite des Platzes steht die
Casa dei Mercanti (Handelskammer). Das Haus mit seinem
schönen Treppenaufgang unter Arkaden und seiner bemalten
Holzdecke stammt aus dem Jahr 1301, wurde aber im ver-

gangenen Jahrhundert restauriert. Gegenüber der Handelskammer erhebt sich der 89 m hohe **Torre dei Lamberti** (im 12. Jahrhundert begonnen, im 15. Jahrhundert fertiggestellt). An der Nordseite des Platzes steht das freskengeschmückte **Haus der Mazzanti.** Durch den **Arco della Costa** (1470), unter dem die Rippe eines Walfisches hängt, und die Via della Costa zur **Piazza dei Signori.** Gleich rechts, mit dem vorhin erwähnten Turm der **Palazzo della Ragione,** das Rathaus aus dem Jahr 1193. Allerdings stammt die Fassade aus dem 16. Jahrhundert. Im Innenhof des Palazzo del Comune, den man durch einen tiefen Torbogen betritt, befindet sich der **Mercato Vecchio** (alter Markt). Hier ist eine sehr malerische Marmortreppe in gotischem Stil (1446—48) bemerkenswert.

An der Piazza dei Signori schließt sich an der ehemalige **Palazzo del Capitanio** (jetzt Tribunale), früher ein Skaligerschloß. Gegenüber liegt die **Loggia del Consiglio,** eines der schönsten Werke der Frührenaissance. An der Nordostseite steht der **Palazzo del Governo** (Markuslöwe über dem Eingang, Arkaden und Deckenbemalung), der ebenfalls früher ein Schloß der Skaliger gewesen ist. In der Mitte des Platzes ein Dante-Denkmal. Die Zugänge zur Piazza dei Signori aus den Seitengassen führen sämtlich — es sind 5 — durch Torbogen. Vier davon sind mit Statuen gekrönt. Dadurch erhält der Platz den Eindruck eines geschlossenen Ganzen.

Durch die Volta della Tortura (Folterbogen), rechts vom Palazzo del Governo, kommt man zu den **Arche Scaligere** (Skaligergräber). Das die Gräber umgebende Gitterwerk setzt sich aus einer Vielzahl von kleinen Leitern (Scala, Skaligerwappen) zusammen, so daß dies ein bewegliches Gitter ergibt. Großartig sind die Sarkophage und Gräber der Skaligerfürsten: Mastino I (1277), Can Grande (1329), Mastino II. (1351), Giovanni (1359), Can Signorio (1375). (Eintrittsgeld.) Bei den Gräbern die kleine romanische, aus dem 12. Jahrhundert stammende **Kirche S. Maria Antica.** Unmittelbar hinter den Skaliger-Gräbern befindet sich die **Casa di Romeo Montecchi,** das Haus des Romeo. Ebenso ist das **Haus der Julia** nicht weit von hier in der Via Capello. Man erreicht es vom Haus des Romeo in der Via delle Arche Scaligere rechts durch die Via Viviani und Cairoli, und berührt die Piazza Erbe an ihrem Südostausgang. Dort beginnt die Via Capello. Geht man die

Via Capello und die anschließende Via Leoni weiter in süd-östlicher Richtung, so kommt man zur Kirche **S. Fermo** aus dem 11. und 12. Jahrhundert, bei der sich romanischer und gotischer Stil vereinen. Im Innern Grabmäler und Fresken.

Etwas mehr als einen halben Kilometer südlich von hier, zu erreichen über Via Dogana, Via Filippini, Via Macello, dann rechts Via dell' Alpini und wieder links Via del Pontiere, liegt die **Tomba di Giulietta** (Grab der Julia).

In nördlicher Richtung von der Kirche S. Fermo kommt man entlang der Etsch über den Lung' Adige Bartolomeo Rubele und die anschließende Via Sottoriva nach ca. 800 m zur **Kirche Sant' Anastasia.** Die Basilika, im Jahr 1290 gegründet, hat eine spätere Fassade und sehr schöne Portale aus dem 14. Jahrhundert. Die gotische, dreischiffige Kirche zeigt viele schöne Fresken. Auch die Weihwasserbecken, die von zwei Buckligen getragen werden, seien hier erwähnt.

Vom Vorplatz der Kirche in nordwestlicher Richtung durch die Via Duomo kommt man zum **Dom.** Ursprünglich eine romanische Basilika aus dem 9. Jahrhundert, wurde er im 15. Jahrhundert restauriert. Daher die romanisch-gotischen Stilelemente. Der Kirchturm wurde erst 1927 vollendet. Die zwei Säulen vor dem Haupteingang werden von Löwen getragen. Im Innern links ein Gemälde von Tizian, Mariä Himmelfahrt. In der zweiten Kapelle rechts sind die Geburt Christi und und die Grablegung, zu einem Bildelement vereinigt, im Altar zu sehen. Am Ende des rechten Seitenschiffes ist das Grabmal der hl. Agata. Links und rechts vom Altar große Orgelschreine. Links schließt sich die Taufkapelle an. Sie stammt aus dem 7.—8. Jahrhundert und wurde durch die Hochwasser der Etsch stark in Mitleidenschaft gezogen, doch ist das riesige Taufbecken, in dem der Priester bei der Taufe in der Mitte steht, gut erhalten. (Nur unter Führung zugänglich.)

Direkt links hinter dem Dom findet man die etwas zurückliegende kleine Kirche **S. Elena** aus dem 9. Jahrhundert, mit einem Renaissancevorbau mit drei Säulen. An der Fassade befindet sich eine Erinnerungstafel an Dante, der hier

Verona: Blick auf das Stadtzentrum; im Vordergrund die Arena aus dem 3. Jahrhundert

eine Ansprache gehalten hat. Gegenüber ist ein Kreuzgang aus dem 12. Jahrhundert, der Kreuzgang des alten **Klosters St. Elena** mit einigen freigelegten Mosaiken. Durch den Küster kann man sich gleich links neben dem Kreuzgang den erst vor einigen Jahren freigelegten Mosaikfußboden der ältesten Kirche Veronas zeigen lassen, der sich unter dem Kreuzgang weiterzieht (siehe oben).

Zum Klostergebiet gehört die **Biblioteca Capitolare,** die als älteste Bibliothek Europas angesehen wird, und in der Urkunden und Handschriften aufbewahrt werden, die bis ins 5. Jahrhundert zurückgehen.

Vom Dom geht man entlang der Etsch über Riva Batello — Lung'Adige Panvinio bis zum Ponte della Vittoria. Die Brücke wurde 1927 errichtet und in Erinnerung an den Sieg der Italiener im 1. Weltkrieg benannt. Links führt die Via Diaz zur **Porta dei Borsari** einem schönen, im 1. Jahrhundert nach Christus erbauten Stadttor. Vorher kann man noch links in der gleichnamigen Straße zur **Kirche S. Eufemia** einen Abstecher machen. Sie wurde 1331 geweiht, später aber umgebaut.

Von der Porta Borsari geht man nun den Corso Cavour in südwestlicher Richtung. Links an der Piazza Apostoli, liegt die Kirche SS. Apostoli aus dem 12. Jahrhundert. Das einschiffige Innere ist neu.

An dem Corso Cavour, einer früheren Hauptstraße, liegen sehr schöne Häuser und Paläste. Als schönstes und gleichzeitig als eines der bedeutendsten Werke Sammichelis gilt der **Palazzo Bevilacqua,** in dem heute das Instituto Tecnico untergebracht ist. Er steht auf der linken Seite. Ihm gegenüber die **Kirche S. Lorenzo** aus dem 12. Jahrhundert, eine dreischiffige romanische Kirche mit einzelnen gut erhaltenen Fresken. Vor der Kirche werden Ausgrabungsstücke ausgestellt.

Man kommt vorbei am **Arco dei Gavi,** einem Tor aus dem 1. Jahrhundert, das 1932 erneuert wurde. Man erreicht das **Castel Vecchio,** die Burg des Can Grande II., das mächtigste mittelalterliche Bauwerk der Stadt. Die angrenzende, ebenfalls aus dem 14. Jahrhundert stammende **Skaligerbrücke** mit ihren Befestigungen wurde zwar im letzten Krieg zerstört, ist aber rekonstruiert worden. (Vom Turm der Burg schöne Aussicht.) In der Burg befindet sich heute das **Museo di Castel Vecchio,** das neben Ausgrabungsstücken und Handschriften vor allem wegen der sehr schönen Gemäldesammlung der Veroneser Schule aus dem 14. bis 18. Jahrhundert bekannt ist.

Vom Castel Vecchio in nordwestlicher Richtung durch die Rigaste San Zeno, dann links durch die Via S. Giuseppe zur **Basilika San Zeno,** einer der schönsten romanischen Kirchen Oberitaliens. Ihre Anfänge gehen bis ins 5. Jahrhundert zurück. Eindrucksvoll sind die Reliefs links und rechts vom Eingang mit Szenen aus dem Alten und Neuen Testament. Die Bronzereliefs des Portals zeigen Szenen aus dem Leben des S. Zeno. Die Decke ist ein eigenartiges Holzgewölbe. Fresken an Säulen und Wänden. Das Presbyterium erhöht über der Krypta. Am Hochaltar ein Triptychon von Mantegna. Links in der Apsis eine Statue des hl. Zeno. Links der Kirche ein romanisch-gotischer Kreuzgang (Eingang von der Kirche aus), und, ebenfalls links, ein Zinnenturm, ein Rest der alten Abtei. Rechts der 72 m hohe Glockenturm. In südlicher Richtung über die Piazza Corubbio und Vicolo lungo S. Bernardino zur **Kirche S. Bernardino** aus dem 15. Jahrhundert, mit zwei kleinen Kreuzgängen. Beachtenswert die Capella Pellegrina von Sanmicheli.

Ein Aufenthalt von einem Tag in Verona wird gerade genügen, um ohne besonderen Aufenthalt den oben angegebenen Rundgang zu machen. Trotzdem wollen wir noch kurz die wichtigsten Punkte links der Etsch erwähnen.

Im Norden, bei der Nordschleife der Etsch, Nähe Ponte Garibaldi und Porta S. Giorgio die **Kirche S. Giorgio in Braida,** Gemälde von Tintoretto, Romanino, Moretto, Caroto, Girolamo dai Libri und Paolo Veronese (Martyrium des S. Giorgio in der Apsis). Bei der Ponte Pietra aus der Römerzeit (1945 gesprengt, jetzt wieder aufgebaut) die **Kirche S. Stefano** aus dem 12. Jahrhundert. Dann das **römische Theater,** sehr gut erhalten. Oberhalb, im **Kloster S. Girolamo,** ein archäologisches Museum.

In der gleichnamigen Straße die **Kirche S. Maria in Organo** aus dem 8. Jahrhundert, im 14. Jahrhundert umgebaut. Sehr reiche Ausstattung (Chorgestühl, Bildschnitzereien, Intarsien, Fresken). Anschließend **Palazzo** (1580) und Giardino **Giusti** (Zypressenalleen, schöne Aussicht).

Vicenza

Vicenza wird oft Città di Palladio, die Stadt des Palladio genannt, denn viele ihrer Bauten stammen von ihm. Wegen ihrer schönen Paläste und Kirchen wird sie auch als Venedig des Festlands bezeichnet. Die Bischofs- und Provinzhauptstadt hat 120 000 Einwohner und liegt in der fruchtbaren Po-Ebene. Im Norden und Westen der Stadt erstreckt sich das Voralpengebiet, im Süden die vulkanische Hügellandschaft der Monte Berici.

Ursprünglich eine Ligurersiedlung, hieß sie zur Römerzeit Vicetia und war lange Zeit ein Militärstützpunkt. Im Mittelalter war sie eine freie Stadtrepublik und gleichzeitig Mitglied des Lombardischen Städtebundes. Eine Zeit lang wurde sie von Verona beherrscht. Im Jahr 1404 kam sie zu Venedig. Damit begann ihre Blütezeit, die besonders im 16. Jahrhundert durch Andrea Palladio (1518—1580) ihren Höhepunkt fand. Doch auch noch im 17. und 18. Jahrhundert durch Vincenzo Scamozzi (1552—1616) und Ottone Calderari (1730—1803) spielte die Architektur hier eine große Rolle.

Aus Verona kommend erreicht man über den Corso S. Felice den Corso Palladio, der sich quer durch die ganze Stadt zieht, und die Porta Castello mit der Piazza Matteotti verbindet. Parkplätze kann man an der Piazza Castello, an der Piazza Duomo und an der Piazza Matteotti finden.

Von der **Porta Castello,** einem Stadttor und Überrest eines ehemaligen Skaligerschlosses, erreicht man den bereits erwähnten Corso Palladio mit verschiedenen Palästen. Besonders schön sind die Bauten Nr. 13 (Palazzo Bonin), Nr. 45 (Palazzo Capra), Nr. 47 (Palazzo Thiene), Nr. 67 (Palazzo Braschi). Eine Seitenstraße rechts führt zur **Piazza dei Signori,** dem Mittelpunkt der Altstadt mit der **Basilica Palladiana** (1549—1614), dem Hauptwerk Palladios. Die zwei übereinander liegenden Galerien umschließen den im gotischen Stil aufgeführten **Palazzo della Ragione.** Bei der Basilika erhebt sich der **Torre della Piazza,** der Uhrturm aus dem 12. Jahrhundert. Gegenüber der Basilika steht die **Loggia del Capitanio,** der Sitz der venezianischen Statthalter, der im Jahr 1571 von Palladio begonnen worden war. Rechts daneben ist der **Palazzo Monte di Pietà** mit der Barockkirche San Vicenzo. Auf dem Platz stehen außerdem zwei Säulen mit einem Markuslöwen und einer Christusfigur. Hinter der Basilika findet man in der Via Pigafetta mit dem Haus Nr. 5

die Casa Pigafetta, in der der Seefahrer Antonio Pigafetta, ein Gefährte Magellans, gewohnt hat.

Weiter auf dem Corso Palladio erreicht man den **Palazzo del Comune,** das von 1588—1662 erbaute Rathaus. Gegenüber steht der **Palazzo da Schio,** der auch Cà d' Oro genannt wird. Dahinter in nördlicher Richtung ist die **Barockkirche Santa Stefano** aus dem 18. Jahrhundert. In ihrem Innern birgt sie einige sehenswerte Bilder, u. a. im linken Querschiff eine Madonna von Palma dem Älteren. Weiter durch die Via San Stefano kommt man zur gotischen **Kirche Santa Corona** aus dem 13. Jahrhundert mit einem schönen Portal. Zu erwähnen sind hier vor allem im Querschiff „die Anbetung der heiligen Drei Könige" von Veronese von 1573 und im 5. linken Seitenaltar die „Taufe Christi" von Bellini von 1505.

Wieder zurück zum Corso Palladio kommt man an der Casa del Palladio (dem Haus Palladios) vorüber und erreicht rechts beim Übergang des Corso zur Piazza Matteotti den **Palazzo Chiericati,** der im Jahr 1557 von Palladio erbaut wurde und eine schöne Säulenhalle hat. Hier ist das **Städtische Museum** untergebracht mit archäologischen Funden und einer Gemäldesammlung von Vicentinischen und Venezianischen Meistern, u. a. von Montagna, Buonconsiglio, Tintoretto, Veronese, Tizian und Tiepolo. Gegenüber liegt das **Teatro Olimpico,** das 1580 von Palladio begonnen und 1585 von Scamozzi vollendet worden ist. In dem halben Oval, das nach römischem Vorbild gestaltet wurde, können auf 13 Stufenreihen 1200 Menschen Platz finden.

Auf dem Rückweg geht man von der Basilica Palladiana durch die Via Garibaldi zur **Piazza del Duomo** mit dem **Dom** aus dem 14.—16. Jahrhundert mit romanischem Glockenturm aus dem 12. Jahrhundert. Die Fassade der Hallenkirche ist in rot-weißem Marmor aufgeführt. Am Domplatz steht außerdem der **Palazzo Vescovile,** der Bischofspalast, mit einer klassizistischen Fassade von 1819. Im Hof befindet sich eine Frührenaissancehalle aus dem Jahr 1494. Noch einmal den Corso Palladio überquerend kommt man nordwestlich durch die Via Fogazzaro an dem schönen **Palazzo Valmarana** vorüber und erreicht die **Kirche San Lorenzo,** einen romanisch-gotischen Backsteinbau aus dem 13./14. Jahrhundert mit einem prächtigen Hauptportal. Unter den verschiedenen Grabstätten berühmter Bürger der Stadt im Innern ist auch die des Malers Mantegna.

Empfehlenswert ist ein Abstecher zu dem etwas außerhalb der Stadt liegenden Hügel Monte Berico. Man kann ihn über die Viale X. Giugno erreichen. Mit schöner Aussicht über Stadt und Voralpen steht dort die **Basilica di Monte Berico** oder auch die Madonna del Monte. Ein 650 m langer Bogengang führt zur Wallfahrtskirche. In dem Ausgang des 17. Jahrhunderts errichteten Bauwerk ist rechts vom Hochaltar die „Beweinung Christi" von Montagna zu erwähnen.

Am Fuß des Hügels zweigt vom oben erwähnten Bogengang ein Weg zur **Villa Valmarana ai Nani** aus dem 17. Jahrhundert ab. Sie birgt im Inneren Fresken von Tiepolo. Einige Gehminuten weiter führen zu **Rotonda,** einer auch als Villa Capra bekannten Renaissance-Villa, einem quadratischen Bau, der im 17. Jahrhundert von Palladio begonnen und von Scamozzi vollendet worden ist.

D
DER TOURIST AM GARDASEE

1. Die Sprache

Die italienische Sprache ist eine Fortentwicklung der lateinischen Sprache. Trotzdem werden Sie mit lateinischen Schulkenntnissen nicht weit kommen. Außerdem muß berücksichtigt werden, daß in Italien eine Vielzahl von Dialekten gesprochen wird. Verhältnismäßig spät entwickelte sich eine einheitliche Schriftsprache. Vor allem geht dies auf das 13. und 14. Jahrhundert zurück. Damals wie heute galt oder gilt das Florentinische, bzw. Toskanische als reines Italienisch.

In der italienischen Sprache werden die Vokale ähnlich wie bei uns ausgesprochen. Ausnahme ist das h, das normalerweise gar nicht ausgesprochen wird. Beispiel: ho = o (ich habe). Außerdem ist zu bemerken, daß das r als Zungenlaut, also nicht rollend, und nicht als Gaumenlaut ausgesprochen wird.

Auch die Konsonanten werden wie bei uns ausgesprochen, mit folgenden Ausnahmen: c vor e oder i wird zu tsch. Beispiel: cento = tschento (hundert), und cinque = tschinkwe (fünf); g vor e oder i wird zu dsch. Beispiel: gennaio = dschennaio Januar); und giornale = dschiornale (Zeitung). Steht nach c oder g aber ein h, so wird c wie k ausgesprochen. Beispiel: chiamare = kiamare (rufen). G wird in diesem Fall wie g ausgesprochen. Beispiel: Ghirlanda = girlanda (Kranz). Ebenfalls wie k wird c ausgesprochen. Beispiel: vecchio = vekkio (alt). Außerdem wird sc vor i wie sch gesprochen. Beispiel: Lasciare = laschare (lassen). gn und gl werden zu nj und lj. Beispiel: bisognare =bisonjare (brauchen) und Bottiglia = bottilja (Flasche).

Die Betonung liegt meist auf der vorletzten Silbe. Ab und zu wird auch die drittletzte Silbe betont. Soll ein Endvokal betont werden, so erhält dieser einen Akzent. Beispiel: Salò.

Das ist zur Aussprache schon das Wichtigste. Wenn man also ein kleines Wörterbuch mitnimmt und sich vorher vielleicht noch etwas mit den Zahlen vertraut gemacht hat, dann kann eigentlich kaum mehr etwas passieren. Hinzu kommt, daß an den Ferienorten und in vielen Hotels fast immer jemand zu finden ist, der einigermaßen deutsch sprechen kann. Abseits der eingefahrenen Reisewege wird es etwas schwieriger. Aber wie gesagt, ein Wörterbuch hilft viel. Auch wenn Sie nur ein paar Redewendungen und ein paar Zahlen beherrschen und nur einen kleinen Wortschatz haben, legen Sie trotzdem los. Keine Angst vor falschen Formulierungen! Man weiß, daß Sie Ausländer sind, und hilft Ihnen überall gerne weiter.

Zudem, bedingt durch die vielen Beziehungen zwischen Italien und Deutschland — man denke nur an die vielen italienischen Mitarbeiter in unserem Land — findet man immer wieder Italiener, die stolz und radebrechend ihre Deutschkenntnisse an den Mann bringen möchten.

2. Unterkunft

Bei der Fülle der am Gardasee bereitstehenden **Hotels und Pensionen** bleibt dem Ferienreisenden nur die Qual der Wahl. Trotzdem ist es für die Hauptreisezeit empfehlenswert, Zimmer vorzubestellen. Ihr Reisebüro kann Ihnen hierbei sicher helfen. Sie können sich aber auch an die E.P.T.-Dienststellen (Ente Provinziale per il Turismo) in den Provinzhauptstädten oder an die Bürgermeister- bzw. Verkehrsämter (Azienda Autonoma di Soggiorno) der einzelnen Orte wenden.

Die in Italien gut organisierte Hotellerie untersteht der Aufsicht der ENIT (Staatliches Italienisches Fremdenverkehrsamt). Von dieser Organisation wird jedes Jahr ein Hotelführer herausgegeben, der bei den Filialen und Dienststellen der ENIT oder auch in Reisebüros eingesehen werden kann. Oft bringen auch die regionalen E.P.T.-Stellen ein Hotelverzeichnis allein für ihre Region heraus, das dann ebenfalls meist bei den genannten Büros eingesehen werden kann.

Hotels sind in fünf Kategorien eingeteilt: Luxushotels, Kategorie I erstklassige, internationale Hotels, Kategorie II sehr gute renomierte Häuser, Kategorie III gutbürgerliche Hotels und Kategorie IV kleinere Hotels. Pensionen sind in drei Kategorien eingeteilt. Dabei entspricht die Kategorie I etwa der Kategorie II der Hotelklassifizierung.

Die Preise entsprechen im großen und ganzen der Einteilung. Allerdings kann es durchaus vorkommen, daß der Pensionspreis eines Hauses der Kategorie III ziemlich an den Preis eines Hotels der Kategorie II herankommt. Auch kann ein Haus einer höheren Kategorie u. U. billiger sein, als ein Haus der nächstniedrigen Kategorie, das in einem häufiger aufgesuchten und bekannten Fremdenverkehrsort liegt. Am teuersten sind die Hotels in den größeren Städten. Aber das ist schließlich auch bei uns nicht anders.

Der Unterschied von Hotels und Pensionen ist bekanntlich der, daß Pensionen meist nur Gäste aufnehmen, die auch ihre Mahlzeiten im Haus einnehmen. Außerdem bieten sie zumeist in den niedrigeren Kategorien keine Menue-Auswahl. Dafür sind die Preise in Pensionen oft etwas niedriger und bewegen sich am unteren Rand der Richtpreise (s. dort) oder liegen etwa so, daß der Preis in einer Pension der Kategorie II etwa dem Preis eines Hotels der Kategorie III entspricht.

Außerdem gibt es in Italien noch die **Locanda.** Das sind einfache Gasthäuser mit meist sehr kleiner Bettenzahl. Man findet sie oft in kleineren Orten. Die Zimmer sind meist einfach eingerichtet, jedoch gibt es hin und wieder auch Zimmer mit Dusche. Dafür bekommt man in diesen Häusern oft landesübliche Kost vorgesetzt.

Neuerdings kann man im Yachthafen von Sirmione voll eingerichtete Hausboote der Fa. Solmar, Via Turati, Mailand mieten. Sie bieten bis zu 6 Personen Platz und sollen leicht zu steuern sein. Ein besonderer Führerschein wird nicht verlangt.

Die Freunde des **Camping** haben es am Gardasee gut. Sie haben eine Fülle von ordentlich eingerichteten Plätzen zur Auswahl. Ist Ihnen übrigens schon aufgefallen, daß gerade die Campingplätze meist an den schönsten Stellen der einzelnen Ortschaften liegen? Ein Verzeichnis der italienischen Campingplätze kann man bei den bereits erwähnten ENIT-Büros erhalten. Es gibt außerdem einen Italienischen Campingverband, an den man sich wenden kann. Die Anschrift ist Federazione Italiana del Campeggio e del Caravanning, 50 100 Firenze, Casello Postale 649.

An einigen Orten unseres Reisegebietes gibt es auch **Jugendherbergen**. Ein Verzeichnis aller italienischen Jugendherbergen kann bei folgender Stelle angefordert werden: Associazione Italiana Alberghi per la Gioventu, 00144 Rom, EUR-Palazzo Civiltá del Lavoro, Quadrato della Concordia.

3. Vom Essen und Trinken

Für den Feriengast, der mit voller Pension abgeschlossen hat, gibt es keine andere Wahl. Er ist darauf angewiesen, das zu essen, was ihm vorgesetzt wird. Er braucht aber keine Sorge zu haben, was er hier vorgesetzt bekommt ist gut und reichlich und — wir glauben, das durchaus sagen zu können — auch abwechslungsreich. Mit Ausnahme des Frühstücks. Das nimmt der Italiener ohnehin nur so nebenbei zu sich, und deshalb besteht es im Hotel aus einem nicht ganz definierbaren Kaffee, Tee oder Kakao, Brötchen, Butter und **Marmelade**. Das Mittag- und Abendessen besteht aus drei Gängen — in größeren Häusern auch aus vier — wobei mittags immer die Minestra oder pasta asciutta (die Spaghettis) und abends dann die Minestra oder Zuppa in brodo oder Consomé (Suppe) als erster Gang serviert wird. Vorspeisen — Antipasti — sind sehr schmackhaft und bestehen aus Sardellen, Oliven, Schinken, Wurst, usw., werden jedoch nur in den Häusern der höheren Kategorien gereicht. Der zweite Gang besteht aus Fleisch und Beilage oder Fisch und Beilage, und zum Nachtisch wird Käse oder Obst angeboten, in besseren Häusern beides. Ab und zu werden auch Dolci — kleine Törtchen oder Süßspeisen als Dessert gegeben.

In kleineren Häusern kann es einem durchaus passieren, daß man beim Frühstück gefragt wird, ob man sich zum Abend etwas Besonderes zum Essen wünscht. Diese Variante wird man in den größeren Häusern meist vermissen.

Nun kann es sein, daß man mit Rücksicht auf das zunehmende Alter und den zunehmenden Umfang nur Halbpension nehmen möchte. Auch dann, wenn man viele Ausflüge vor sich hat, ist es empfehlenswerter, als sich jedesmal ein Lunchpaket — das so international ist wie die Hotelküche — richten zu lassen. Zwar ist die Halbpension — am besten man nimmt Abendessen, Übernachtung und Frühstück — im Verhältnis zu den Preisen für die Vollpension nicht mehr ganz so günstig. Meist werden ca. 500—1000 Lire vom Vollpensionspreis abgezogen. Doch tauscht man sich für die paar Lire eine Freizügigkeit ein, die auch ihre Vorteile hat.

Noch schöner ist natürlich — nur dann, wenn man sich nicht zu einem reinen Erholungsaufenthalt an einen Ort begibt, sondern sich jeweils nur ein paar Tage irgendwo aufhält —, nur die Übernachtung allein im Haus zu nehmen. Zum Frühstück geht man dann, wie die Italiener, zur nächsten Espressobar um die Ecke, trinkt seinen Espresso oder Capuccino und hat dann für wenig Geld einen tatsächlich ordentlichen Kaffee. Dabei wird man auch immer ganz frisch gebackene Croissons bekommen können, die es in den Hotels unverständlicherweise eben einfach nicht gibt.

Im **Ristorante** oder der einfacheren **Trattoria** — aber oft mit ausgezeichneter Küche — kann man nach der Karte essen, und hier sind Ihren Wünschen nur die Grenzen des Umfangs Ihres Geldbeutels gesetzt. In manchen Städten wird man auch **Rosticcerie oder Pizzerie** finden, das sind Schnellgaststätten, die ersten für Fleisch und Geflügel, die zweiten mit einer schönen Auswahl der berühmten Pizza (eine Art pikant gewürzter Hefefladen mit sehr verschiedenen Ingredienzen).

Die allgemeine Ansicht, daß in Italien nur mit Olivenöl gekocht wird, trifft für unser Reisegebiet nicht zu. In einem großen Teil der Lombardei wird nur mit Butter gekocht. Man kennt auch die Kombination zwischen Öl und Butter. Außerdem wollen wir darauf hinweisen, daß Öl sehr gesund ist. Es ist die am leichtesten verdauliche Fettart. Sollte aber jemand Öl nicht vertragen, so kann er ruhig seine Speisen „al burro" — mit Butter — verlangen.

Zum Essen trinkt man am preisgünstigsten den Tischwein. Es ist immer ein guter Landwein, meist Rotwein. Natürlich kann man sich auch Flaschenwein bestellen. Er ist teurer, wenn auch noch lange nicht so teuer wie bei uns. Das italienische Bier ist leichter als wir es gewöhnt sind. Daß es nicht genießbar wäre, ist eine pure Verleumdung. Aber es ist im Verhältnis zum Wein teurer. Die oberitalienischen Brauereien Wührer, Forst und Dreher stellen gutes Bier her. Die **Bar,** das **Café**, die **Pasticceria** und die **Latteria** empfehlen sich dem Gast für kleine Ruhepausen. Es gibt dort den Espresso, den Capuccino (Milchkaffee) und Kleingebäck, sowie Speise-Eis in allen Variationen. In der Pasticceria (Konditorei), gibt es ab und zu auch einmal Kuchen und Torte. Die Latteria ist mit unserer Milchbar zu vergleichen. Und in der Bar erhält man entsprechend den hinter der Theke in ganzen Batterien aufgestellten Flaschen Kognak, Wermut, Likör, Aperitifs usw., die der Italiener gerne zu sich nimmt. Über die Güte der italienischen Obst- und Fruchtsäfte brauchen wir wohl kaum etwas zu schreiben. Verhältnismäßig teuer ist lediglich das Mineralwasser. Trinken Sie abends auch ruhig einmal eine Flasche Asti Spumante oder einen ähnlichen Schaumwein. Er ist nicht teuer und schmeckt sehr gut.

Der Italiener selbst wird Ihnen in unserem Reisegebiet wahrscheinlich folgende Spezialitäten empfehlen: Busecca (Kuttelsuppe), Minestrone (dicke Gemüsesuppe mit Reis oder auch Teigwaren), Risotto alla Milanese (Reis mit Safran, Huhn und Fleisch), Risotto alla Certosina (Reis mit Krebsschwanzragout, Pilzen, Erbsen), Zuppa alla Pavese (Fleischbrühe, Eier, geröstete Brotschnitten), Fonduta (Art Schweizer Fondue), Gnocchi (Nockerln, Knödel), Zuppa di Verdura (Gemüsesuppe), Risi e Bisi (Reis, Erbsen, Zwiebeln, Sellerie,

Schinken, Speck, aber auch mit Geflügel oder Fleisch), Costoletta alla Milanese (Wiener Schnitzel-Art), Fegato alla Veneziana (Kalbsleber, Zwiebeln, Pfeffer), Ravioli (Teigwaren mit Fleisch oder Gemüse gefüllt) Bollito di Manzo (gekochtes Ochsenfleisch), Ossobuco (Kalbsbein in pikanter Sauce), Pollo alla Diavolo (gut gewürztes, pikantes gegrilltes Huhn). Polenta e Osei (Maisbrei mit Vögeln), ist zwar auch eine Spezialität, aber so ungefähr das einzige, was uns in Oberitalien unsympatisch ist.

Obwohl diese Aufstellung kaum vollständig sein kann, möchten wir trotzdem auf einige typische Gerichte hinweisen, die nicht immer auf der Speisekarte stehen. Es sind dies: Agoni al Burro e salvia (mit Salbei gewürzte Fische), Anguille de Caldaro (Aale aus dem Kalterer See), Arrosti (gekochtes Kalbfleisch mit Öl und Kräutern) Faraona alla creta (Perlhuhn), Lepre alla Trentina (stark gewürzter Hase), Peperonata (Gemüse aus Tomaten, Zwiebeln und Pfefferschoten), Radicchio (Salat, rotviolette und weißliche Blätter), Stufato (Rindfleisch in schmackhafter Sauce), und vor allem dann die verschiedenen Fische aus dem See, besonders die Trota (Forelle).

Die Weinkarte dürfte, wenn man alles aufführen wollte, mindestens genauso umfangreich werden. Wir möchten hier nur noch einmal auf einige gängige Weinsorten in unserem Reisegebiet hinweisen: Weine aus der Landschaft Lugana (weiß und rot), Weine der brescianischen Riviera und aus der Umgebung von Moniga (rot), Bardolino (rot), Valpolicella und Valpantena (beide rot), Soave und Prosecco (beide weiß) und endlich die Südtiroler Weine Caldaro, Val d' Adige, Santa Maddalena, Termano (Traminer), Riesling und Terlaner.

4. Spiel, Sport und Unterhaltung

Am Gardasee sind Ihrem Betätigungsdrang kaum Grenzen gesetzt. **Schwimmen** kann man fast überall. Strandbäder gibt es an allen Orten. Auch einzelne Hotels haben eigene Badestrände. Zu beachten ist allerdings, daß es am Gardasee meist Kies- oder Steinstrand gibt. Es sind dann Badestege in den See hinaugebaut. Einige Badeanstalten haben Sandstrand für ihre Gäste aufgeschüttet. Viele Hotels bieten im eigenen Park oder Garten Schwimmbecken an.

Der Gardasee ist außerdem ein Paradies für **Segler**. Dazu bei tragen vor allem die verschiedenen Windströmungen, auf die wir unter der Rubrik Klima und Reisezeit bereits hingewiesen haben. **Segelklubs** bestehen an folgenden Orten: Bardolino, Castel Xetto di Brenzone, Desenzano, Garda, Gargnano, Maderno, Malcesine, Moniga, Padenghe, Peschiera, Riva, Salò, Torbole und Torri del Benaco. Auch gibt es einige **Segelschulen**. Z. B. in Salò die Scuole di Vela oder in Padenghe den West Garda Yacht Klub. Weitere Auskünfte erhalten Sie durch die E.N.I.T. oder die F.I.V. Federazione Italiana Vela (italienischer Segler-Verband) 16126 Genua, Porticciolo Duca degli Abruzzi.

Motorbootsport kann man ebenfalls betreiben. So gibt es z. B. einen Motorsportclub in Salò. Man kann auch einer Motorboot-Sportschule beitreten, z. B. dem Club Motonautico in Gardone. Weitere Auskünfte erteilt die Federazione Italiana Motonautico (Italienischer Motorboot-Verband) 20123 Mailand, Via Capuccio 19. Von den Servicestationen für Segel- und Motorboote seien erwähnt Bardolino, Riva Boat Service di Luigi Casurola und Gardone, Riva Boat Service, Via Zanardelli 138.

Ruderboote kann man überall mieten. Auch der **Kanusport** ist verbreitet. Hier ist es wiederum die Federazione Italiana Canotaggio (Ruder- und Kanu- Sport-Verband), 00196 Rom, Viale Tiziano 70, bei der man Auskunft erhält. U. U. kann man auch Mitglied eines Klubs werden. Die Bedingungen für Ausländer sind meist günstig. Wenn man sich aber ein Boot mietet, dann sollte man sich nicht allzu weit hinauswagen und sich vorher über das Wetter erkundigen. Winde und Strömungen am Gardasee wechseln häufig.

Wer sich endlich für **Wasserski** interessiert — auch dafür gibt es an den größeren Orten gute Möglichkeiten — wendet sich wegen Auskünften an die Federazione Italiana Sci Nautico (Italienischer Wasserski-Verband) 20137 Mailand, Via Piranesi 44.

Am Gardasee, aber auch in den meisten Binnengewässern, besteht ferner die Möglichkeit zum **Angeln und Fischen**. Als Ausländer benötigt man hierzu eine Genehmigung der jeweiligen Provinzverwaltung. Man kann sich aber auch mit dem jeweiligen Bürgermeisteramt in Verbindung setzen. Zu beachten ist außerdem, daß die meisten Gewässer dem Italienischen Sportfischerverband unterstehen. Eine Lizenz erhält man bei der jeweiligen örtlichen Verbandsdienststelle. Wegen weiterer Auskünfte wendet man sich an die Federazione Italiana della Pesca Sportiva e Attività Subacque (Italienische Gesellschaft für Sportfischerei und Unterwassersport) 00100 Rom, Viale Tiziano 70.

Die **Unterwasserjagd** kann am Gardasee gut ausgeübt werden. Zu erwähnen ist lediglich, daß der Unterwasserfischfang nur von Personen im Alter von über 16 Jahren ausgeübt werden darf. Nähere Auskünfte erteilt wiederum der Italienische Sportfischerverband. **Tauchkurse** werden in Desenzano und Riva abgehalten.

In ganz Italien ist die **Jagd** groß geschrieben. Wer Jagdwaffen mitführen möchte muß beim zuständigen Konsulat eine Einfuhrgenehmigung beantragen, die bei der Einreise von der Grenzpolizei abgestempelt werden muß. Sie berechtigt zum Mitführen eines Gewehrs und Patronen. Eine Jagderlaubnis erhält man dann am Ort wieder über die Bürgermeisterämter. Nähere Auskünfte erteilen die E.P.T.-Stellen (Landesfremdenverkehrsämter).

Bergsteigen ist in Italien ebenfalls ein sehr weit verbreiteter Sport. Schon in unmittelbarer Umgebung des Gardasees öffnet sich hier ein Betätigungsfeld. Ganz abgesehen davon sind die Dolomiten nicht weit. Ein Verzeichnis der in Frage kommenden Schutzhütten kann man von der ENIT erhalten. Auch gefahrlose **Bergwanderungen** sind möglich. Zweckmäßig dürfte es allerdings sein, wenn man sich zuvor bei den örtlichen Verkehrsämtern erkundigt und sich eine gute Wanderkarte beschafft. Nicht immer sind die Wege einwandfrei gekennzeichnet.

Obwohl der Reitsport in Italien allgemein weit verbreitet ist, gibt es im Zentrum unseres Reisegebiets nicht allzu viel Möglichkeit zur Ausübung dieser Sportart. Reitschulen gibt es unseres Wissens nur in Bozen, Gardone, Meran, Riva und Trento. In Meran finden internationale, in Riva nationale Wettbewerbe statt. Auskünfte kann man bei der Federazione Italiana Sport Equestri (Italienischer Pferdesport-Verband) 00196 Rom, Viale Tiziano 70, einholen.

Tennis kann man fast überall spielen. Manchmal bieten größere Hotels bereits ihre eigenen Plätze an. Möglichkeit zum **Minigolf- und Boccia-Spiel** hat man ebenfalls an den meisten Orten. Sogar auf das **Golfspiel** braucht man am Gardasee nicht zu verzichten. Bei Bogliaco an der Brescianischen Riviera ist ein Golfplatz mit 9 Löchern.

Auch für **abendliche Unterhaltung** ist gesorgt. Sehr beliebt sind die abendlichen Promenaden. Man lernt ganz automatisch das geruhsame Schlendern entlang des Corsos oder entlang der Seepromenade. Bis spät in die Nacht kann man im Freien vor den Cafés oder Bars sitzen. **Kinos** gibt es in jedem größeren Ort. Wer **Fernsehen** möchte, hat hierzu meist im Hotel oder auch in der Bar Gelegenheit dazu. **Tanzlokale,** sogenannte Dancings, gibt es in jedem Ferienort.

5. Die Anreise

Es ist kein Problem mehr, an den Gardasee zu reisen. Im Zeitalter der Europa-Dämmerung und der Fünftagewoche verbringt sogar mancher jetzt schon ein verlängertes Wochenende an diesem See.

Eine bequeme Art, zu einem Aufenthalt zu kommen, ist die Buchung einer **Pauschal-** oder **Turnus-Reise,** wie sie von Reiseveranstaltern und Reisebüros mit Flugzeug, Bahn oder Bus angeboten werden. Flugketten, Reisebüro-Sonderzüge oder Busse mit den etwa notwendigen Transferleistungen bringen Sie zu dem im Prospekt ausgeschriebenen Ferienziel.

Der **Einzelreisende** wird das **Flugzeug** kaum benutzen, um an den Gardasee zu kommen. Flugplätze, die dafür in Frage kommen, gibt es nur in Mailand und in Venedig. Für die weitere Anreise benötigt man außerdem zusätzliche Verkehrsmittel.

Mit der **Eisenbahn** kann man entweder mit durchgehenden Kurswagen der internationalen Züge zum oder in die Nähe des Gardasees gelangen. Die Eisenbahnlinie von München über Innsbruck — Brenner — Verona führt zwar in ziemlich weitem Abstand am See vorbei, bietet aber zu jedem Zug von Trento, besser noch von Rovereto aus, mit einer Buslinie Anschlüsse an den nördlichen Gardasee. Zum südlichen Gardasee gibt es Busverbindungen von Verona aus.

Die Eisenbahnlinie Mailand — Verona — Venedig, die gute Anschlüsse mit Kurswagen aus Deutschland über die Schweiz via Chiasso bzw. Iselle aufzuweisen hat, berührt die am Südufer gelegenen Orte Desenzano und Peschiera. Von beiden Orten aus gibt es wiederum gute Busverbindungen zu den Ferienorten. Zu erwähnen ist noch von Brescia aus eine nahezu halbstündlich verkehrende Buslinie nach Salò und zur Brescianischen Riviera.

Im Sommerhalbjahr verkehren **Auto-Reisezüge** von Deutschland aus nach Verona und zurück.

Fahrplanmäßige **Omnibuslinien** an den Gardasee gibt es von Deutschland aus nicht.

Der **Autofahrer** kann den Gardasee über sehr gute Straßen rasch erreichen. Am schnellsten ist die Anreise über München — Inntal-Autobahn — Innsbruck — und die gebührenpflichtige Brenner-Autobahn. Auch auf italienischer Seite ist die Autobahn im Eisacktal ausgebaut, sodaß man jetzt bis Trento bzw. Rovereto auf der Autobahn bleiben kann. Selbstverständlich kann man auch vom Brenner aus über die Bundesstraße 12 fahren. Mit ihrer manchmal kurvenreichen Trassenführung und den Ortsdurchfahrten kommt man auf ihr allerdings nicht so rasch voran.

Eine andere Variante der Anreise, länger, aber landschaftlich sehr reizvoll, bietet die Strecke über Landeck, den Reschenpaß, Meran, Bozen und dann weiter wie oben. Dabei kann man, wenn man Zeit hat, noch von Meran aus über das Gampenjoch und am Lago di Clès vorbei nach Trient und weiter an den Gardasee gelangen.

Eine dritte, noch längere, aber ebenfalls sehr abwechslungsreiche Strecke führt durch die Schweiz über den Bernina-Paß, den Passo dell' Aprica, den Passo di Tonale, über Dimaro und Madonna di Campiglio nach Riva.

Reisepapiere

Zur Einreise nach Italien genügt als Ausweispapier der Reisepaß, Familenpaß, Personalausweis bzw. Kinderausweis. Ein Visum wird nicht benötigt, doch darf dann der ununterbrochene Aufenthalt nicht länger sein als drei Monate.

Für **Tiere** ist der Grenzübergang etwas schwieriger. Für Hunde und Katzen braucht man ein amtsärztliches Herkunfts- und Gesundheitszeugnis, das mindestens 1 Monat und höchstens 12 Monate (bei Katzen 6 Monate) vor der Einreise ausgestellt sein muß. Hunde sollen übrigens in Italien an der Leine geführt werden. Außerdem sollen Hunde, deren Leine länger als 1 Meter ist, einen Maulkorb tragen.

Für den **Autofahrer** ist das Nationalitätsschild am Wagenende und das Mitführen eines Warndreiecks vorgeschrieben. Es genügen im übrigen die nationalen Fahrzeugpapiere, also Zulassung und Führerschein. Bei Kraftfahrzeugen mit amtlichem deutschen Kennzeichen (keine Zollnummer) braucht man die internationale „Grüne Versicherungskarte" nicht. Man genießt auf Grund des amtlichen deutschen Kennzeichens Haftpflichtversicherungsschutz. Wer vorsichtig ist, nimmt dennoch die „Grüne Versicherungskarte" mit. Außerdem ist der Abschluß einer Vollkaskoversicherung empfehlenswert. Bei einem Unfall, der Ihnen hoffentlich nicht zustoßen wird, ist sofort das auf Ihrem Versicherungsschein angegebene italienische Versicherungsbüro zu verständigen.

Benzingutscheine bzw. die Carta Carburante sind bei den Automobilclubs, DER- Büros, Filialen der Dresdner Bank, der Volksbanken, Raiffeisenkassen, Genossenschafts- und Hypo-Banken und zahlreichen Sparkassen erhältlich. In Italien bekommt man Benzingutscheine nur an der Grenze. Man kann pro Kalenderjahr zweimal Benzingutscheine beziehen. Die jeweilige Höchstmenge ist 400 l pro Reise. Abgegeben werden Gutscheine für je 10 l Superbenzin. Beim Tanken von Normalbenzin erhält man pro Gutschein etwas mehr als 10 l. Evtl. nicht verbrauchte Gutscheine können wieder ausgeführt und anläßlich späterer Reisen verbraucht werden.

Diplomatische und Konsularische Vertretungen

Italien in Deutschland:

5300 **Bonn-Bad Godesberg,** Siebengebirgsstraße 1, (Konsularabteilung); **1 Berlin 30,** Graf-Spee-Straße 1 — 7; **28 Bremen,** Benquestr. 35; **46 Dortmund,** Kronprinzenstraße 105; **6 Frankfurt/M.,** Feldbergstraße 24; **78 Freiburg/Breisgau,** Dreikönigstraße 19; **2 Hamburg 13,** Feldbrunnenstraße 54; **3 Hannover,**

Bischofsholerdamm 62, **5 Köln 41-Lindenthal,** Universitätsstraße 81; **68 Mannheim,** Viktoriastraße 13—15; **8 München 80,**
Möhlstraße 3; **85 Nürnberg,** Gleissbühlstraße 10; **66 Saarbrücken,** Preussenstraße 19/3; **7 Stuttgart 1,** Lenzhalde 69
3180 Wolfsburg, Goethestraße 11

Deutschland in Italien bzw. Reisegebiet:

00198 Roma, Via Po 25 c (Botschaft); Rechts- und Konsularreferat, Via Paisiello 24, **20121 Milano,** Via Soloferino 40;
30124 Venezia, San Marco 3700/A.

Italien in Österreich:

1030 Wien, Rennweg 27 (Botschaft); **1030 Wien,** Ungargasse 43;
8010 Graz, Elisabethstraße 16; **6021 Innsbruck,** Conradstraße 9,
9021 Klagefurt, Kardinal-Schuett-Straße 9, **2040 Linz,** Hessenplatz 19; **5020 Salzburg,** Kaserngasse 3.

Österreich in Italien bzw. Reisegebiet:

00198 Roma, Via Pergolesi 3 (Botschaft); **20145 Milano,** Via
Mascheroni 25; **30124 Venezia,** Via XXII Marzo 2410 Corte
Michiel.

Italien in der Schweiz:

3000 Bern, Elfenstraße 14; **4000 Basel,** Schaffhauser Rheinweg 5; **1200 Genf,** Rue Charles Galland 14; **1000 Lausanne,**
Avenue de la gàre 29, **6900 Lugano,** Via Monte Ceneri 16,
8000 Zürich, Conrad-Ferdinand-Meyer-Straße 14,

Schweiz in Italien bzw. Reisegebiet:

00197 Roma, Via Barnaba Oriani 61 (Botschaft); **20121 Milano.**
Via Palestro 2; **30123 Venezia,** Dorsoduro 810, Campo S. Agnese.

Zoll- und Devisenbestimmungen

Reisegepäck und Gegenstände des persönlichen Bedarfs
können nach Italien zollfrei eingeführt werden. Hierzu
gehören u. a. pro Person: persönlicher Schmuck, 2 Fotoapparate
mit 12 Platten oder 10 Filmen, 1 Schmalfilmkamera mit 10
Filmen, 1 Fernglas, 1 Kofferradio (dafür werden Rundfunkgebühren in Höhe von etwa L 200 erhoben), 1 Plattenspieler
mit 10 Platten, 1 tragbares Musikinstrument, 1 tragbares
Tonaufnahmegerät, 1 Reiseschreibmaschine, 1 Kinderwagen,
1 Zelt mit Camping-Ausrüstung, 1 Angelausrüstung, 1 Fahrrad ohne Motor, 1 Kanu oder Kajak unter 5,50 m Länge,
1 Paar Ski, 2 Tennisschläger.

Ferner dürfen pro Person eingeführt werden: 300 Zigaretten oder 150 Zigarillos oder 75 Zigarren oder 400 g Tabak, 3 l Wein, 3 l Spirituosen mit einem Alkoholgehalt bis 22 Prozent oder Schaumweine oder Likör oder 1,5 l mit einem Alkoholgehalt von mehr als 22 Prozent, 750 g Kaffee oder 300 g Kaffee-Extrakte, 150 g Tee oder 60 g Tee-Extrakte, 75 g Parfüm und 0,375 l Toilettenwasser. Außerdem Waren, die keinen kommerziellen Charakter haben, einschließlich Souvenirs und Lebensmittel bis zu DM 460.—

Bei **Einfuhr aus anderen Ländern** sind zugelassen: 200 Zigaretten oder 100 Zigarillos oder 50 Zigarren oder 250 g Tabak, 2 l Wein, 2 l bzw. 1 l Spirituosen mit zuvor angegebenem Alkoholgehalt, 500 g Kaffee oder 200 g Kaffee-Extrakte, 100 g Tee oder 40 g Tee-Extrakte, 50 g Parfüm.

Bei der Wiedereinreise nach Deutschland darf ein in der Bundesrepublik beheimateter Deutscher (ab 15 Jahren) die oben angegebenen Mengen auch wieder einführen. Höherwertige Kunstgegenstände dürfen nur mit Genehmigung des Amtes für Denkmalschutz aus Italien ausgeführt werden.

Ausländische **Zahlungsmittel** kann man in unbeschränkter Höhe nach Italien einführen. Führt man höhere Devisenbeträge, die man voraussichtlich nicht verbrauchen wird, ein, deklariert man diese bei der Zollbehörde. Auf Grund des dort erhaltenen Formulars Modulo V 2 kann man diese Beträge dann auch wieder ausführen. Ohne Modulo V 2 kann man Devisen nur im Gegenwert von L 200 000 wieder ausführen. Italienische Lire in Noten oder Münzen in Stückelungen bis zu 10 000 Lire dürfen z. Zt. bei Ein- und Ausreise bis zum Betrag von Lire 100 000 mitgeführt werden. Zahlungen mit Euro-Schecks und Abhebungen vom Postsparbuch können im Rahmen der jeweiligen Vorschriften vorgenommen werden.

Zu Ihrer eigenen Beruhigung

Als Mitglied einer Krankenkasse kann man sich einen internationalen Krankenschein besorgen. In Italien muß er bei der dortigen Landeskrankenkasse mit einem Behandlungs-Erlaubnis-Vermerk gültig geschrieben werden. Landeskrankenkassen gibt es in allen größeren Orten, jedoch nicht in den Provinzen Bolzano und Trento. Dort gibt es selbständige Krankenkassen. Am einfachsten ist aber wohl man schließt eine **Versicherung** speziell für die Reise ab. Es gibt heute preisgünstige kombinierte Versicherungen, die Unfall, Krankheit und Gepäckversicherung einschließen.

Sind Sie an bestimmte **Medikamente** gewöhnt, nehmen Sie sich der Einfachheit halber genug davon mit. Ganz selbstverständlich führen die italienischen **Apotheken** alle wichtigen Medikamente. Nur ist eben nicht unbedingt gesagt, daß gerade Ihr gewohntes vorhanden ist.

Kleidung: Auf jeden Fall ist das Klima am Gardasee milder als bei uns, deshalb ist je nach Jahreszeit leichte Bekleidung, evtl. auch Kleidung wie man sie bei uns in der Übergangszeit trägt, zu empfehlen. Man sollte jedoch auch im heißen Sommer einen Pullover für kühlere Abende, sowie einen leichten Regenmantel, mitnehmen. Auch ein Regenschirm, sie sind ja Gott sei Dank recht handlich und klein geworden, könnte nicht schaden.

Im übrigen: der Italiener geht vor allem in den Städten korrekt gekleidet, vielfach sehr modisch. Auch zum Ausgehen trägt man eine Krawatte. Damen zeigen gerne ihren Schmuck. Beim Kirchenbesuch bedecken Italienerinnen die Schultern, sehr oft sogar das Haar. Kirchen in Shorts aufzusuchen ist nicht gerade angebracht. Überhaupt sollten Shorts abseits des Strandes nicht getragen werden.

Die **Stromspannung** ist in Italien noch nicht ganz einheitlich. Sie ist zwar größtenteils schon 220 Volt, doch gibt es immer noch Ortschaften mit 110 Volt. Schukostecker gibt es in Italien nicht überall.

6. Unterwegs am Gardasee

Informationsmaterial erhalten Sie bei allen größeren Reisebüros, ferner, insbesondere Prospekte und Unterkunftsverzeichnisse beim staatlichen italienischen Fremdenverkehrsamt **ENIT** (Ente Nazionale Industrie Turistiche). Die Anschriften sind:

4 Düsseldorf, Berliner Allee 26; **6 Frankfurt/M.,** Kaiserstr. 65; **8 München 2,** Goethestraße 20; **1010 Wien,** Kärntner Ring 4; **1201 Genf,** Rue du Marche 3; **8001 Zürich,** Uraniastraße 32.

Blick auf das malerische Bergdorf Pieve di Tremosine; die Ortschaft am Ufer im Hintergrund ist Campione.

Die Anschrift der Generaldirektion der ENIT ist **00185 Roma,** Via Marghera 2. Außerdem befindet sich auch am Grenzübergang Brennerpaß noch ein Grenzbüro der ENIT.

Die für unser Reisegebiet in Frage kommenden **EPT-Stellen,** Ente Provinziale per il Turismo (Fremdenverkehrsbüros der Provinzen) haben folgende Anschriften:

39100 Bolzano, Piazza Walther 22; **25100 Brescia,** Corso Zanardelli 38; **37100 Trento,** Via San Marco 27; **38100 Verona,** Via C. Montanari 14.

Auch von diesen Stellen kann man sich Informationsmaterial und Prospekte erbitten.

Ähnlich wie bei uns haben die größeren Ferienorte in Italien selbstverständlich auch ihre Fremdenverkehrsbüros oder Kurverwaltungen. Diese entsprechenden Stellen firmieren: Azienda Autonoma di Soggiorno, Cura e Turismo.

Öffentliche Verkehrsmittel

Flug- und Eisenbahnverbindungen kommen nur evtl. für die Anreise in Frage. Dafür gibt es aber im Reisegebiet recht gute **Busverbindungen.** Von Riva über die Gardesana Occidentale, die Westuferstraße bis Desenzano, bzw. bis Peschiera und zurück mit Unterwegshalten an allen Ferienorten gibt es allein 5 Kurse. Für die Strecke von Riva bis Desenzano oder umgekehrt braucht der Bus etwa 2 Stunden Fahrzeit. Auf der Gardesana Orientale, der Ostuferstraße werden von Riva bzw. Torbole nach Peschiera und zurück ebenfalls etwa 5 Kurse täglich angeboten. Die Fahrzeit über diese Strecke beträgt etwa anderthalb Stunden. Mehrere Kurse führen auch von Riva oder Torbole nach Verona, wobei sie ebenfalls alle Uferorte bis Lazise berühren, dann aber die direkte Verbindungsstraße nach Verona und zurück benutzen. Die Gesamtfahrzeit bis Verona beträgt etwa 2 Stunden.

Auch zu den Orten der Umgebung bestehen sehr gute Busverbindungen. Hierzu zählen natürlich auch die Zubringerfahrten von den Bahnstationen Trento und Rovereto nach Torbole bzw. Riva.

Auf dem See bestehen gute **Schiffsverbindungen.** Eine Fahrt mit dem Kursschiff von Riva bis Desenzano, einschließlich der Zwischenhalte im nördlichen Teil an beiden Ufern, im südlichen Teil dann nur noch am westlichen — von dem dann aber zum Ostufer wieder Motorboot-Anschlüsse bestehen — nimmt rund viereinhalb Stunden in Anspruch. Diese durchgehenden Schiffsverbindungen werden zweimal täglich in jeder Richtung angeboten. Mit Motorbooten oder auch größeren Schiffen gibt es aber noch eine ganze Reihe von Zwischenverbindungen wie z. B. Portese — Gargnano, Gargnano — Riva, Desenzano — Sirmione, Peschiera — Garda usw.

Außerdem ist ein Schnellverkehr mit dem **Tragflügelboot,** dem Aliscafo, eingerichtet. Dieses Boot braucht mit etwas weniger Zwischenhalten, aber unter Anlaufen auch des Ostufers, für die ganze Strecke von Norden nach Süden oder umgekehrt nur rund zwei Stunden Zeit. Das Tragflügelboot bietet während der Saison in jeder Richtung drei Kurse an.

Weiter, und das ist für den Autofahrer interessant, denn er kann damit eine ziemlich weite Fahrstrecke abkürzen, besteht eine **Fährverbindung** zwischen Torri del Benaco und Maderno. In jeder Richtung verkehrt die Fähre pro Tag etwa zehn Mal, man kann fast sagen stündlich. Die Fahrzeit beträgt etwa eine halbe Stunde.

Taxi (Tassi) gibt es wie bei uns an jedem größeren Ort. Die Gebühren liegen um etwa ein Viertel niedriger als bei uns. Dazu ein kleiner Tip: haben Sie sich mit Ihrem eigenen Wagen in einer Großstadt einmal verfahren, dann lassen Sie sich von einem vorausfahrenden Taxi zum Ziel oder zur Ausfallstraße lotsen. Auch **Miet-** oder **Leihwagen** kann man fast überall bekommen. Im Reisebüro, im Hotel oder an Tankstellen verhilft man Ihnen dazu gerne.

Zum Abschluß dieser Übersicht möchten wir aber noch einmal auf die vielen **geführten Touren** hinweisen, die dort von jedem Reisebüro entweder mit Bus oder mit dem Schiff veranstaltet werden. In fast jedem Hafen bieten außerdem örtliche Unternehmer mit kleineren oder größeren Motorbooten Rundfahrmöglichkeiten auf dem See an.

Autofahren

Die Vorschriften, die bei einer Einreise mit dem Kraftfahrzeug zu beachten sind, haben wir bereits unter der Rubrik Reisepapiere angegeben.

Im Allgemeinen gelten in Italien die gleichen **Verkehrsvorschriften** wie in Deutschland. Halten Sie diese unbedingt ein!

Verstöße gegen die Straßenverkehrsordnung werden nämlich mit recht hohen Geldstrafen geahndet.

Beachten Sie deshalb bitte folgendes: Überholen im Bereich von Straßenkreuzungen, Einmündungen, Kurven und unbewachten Bahnübergängen ist verboten. Beim Überholen, aber auch beim Fahrbahnwechsel, sowie bei der Abfahrt aus dem Stand ist das Blinklicht zu betätigen. Der Italiener hupt zwar gerne und möglichst laut und lange, jedoch ist in Ansiedlungen das Hupen nur im Not- und Gefahrenfall erlaubt. Auf freier Straße kann man ausgiebig hupen. Blinkhupe zu geben, ist jedoch verboten.

Auf Bergstraßen — an und für sich eine Selbstverständlichkeit — hat das aufwärtsfahrende Fahrzeug Vorrecht. Auf Bergpoststraßen, gekennzeichnet durch ein rundes rotes Schild mit schwarzem Posthorn in rotem Dreieck, muß der Pkw-Fahrer bei Begegnung mit dem Bus anhalten.

Vorfahrt hat, wenn nicht anders angegeben, immer der von rechts kommende Verkehrsteilnehmer. Dies gilt auch für den Kreisverkehr. Beachten Sie auch, daß die auf freier Strecke vorfahrtberechtigte Straße im Ortsdurchgangsverkehr nicht mehr vorfahrtberechtigt ist, es sei denn, sie ist auch hier besonders gekennzeichnet. In den Städten haben Straßenbahnen grundsätzlich Vorfahrt.

Wenn Sie nachts unterwegs sind ist es wichtig zu wissen, daß in Orten mit ausreichender Straßenbeleuchtung nur mit Standlicht gefahren werden darf. Dagegen muß in Tunnels und Galerien — in unserem Reisegebiet finden wir ja etliche davon — das Abblendlicht eingeschaltet werden.

In geschlossenen Ortschaften ist wie bei uns die vorgeschriebene Höchstgeschwindigkeit 50 Stundenkilometer. Außerhalb ist es komplizierter. Die vorgeschriebenen Höchstgeschwindigkeiten sind für Autos bis 600 ccm 80 km/h, von 600 bis 900 ccm 90 km/h, 900 bis 1300 ccm 110 km/h auf Landstraßen, und entsprechend auf den Autobahnen 90 km/h, 110 km/h, 130 km/h und 140 km/h.

Der Italienische Automobilclub (ACI) versieht wie bei uns auf den Autobahnen und Fernstraßen einen **Pannenhilfsdienst** (Soccorso Stradale). Er ist unter der einheitlichen Ruf-

nummer **116** zu erreichen. An den Autobahnen sind Notruf-
säulen aufgestellt. Hat man nicht die Möglichkeit, selbst an-
zurufen, dann sind die Patrouillen der Straßenpolizei behilf-
lich. Eine einheitliche Rufnummer **113** hat auch der **Unfall-
rettungsdienst** (Pronto Soccorso). Es ist die gleiche Nummer
mit der man auch die Straßenpolizei herbeirufen kann.

Öffnungszeiten

Eine einheitliche Regelung der Geschäftszeiten gibt es in
Italien nicht. Im allgemeinen werden die Geschäfte vormittags in der Zeit von 8.30 Uhr bzw. 9.00 Uhr bis 12.00 Uhr
bzw. 12.30 Uhr, manchmal auch 13.00 Uhr offen gehalten.
Am Nachmittag sind sie dann wieder ab 15.30 Uhr bis
19.00 Uhr oder auch 19.30 Uhr geöffnet. Manchmal haben an
größeren Ferienorten Geschäfte auch durchgehend oder länger
geöffnet. Doch ist dies eine Ausnahme. Samstag nachmittags
und sonntags sind die Geschäfte meistens geschlossen.

Denken Sie bei längeren Fahrten daran, daß auch den
Tankstellenbesitzern die Mittagspause heilig ist. Dies trifft
besonders für Gebiete abseits der Hauptstrecken zu.

Auch Behörden, Postämter, Informationsstellen und Reisebüros haben ebenfalls meist in der Zeit zwischen 12.00 und
15.30 Uhr geschlossen. Banken haben nur vormittags und
dann in der Regel bis 12.45 Uhr geöffnet. Samstags und
Sonntags sind sie geschlossen. Geldwechseln kann man allerdings auch in den meisten Reisebüros.

Die Öffnungszeiten der Museen und Galerien sind recht
verschieden, meist sind sie außerdem an einem bestimmten
Wochentag geschlossen.

Gesetzliche Feiertage

1. Januar	Neujahrstag
6. Januar	Dreikönigsfest
19. März	Josefstag
25. April	Jahrestag der Befreiung
1. Mai	Tag der Arbeit
2. Juni	Proklamation der Republik
29. Juni	Peter und Paul

15. August	Mariä Himmelfahrt
	(Ferragosto)
1. November	Allerheiligen
4. November	Tag der Nationaleinheit
8. Dezember	Mariä Empfängnis
25. Dezember	Weihnachten
26. Dezember	Weihnachten

außerdem wird der Ostersonntag und Ostermontag, Christi Himmelfahrt und das Fronleichnamsfest gefeiert. Jeder Ort hat zudem seinen eigenen Heiligenfesttag, der meist dem Schutzpatron des jeweiligen Ortes geweiht ist.

Was man sich als Andenken kaufen könnte

Hier etwas zu raten ist schwierig. Einerseits gilt das Sprichwort „Jeder nach seinem Geschmack", andererseits hat auch Italien eine ausgesprochene Reiseandenkenindustrie. Kunst und Kitsch liegen nahe beieinander. Man kann, wenn man sucht, sehr schöne Arbeiten finden. Gute Buchdruckarbeiten und Kupferstiche, Schmuckgegenstände, Schmiedeeiserne Arbeiten, Filigran-Arbeiten, Keramik-Arbeiten, Lederwaren, Holzschnitz- und Holzeinlegearbeiten, Klöppelspitzen- und Hohlsaumarbeiten, Glaswaren. All das sind Gegenstände, die auch hauptsächlich in unserem Reisegebiet hergestellt werden. Hüten Sie sich aber vor den fliegenden Händlern. Was sie anbieten ist zwar billig, aber eben doch nicht preiswert.

7. Währung und Preise

Stand April 1978

Die Währungseinheit ist die italienische Lira (Mehrzahl Lire). Als Richtpreis für den Wechselkurs kann man z. Zt. etwa folgenden Satz zu Grunde legen:

$$DM \ 1.00 = Lire \ 425$$
$$Lire \ 1000 = DM \ 2.35$$

Es gibt Münzen zu 5, 10, 20, 50, 100 und 500 Lire und Banknoten zu
500, 1000, 2000, 5000, 10 000, 20 000, 50 000 und 100 000 Lire.

Unterkunftspreise

Es ist recht schwierig hier einen einigermaßen gemeinsamen Nenner zu finden, weil manchmal moderne, neuere Häuser einer niedrigeren Kategorie höhere Preise erheben als ältere Häuser einer höheren Kategorie. Es besteht auch ein gewisses Preisgefälle zwischen Stadt und Land oder bekannten und weniger bekannten Ferienorten. Während der Hochsaison sollte man in etwa mit folgenden Preisen für Vollpension rechnen:

Luxushotels	Lire 23 000 — 40 000
1. Kategorie	Lire 18 000 — 35 000
2. Kategorie	Lire 9 000 — 20 000
3. Kategorie	Lire 8 000 — 16 000
4. Kategorie	Lire 7 000 — 12 000

In Vor- und Nachsaison reduzieren sich die Preise um ca. 10 — 25 %. Das Bedienungsgeld liegt zwischen 10 und 15%, die Kur- oder Ortstaxe zwischen Lire 100 und 300. Die Mehrwertsteuer (IVA) beträgt in Luxushotels 14 %, sonst 9 %. Alle diese Abgaben sind aber in den sogenannten Inklusivpreisen, die wir oben auch genannt haben, bereits eingeschlossen. Man sollte bei Preisabsprachen immer nach dem Inklusivpreis fragen.

Pensionen erheben etwas niedrigere Preise. Dabei verhält es sich etwa so, daß in einer Pension der 2. Kategorie die Preise der Hotelkategorie 3 erhoben werden. Es kann aber auch sein, daß man in einer Hotelpension nahezu denselben Preis zu zahlen hat, wie in der gleichen Hotelkategorie.

Auf **Campingplätzen** zahlt man etwa Lire 1 000 — 1 500 pro Tag und Person. Für das Auto und den Caravan hat man je ca. Lire 800 — 1 500 zu bezahlen.

Mahlzeitenpreise

Das italienische Hotelfrühstück ist nicht gerade eine Meisterleistung. So gut der espresso oder capuccino, den man tagsüber zu sich nimmt, schmeckt, morgens bekommt man im Hotel eine meist undefinierbare Flüssigkeit vorgesetzt. Das Hotelfrühstück mit Weißbrot oder Brötchen, Butter und Marmelade kostet etwa Lire 1 000.

Das Angebot an **Mittag- und Abendessen** ist dagegen ausgezeichnet. Es gibt eine große Anzahl von sehr guten Restaurants. Dort kann man à la carte essen. Dementsprechend sind hier bei den Preisen nach oben auch keine Grenzen gesetzt. Absolut nicht schlecht bedient ist man aber, wenn man sich ein Touristenmenue (Menue Turistico oder Menue a prezzo fisso) vorsetzen läßt. An allen Orten findet man etliche Restaurants, die dieses Menue anbieten. Es besteht aus drei Gängen und kostet in der Regel Lire 2000 — 4000. Selbstverständlich gibt es auch teurere Menues. Dabei muß man für Mittag- oder Abendessen etwa 5000 — 10000 einkalkulieren.

In Restaurants wird noch häufig Brot und Gedeck (pane e coperto) mit etwa 300 — 500 Lire, wenn man à la carte ißt, extra berechnet. Dafür bekommen Sie aber ein blütenweißes Tischtuch und Brot soviel Sie wünschen. Das Bedienungsgeld beträgt ebenfalls 10 bis 15 Prozent.

Bedienungs- und Trinkgelder

Auch in Italien gibt man im Hotel, obwohl im Inklusiv-Preis das Bedienungsgeld schon eingeschlossen ist, bzw. auf der Rechnung aufgeführt ist, noch ein gesondertes Trinkgeld an den Kellner, Portier oder das Zimmermädchen, wenn man kleine zusätzliche Dienstleistungen in Anspruch genommen hat oder mit der Bedienung ganz allgemein zufrieden gewesen ist. Auch in Restaurants erwartet der Kellner oder das Bedienungspersonal ein zusätzliches Trinkgeld.

Im übrigen gibt man auch für andere Dienstleistungen ein Trinkgeld, also z. B. dem Friseur, dem Tankwart, dem Museumswächter, den man um Informationen gefragt hat, dem Taxichauffeur oder dem Gepäckträger.

Bus-Tarife

Die Fahrpreise für die verschiedenen Buslinien sind recht preisgünstig. So zahlt man z. B. für die direkte Strecke von Riva nach Desencano Lire 1200 und über die Ostuferstraße über Peschiera Lire 1500. Eine kürzere Strecke z. B. von Riva nach Gardone kostet Lire 500.

Schiffs- und Bootstarife

Auch die Schiffahrtsgesellschaft hat recht günstige Tarife anzubieten. Von Riva nach Desenzano oder von Riva nach

Peschiera kostet die einfache Fahrt jeweils Lire 1700. Von Riva nach Gardone zahlt man Lire 1300. Eine Hin- und Rückfahrt kostet das Doppelte. Für Kinder bis zum Alter von 14 Jahren hat man die Hälfte der oben genannten Preise zu bezahlen. Man kann aber auch Abonnements kaufen, mit denen man alle Schiffskurse, ausgenommen die Kurse mit dem Aliscafo, dem Tragflügelboot, freizügig benutzen kann.

Bei Benutzung des **Aliscafo** betragen die Preise etwa das Doppelte gegenüber dem normalen Schiffsfahrpreis. Dafür braucht das Tragflügelboot aber auch viel weniger Zeit. Beträgt mit ihm die Fahrzeit über den See in seiner ganzen Längsausdehnung etwa 2 Stunden, so muß man mit dem Schiff mehr als das Doppelte dieser Zeit rechnen.

Auch das Übersetzen mit der **Autofähre** von Torri del Benaco nach Maderna oder umgekehrt ist recht preisgünstig. Wie üblich hat man je nach Wagenlänge verschiedene Preise zu entrichten. Der Durchschnittspreis liegt bei etwa Lire 3000.

Brennstoffpreise

Die italienischen Brennstoffpreise sind sehr hoch. 1 Ltr. Normalbenzin kostet ca. Lire 490. 1 Ltr. Superbenzin ca. Lire 530. Schon deshalb ist es ratsam, wenn man sich Benzingutscheine vorher besorgt. Man erhält sie in Deutschland beim Automobilclub oder bei den Banken, kann sie aber u. U. auch noch beim Grenzübergang bei den ENIT- oder ACI-Büros erhalten. Man zahlt dann für Superbenzin anstatt etwa umgerechnet DM 1.25 nur etwa DM —.88. (S. auch Seite 181)

Autobahngebühren

Im Gegensatz zu Deutschland muß man in Italien für die Benutzung der Autobahnen eine Gebühr entrichten. Auch für die Benutzung der österreichischen Brenner-Autobahn von Innsbruck zum Brenner wird eine Gebühr von umgerechnet DM 17,— erhoben. Vorteil ist die viel raschere und freiere Fahrt gegenüber der doch recht kurvenreichen und mühsamen alten österreichischen Brennerstrecke.

Auf den italienischen Autobahnen richtet sich die Höhe der Gebühren nach der Höhe der PS-Zahl bzw. nach dem Hubraum, sowie nach der gefahrenen Entfernung zwischen

den einzelnen Zahlstellen. So hat man z. B. für einen Mittel-
klassewagen für die Strecke vom Brenner nach Bozen DM
7.50 zu bezahlen.

Man sieht also, das Befahren der Autobahn in Italien
ist nicht ganz billig. Trotzdem sollte man bei Überlegungen
vor allem den Zeitgewinn nicht außer Acht lassen. Auf den
zwar sehr gut ausgebauten Staatsstraßen passiert es eben
immer wieder, daß ganze Karawanen von Lkws überholt
werden müssen, und daß sich der gesamte Verkehr durch die
verschiedenen Ortschaften hindurchquälen muß. Auf den
Autobahnen in Italien, die wegen der Gebühren nicht so
stark frequentiert werden wie unsere Autobahnen, kommt
man dagegen rascher vorwärts.

Postgebühren

Die Auslandspostgebühren betragen für eine Ansichtskarte
oder für eine Postkarte Lire 120, für einen Brief bis 20 g
Lire 300

Telefongespräche vom öffentlichen Münzfernsprecher aus,
die sich in Lokalen, Bars, Läden usw. befinden und die durch
eine gelbe Wählscheibe gekennzeichnet sind, kann man nur
mit besonderen Münzen (gettonis) führen. Man erhält diese
Münzen bei den jeweiligen Geschäften oder den Lokalinha-
bern. Eine Telefonmünze kostet Lire 100.

ORTSVERZEICHNIS

STICHWORTVERZEICHNIS

Bisher erschienene Goldstadt-Reiseführer:

Ferienreiseführer

EUROPA

NIEDERLANDE
4216 Niederlande
14 ausgewählte Reiserouten

ÖSTERREICH
2062 Burgenland

2007 Nord-Tirol

2060 Kärnten

**2061 Salzburger Land,
Salzkammergut**

2063 Steiermark

PORTUGAL
2011 Algarve und Lissabon

6201 Azoren

2045 Madeira mit Wandervorschlägen

4211 Portugal

SCHWEIZ
2050 Berner Oberland

2051 Tessin
Lago Maggiore, Luganer See

2049 Zentralschweiz Vierwaldstätter
See, Skigebiete, Luzern und Zürich

SKANDINAVIEN
4016 Dänemark mit Stadtführer
Kopenhagen, Fáröer und Grönland

4040 Finnland
mit Stadtführer Helsinki, Reiserouten
bis zum Nordkap und Anschluß an die
norwegische Eismeerstraße

4029 Lappland

4039 Norwegen
Strecken bis zum Nordkap. Mit Anschluß an Schweden und Finnland

4033 Schweden mit Stadtführer Stock-
holm, Reiserouten bis zum Nordkap und
Anschluß an Norwegen und Finnland

SPANIEN
2002 Costa Brava

2020 Costa Blanca
mit Costa del Azahar und Costa Dorada

2019 Costa del Sol/Costa de la Luz

2036 Gran Canaria
Lanzarote, Fuerteventura

**2003 Mallorca, Menorca,
Ibiza, Formentera**

4200 Südspanien Küstenstraßen,
Reiserouten im Binnenland

2035 Teneriffa
La Palma, Gomera, Hierro

UNGARN
2037 Budapest und Umgebung
Plattensee, Rundreisen durch Ungarn

AFRIKA

4212 Algerien mit Sahara-Routen
4030 Marokko mit Anreisewegen
4021 Tunesien mit Anreisewegen

Städtereiseführer

2006 Amsterdam und Umgebung
2053 Athen
Piräus, Attika, Saronische Inseln
2056 London
Ausflüge nach Canterbury, Cambridge,
Oxfort, Eton, Hampton Court

4214 Leningrad
4213 Moskau
2008 Paris mit Versailles, Rambouillet,
Fontainebleau, Chartres, Compiegne
2026 Rom und Umgebung

Studienreiseführer

EUROPA

4218 Griechenland
Festland mit Strecken- und Ortsbeschreibungen, Griechische Inselwelt.

4217 Türkei mit Stadtführer Istanbul und Streckenbeschreibungen bis zum Van-See

AFRIKA

6202 Kenya, Tansania, Uganda
mit Führer durch die Nationalparks

AMERIKA

6219 Bolivien

6241 Chile mit Südargentinien, Feuerland, Osterinsel

6243 Ecuador und Galapagos-Inseln
mit Stadtführer Quito

6242 Kolumbien
mit Stadtführer Bogota

6205 Mexiko
Reiserouten und Wegweiser zu den alten Kulturen der Maya und Azteken

4207 USA mit Stadtführer New York, Naturparks und kulturgeschichtlichen Stätten

6220 Peru

6221 Zentralamerika
Belize, Costa Rica, El Salvador, Guatemala, Honduras, Nicaragua, Panamá.

ASIEN

6235 Birma

6210 Himalaya
Kaschmir, Ladakh, Kulutal, Nepal, Sikkim, Bhutan. Mit Trekking-Touren.

4222 Hong Kong und Macau

6228 Malediven

6209 Nordindien und Nepal

6208 Südindien

6223 Japan Band 2
Honshu, Kyushu, Sikoku, Hokkaido

6224 Japan Band 1
Tokyo, Nara und Kyoto

6229 Seychellen

6227 Sri Lanka

6206 Thailand
Bankok und Umgebung, Ausflüge von Bankok; das sehenswerte Thailand

Die unentbehrlichen Begleiter beim Auslandsurlaub:

Goldstadt-Sprachführer
— Die einfache Hörsprache —
lesen und sofort richtig sprechen
Dr. Starks Taschendolmetsch®

Diese Sprachführer sind hauptsächlich für den nicht Sprach-
begabten gedacht. Gestützt auf unser neuartiges System der
Schreibweise in **Hörsprache** und der dazugehörigen richtigen
Betonung durch ein direkt auf der Silbe aufgesetztes Akzent (´) ist
es möglich sofort richtig zu sprechen und verstanden zu werden.
Die Kapitel beinhalten nur Redewendungen und Ausdrücke, die
zum Sichverständlichmachen in unterschiedlichen Situationen
notwendig sind. Ein Auswendiglernen ist nicht ratsam, damit Ihr
Gesprächspartner Ihre Sprachkenntnisse berücksichtigen kann.

Die Reihe umfaßt die wichtigsten Touristensprachen:

1401	Französisch	1406	Portugiesisch
1402	Englisch	1407	Italienisch
1403	Spanisch	1408	Türkisch
1404	Griechisch	1409	Russisch
1405	Serbokroatisch		

REISE-NOTIZEN

REISE-NOTIZEN